MANUEL HISTORIQUE

DU SYSTÈME POLITIQUE

DES ÉTATS DE L'EUROPE

ET DE LEURS COLONIES,

DEPUIS LA DÉCOUVERTE DES DEUX INDES.

PAR M. HEEREN,

PROFESSEUR D'HISTOIRE EN L'UNIVERSITÉ DE GOETTINGUE, MEMBRE DE
DIVERSES SOCIÉTÉS SAVANTES, ASSOCIÉ DE L'INSTITUT, ETC., ETC.

Und das Band der Staaten ward gehoben,
Und die alten Formen stürzten ein !

(Le lien des États a été rompu, et l'antique
édifice s'est écroulé.)   SCHILLER.

TRADUIT DE L'ALLEMAND ; SUR LA TROISIÈME ÉDITION.

TOME DEUXIÈME,

CONTENANT LA TROISIÈME PÉRIODE.

A PARIS,

CHEZ VIDECOQ, LIBRAIRE, PLACE DU PANTHÉON, 4 et 6.

1841.

Poitiers. — Imp. de F.-A. SAURIN.

MANUEL

HISTORIQUE

DU SYSTÈME POLITIQUE

DES ÉTATS DE L'EUROPE

ET DE LEURS COLONIES,

DEPUIS LA DÉCOUVERTE DES DEUX INDES.

~~~~~~

TROISIÈME PÉRIODE.

DEPUIS LA MORT DE FRÉDÉRIC LE GRAND ET LE COMMENCE-
MENT DE L'AGE RÉVOLUTIONNAIRE, JUSQU'A LA CHUTE DU
TRONE IMPÉRIAL DE FRANCE ET A LA RESTAURATION DE
LA LIBERTÉ DU SYSTÈME POLITIQUE DE L'EUROPE. (1786-
1815.)

———

1. Quelque courte que soit, en comparaison des précédentes périodes, celle dont on va retracer l'histoire, l'importance des événements qui la remplissent, et surtout le caractère particulier qui la distingue, obligent de la considérer séparément. Quel nom convient mieux à cette époque, que celui de révolutionnaire ? Jusqu'alors toutes les tentatives pour détruire l'indépendance du système politique de l'Europe avaient été vaines. Le temps était venu où, exposé à de plus grands orages, ce système devait enfin s'écrouler, et n'être recomposé que de ses propres débris.

2. A la mort de **Frédéric**, cet imposant édifice semblait affermi sur des fondements inébranlables. S'il s'élevait quelques doutes sur sa solidité, c'était au plus dans les États de l'Est. On était bien loin d'en concevoir dans les autres. Après la catastrophe qui dissipa cette illusion, il a été facile d'en découvrir les causes. Mais n'en retrouve-t-on pas aussi les éléments dans nos précédentes recherches?

3. Quiconque portait un regard attentif sur la situation intérieure des grands États de l'Europe, ne pouvait se dissimuler que, loin que les constitutions de la plupart se fussent améliorées, elles se survivaient à elles-mêmes. Celle d'Espagne n'avait d'autres soutiens, depuis la suppression des Cortès, que le catholicisme et l'inquisition. Celle de France, portant en elle-même le principe de sa destruction, était depuis longtemps en proie à une lutte intestine. Les factions déchiraient celles des républiques, de tout temps vicieuses et maintenant sans appuis. L'empire d'Allemagne avait peine à se mouvoir dans la lenteur de ses formes. Le gouvernement de la Prusse, machine artificielle, venait de perdre son principal ressort. Celui de l'Autriche était occupé de projets qui devaient bientôt échouer, et l'anarchie régnait en Pologne et dans l'empire ottoman. La tendance constante des souverains vers le pouvoir arbitraire avait, dans presque tous les États du continent, anéanti la liberté publique; les assemblées des États étaient ou abolies ou réduites à une vaine formalité; nulle part elles n'avaient le caractère d'une véritable représentation nationale.

4. Et cependant l'idée en vivait partout, réveillée et entretenue par les plus grands écrivains, non comme une simple théorie, mais comme un bien réel dont l'expérience de l'heureuse Angleterre devait faire sentir tout le prix. Cette idée pouvait-elle ne rester que spéculative dans la politique pratique, et ne devait-elle pas être, au milieu des orages et des aberrations de la période suivante, l'étoile polaire sur laquelle se fixeraient constamment les regards?

5. Mais ce n'était pas seulement les rapports des souverains

avec le peuple, et ceux des États entre eux, qui étaient changés. Combien peu ressemblaient à leurs ancêtres et les bourgeois et les nobles actuels! Plus le fardeau des charges publiques était pesant, plus on prétendait qu'il fût également supporté par tous. Les castes privilégiées devaient donc, à chaque réunion des États, être encore plus menacées que les princes; et cependant les anciennes constitutions reposaient sur cette séparation des castes.

6. On ne connaissait de mesure de la force des États, que celle des armées permanentes; et, en effet, il n'y en avait guère d'autres. La composition de ces armées, qui, toujours plus étroitement subordonnées à l'esprit du gouvernement, avaient subi un accroissement proportionné à celui de la puissance des princes, élevait partout un mur de séparation entre elles et la nation. Les armées n'étant que dans leurs mains, que restait-il aux peuples sans défense? qu'à se soumettre, quand l'armée était battue et dispersée. Ainsi pouvaient se renouveler les journées de Zama et de Pydna, et une seule bataille décider du sort du plus puissant empire.

7. Combien, à plus forte raison, devait-on craindre de si tristes résultats, si l'on comparait ces forces militaires avec les forces pécuniaires, sans lesquelles les premières ne sauraient exister! Ce principe de vie manquait à presque toutes. Il n'y avait pas sur le continent une seule puissance en état de soutenir, par ses propres moyens, une guerre de quelque durée. On n'y parvenait que par le secours de subsides, ou que par l'invention de quelques nouvelles extorsions. C'est ainsi qu'on était arrivé au point que ces systèmes trouvaient leur peine dans leurs propres excès. Les redoutables conséquences d'une situation aussi forcée ne pouvaient que se développer à la première occasion.

8. Tandis que ces appuis politiques chancelaient, les soutiens moraux n'étaient pas moins ébranlés. La base de tout gouvernement, le saint respect pour les droits de la possession légitime, ce principe sans lequel il n'y a que guerre de tous contre tous, était anéanti. La politique avait déjà levé le masque en Pologne, et dès lors prévalut le système de l'arrondissement des

États aux dépens des faibles. La malheureuse opinion due aux écrivains de statistiques, que la puissance des États ne se mesure que par leur force matérielle, et qui n'en évalue la prospérité que sur le nombre de leurs lieues carrées et sur la somme de leurs revenus, a jeté des racines impossibles à extirper. Le droit des nations cessa d'être une garantie, et ce qui continua d'en subsister ne dut sa conservation qu'à l'effet de conjectures variables. La politique se réglant sur les mœurs, l'égoïsme était devenu le principe dominant dans la vie publique, comme il l'était dans la vie privée.

9. Et qui ne voit cependant qu'un système dont l'égoïsme est la base unique tend infailliblement vers sa ruine, surtout quand, comme celui de l'Europe, composée d'États inégaux, il ne s'était maintenu que par des coalitions contre les plus forts? L'expérience démontra bientôt que les cabinets regardent comme des folies les traités qui imposent des sacrifices; et, sans sacrifices, que sont les alliances?

10. Toutefois, ce n'était pas seulement dans la morale des cabinets que s'étaient introduites de nouvelles maximes : les nations elles-mêmes avaient adopté des idées en contradiction avec l'état présent des choses. Mais enfin toutes les institutions humaines, même les États et leurs constitutions, ne reposent-elles donc pas sur des idées? Le paradoxe de la souveraineté du peuple, proclamé par quelques écrivains, avait obtenu une apparente sanction par l'indépendance de l'Amérique, et les partisans de cette révolution l'avaient importé en Europe. C'est ainsi que des germes démocratiques furent semés et cultivés au milieu des systèmes monarchiques; c'est cette étincelle, jetée sur un foyer prêt à s'embraser, qui a allumé le plus terrible incendie, à la grande satisfaction de ses moteurs. D'autres avaient, dès longtemps, pris soin d'atténuer dans le peuple le pouvoir des sentiments religieux. Et que reste-t-il encore de sacré, quand la religion et la constitution sont profanées (1)?

(1) Voir dans les Mémoires de l'abbé Morellet, tom. 1, p. 134, 142, tom. 2, p. 277, la réponse à cette accusation mille fois répétée et jamais prouvée contre

11. Enfin la confusion dans la vie sociale des classes élevées et de l'état mitoyen avait opéré dans les mœurs un changement qui ne pouvait qu'agir aussi sur la vie publique. On n'avait cherché dans ce rapprochement que des plaisirs ; mais ce qui ne devait être que passager devint bientôt un besoin journalier pour des hommes également avides des amusements de la société. On ne se doutait pas de l'ébranlement que pouvaient occasionner dans les fondements de l'État les seules formes de la vie privée. Quand il s'y introduisait de plus en plus, hors des relations domestiques, une égalité sociale diamétralement opposée aux distances indispensables dans un État monarchique, les liens les plus tendres et les plus forts n'étaient-ils pas relâchés ?

Ueber dein Einfluss und die Wirkungen des Zeitgeistes, auf die hoeheren Stände Deutschlands; von E. Brandes, 1810. Fortsetzung der Schrift : *Betrachtungen über den Zeitgeist in Deutschland*, 1808. — Sur l'influence et les effets de l'esprit du temps dans les classes élevées de l'Allemagne ; par Brandes, 1810. Suite de l'ouvrage intitulé : *Considérations sur l'esprit du temps en Allemagne.* — Amère, mais fidèle peinture du mauvais côté du siècle.

12. Quelque menaçantes que fussent les circonstances, il paraît, par la conduite qu'on tint, que l'on croyait pouvoir conserver le cours ordinaire des choses, et voilà pourquoi personne ne prévit la prochaine catastrophe ; mais le danger consistait précisément en cela, que tout en Europe fût calculé pour l'ordre actuel, et qu'on se trouvât obligé d'agir dans une sphère inconnue, quand il surviendrait des événements extraordinaires.

13. La période se divise d'elle-même en trois époques : les deux premières séparées par la paix de Campo-Formio, temps

les philosophes du dix-huitième siècle, dont les écrits ont défendu les droits de la raison et de la liberté. Il ne serait pas difficile de trouver dans le *Manuel* même de nombreuses traces de leur influence sur l'esprit de l'auteur. Ce qu'il faut déplorer, c'est que les gouvernements aient si longtemps et si obstinément fermé les yeux aux lumières qui leur étaient offertes ; et qu'ils n'aient pas su ou voulu appliquer doucement eux-mêmes des maximes qui, malgré le funeste abus qu'on en a fait, n'en sont pas moins incontestables. (*Note du Traducteur.*)

d'où date , après la mort de Catherine , l'intervention active du Nord dans les affaires du Continent, laquelle a depuis étroitement lié l'Europe entière au même système politique ; la troisième commençant à l'érection du trône impérial en France.

Recueil diplomatique de Martens.

Recueil des principaux traités , etc., conclus entre la republique française et les différentes puissances de l'Europe, depuis 1792 jusqu'à la paix générale; par Gebhard : I. II, Goettingue , 1796; III , IV Hambourg et Paris, 1803.

PREMIÈRE ÉPOQUE.

DE 1786 A LA PAIX DE CAMPO-FORMIO EN 1797.

PREMIÈRE PARTIE.

HISTOIRE DU SYSTÈME POLITIQUE DES ÉTATS DU MIDI DE L'EUROPE.

I. AFFAIRES POLITIQUES JUSQU'EN 1797.

Histoire des principaux événements du règne de Frédéric-Guillaume II, roi de Prusse; et Tableau politique de l'Europe depuis 1786 jusqu'en 1796, contenant un précis des révolutions de Brabant, de Hollande, de Pologne et de France; par L. P. Ségur l'aîné, ex-ambassadeur. *Paris*, 1800 , 3 vol. in-8°.

L'auteur était ambassadeur de France à Pétersbourg. Les morceaux qui concernent le Nord sont les plus importants. On doit s'attendre à des dispositions peu favorables pour l'Angleterre et pour la Prusse. L'ouvrage est néanmoins très-bon.

Parmi les Allemands, le plus complet est le *Journal politique ;* et le plus riche en faits particuliers , la *Minerve* d'Archenholz, 3 vol. par an , depuis 1793.

14. Quoique les troubles intérieurs des états pendant cette

époque eussent des causes diverses, ils annonçaient tous néanmoins une tendance à des constitutions libres. Jusqu'alors les constitutions avaient plus consisté dans des coutumes que dans des actes écrits, ce qui devait rendre d'autant plus violentes les secousses occasionnées par leur changement : car il n'y a que ce qui est passé en coutume, même dans les constitutions écrites, qui soit solide, et, en politique, les principes les plus incontestables n'acquièrent de l'autorité que lentement ; ce qui fait voir combien sont fausses et l'opinion qu'une charte constitutionnelle peut régler toute chose explicitement, et la prétention qu'il suffit de l'écrire pour en assurer la durée.

15. La mort de Frédéric le Grand, arrivée dans un temps de pleine tranquillité que conserva le ministre de son successeur, n'eut pas immédiatement les suites auxquelles on devait s'attendre ; mais le vide était trop grand pour qu'elles tardassent à se manifester. Les principaux intérêts de l'Europe étaient combinés par la force de tête et soutenus par le caractère de ce grand homme ; mais le nouveau roi avait encore moins hérité du caractère que de l'esprit de son oncle, et le ministre le plus capable de diriger n'aurait pas reproduit Frédéric.

16. La première dérogation à la politique de ce prince, l'intervention dans les troubles de la Hollande, fut le premier anneau de la chaîne révolutionnaire qui devait embrasser toute l'Europe. Ici une fausse démarche en entraînait inévitablement un grand nombre d'autres. Déjà, du vivant de Frédéric, ces troubles avaient commencé par les disputes entre le parti patriote et celui d'Orange sur les droits du Stadhoudérat. La médiation de la France et de l'Angleterre les avait rapprochés, mais Frédéric s'était contenté d'inviter à une réconciliation. Son successeur fit d'une affaire d'état une querelle de famille, et une facile victoire sur les patriotes, abandonnés par la France, ouvrit une scène nouvelle.

Les troubles de la Hollande étaient le développement du germe de destruction que renfermait la constitution, modifié par les circonstances du temps. Le parti patriote, dominant dans les affaires publiques, n'était plus

simplement l'ancien parti des Etats, quoiqu'il en provînt en grande partie.
L'origine de la haine et de l'accusation de duplicité contre le stadhouder
remonte à la guerre avec les Anglais, 1780. Ces dispositions s'augmentent
par l'influence des cabinets de Londres et de Versailles, après la paix de
1783. Le parti patriote l'emporte, et M. de Vergennes conclut (10 novembre
1785) un traité d'alliance offensive et défensive entre la France et la République. Attaque contre les prérogatives du stadhouder; il s'éloigne de La
Haye en 1786. Formation d'un corps de patriotes armés : spectacle nouveau
en Europe, et fruit de l'exemple de l'Amérique. Le parti d'Orange faible en
lui-même; le parti patriote sans chefs capables et sans but déterminé. Qui
aurait pu prévoir que les successeurs de Vergennes, mort le 13 février 1787,
ne feraient absolument rien? Intervention de la Prusse et déclaration du 10
juillet, après le voyage de la princesse d'Orange à Berlin (29 juin). Invasion de la Hollande, sans obstacle, par un corps prussien sous les ordres
du duc de Brunswick (septembre 1787).

*An introduction to the history of the Dutch Republic for the last ten
years, reckoning from the year* 1777. London 1788.—*Introduction à l'Histoire des dix dernières années de la république de Hollande, depuis* 1777;
par J. Harris, ci-devant envoyé d'Angleterre.—C'est moins une histoire qu'un
simple exposé des événements intérieurs. Harris même ne dissimule pas les
fautes du parti d'Orange.

Mémoire sur la révolution de Hollande, par le citoyen Caillard, alors chargé
d'affaires de France à La Haye; inséré dans l'histoire de Frédéric-Guillaume,
par Ségur, tome 1.—Relation très-claire d'un confident du parti des patriotes,
et dans leur esprit.

17. L'effet naturel de cette catastrophe fut le rétablissement
du Stadhouder dans ses anciens droits augmentés de nouvelles
prérogatives. A la plénitude et à la dureté avec lesquelles il en
usa, il paraissait avoir presque oublié qu'il existait encore une
république et une opposition. Toutefois, la durée de cette révolution ne pouvait être assurée que par les étrangers, et ce fut
dans cette intention que se contracta la triple alliance avec la
Grande-Bretagne et la Prusse, traité qui fonda de nouveau l'influence de l'Angleterre sur le Continent, et qui, peu d'années
après, l'étendit sur le reste de l'Europe, et particulièrement sur
le Nord.

Première alliance (15 avril 1788) entre les deux puissances et la République, et garantie de tous les droits du stadhoudérat. Par suite, alliance

défensive entre l'Angleterre et la Prusse, conclue à Loo (13 juin). Garantie réciproque de leurs possessions, et, par conséquent, des colonies anglaises par la Prusse.

18. Pendant ces orages des Provinces-Unies, un semblable esprit d'agitation s'était manifesté dans les Pays-Bas autrichiens; les projets de réforme de Joseph II l'avaient excité; ses inconséquences le fortifièrent. Mais quand déjà le soulèvement touchait à l'indépendance, les insurgés se divisèrent, et il ne se trouva point de chef capable de réunir les partis. En Flandre, on voulait le rétablissement des anciens États; en Brabant, les démocrates prétendaient au gouvernement populaire. Il fut d'autant plus facile à Léopold, après la mort de Joseph, d'apaiser cet orage, que les insurgés avaient été trompés dans leur espérance d'un appui de la part de la Prusse.

Commencement des troubles en 1787, à cause des atteintes portées, dans l'Édit de la Joyeuse entrée, aux priviléges des États, par la création d'un nouveau conseil militaire, ecclésiastique et universitaire. Soulèvement tumultuaire dans la plupart des villes. Rétractation des ordres donnés le 2 septembre 1787. Mais la continuation des mesures pour la réforme de l'université de Louvain entretient la querelle avec le clergé et les États. Refus des subsides à l'empereur (janvier 1789). Insurrection des privilégiés du Brabant (18 juin). Elle est renouvelée par Van der Not. Armement des patriotes et expulsion des troupes autrichiennes (de juillet en novembre). — Réunion d'un congrès souverain de toutes les provinces, excepté Luxembourg, et déclaration de l'indépendance (4 janvier 1790); mais bientôt développement des factions intestines, et, après l'avénement de Léopold II, accommodement avec les mécontents par la confirmation des anciens priviléges, au congrès de Reichenbach (10 décembre).

Faute d'une bonne histoire, les meilleurs matériaux se trouvent, jusqu'à présent, dans le *Journal politique*.

19. Les mouvements révolutionnaires qui se firent sentir à la même époque dans plusieurs petits États, tels que Liége, Aix-la-Chapelle, Genève, doivent d'autant moins être passés sous silence, qu'ils offrent autant de preuves de cet esprit de turbulence qui régnait généralement alors. Quoique divers, ils ont cela de commun que partout c'était le parti démocratique qui vou-

lait renverser l'ordre établi ; mais la manière dont ils furent réprimés, bien que par une médiation armée, démontre qu'il subsistait encore quelque respect pour les droits des petits Etats.

Soulèvement à Liége contre le prince Evêque pour le rétablissement des priviléges des Etats (17 août 1789). — Rescrit de la Chambre impériale (27 août), dont l'exécution est commise au Directoire du cercle de Westphalie. — Résolution remarquable et retraite complète des Prussiens (août 1790). — Rétablissement du prince par l'Autriche (janvier 1791). — Les dissensions entre les négatifs (aristocrates) et les représentants de Genève (1788), terminées par la nouvelle constitution (13 février 1789), étaient la suite des querelles de 1782, apaisées par la médiation armée des trois puissances voisines. — Excellente étude préliminaire pour l'histoire des grandes révolutions.

Tableau historique et politique des Révolutions de Genève dans le XVIIIe siècle, par d'Ivernois. Genève, 1782.

Meiners Briefe über die Schweitz, 1790. — *Lettres sur la Suisse*, par Meiner, 1790 ; 4 vol. Cet ouvrage contient les meilleurs renseignements sur les derniers troubles.

20. Qu'étaient toutes ces petites secousses auprès de l'éruption du volcan dévastateur qui, dans le même temps, venait de s'ouvrir au sein du premier des États de l'Europe occidentale ? Quoique nous nous proposions bien moins ici de considérer l'histoire de la révolution française dans ses effets intérieurs que dans son influence au dehors, et particulièrement sur le système politique de l'Europe, il est néanmoins indispensable, pour atteindre notre but, de déterminer préalablement quel fut au dedans le caractère de ce grand événement. Un trait distinctif de cette époque, c'est que les rapports extérieurs des États sont nés de leurs circonstances internes.

21. Dès la convocation des états généraux, se manifesta hautement l'esprit du temps ; quoique occasionnée par le besoin des finances, n'était-elle pas déjà par elle-même une restriction de la toute-puissance royale, une dérogation à la constitution existante (1) ? Ceux qui recoururent à ce remède purent, dès son

_____
(1) Non, à moins qu'on ne veuille regarder comme prescrit un droit national,

premier effet, s'épouvanter, avec juste raison, de ses derniers résultats.

22. Trois motifs principaux repoussaient, par avance, tout espoir d'un heureux succès. 1° On ne voulait pas, comme ailleurs, seulement des réformes partielles ou le rétablissement d'anciens droits; on aspirait, au contraire, à un état de choses entièrement nouveau; il n'y avait plus de point d'appui, plus de frein. 2° On prétendait obtenir cette régénération d'une assemblée nombreuse, abandonnée à elle-même, indépendante du gouvernement et entourée d'un peuple mutiné. 3° Enfin, le peu d'espérance qui pouvait rester était détruit par le désir, conforme à la théorie des philosophes, devenue l'opinion dominante, de séparer, sinon entièrement, du moins autant qu'il était possible, le pouvoir exécutif de la puissance législative.

Le projet de tout changer était si bien formé à l'ouverture des états généraux, que, dès le 17 juin, le tiers-état se déclara assemblée nationale. Il ne resta plus de la monarchie que le nom; et l'abolition des droits féodaux, dans la nuit du 4 août (spectacle unique dans l'histoire du monde), fonda par avance le gouvernement populaire sur les débris de l'ancienne constitution.

23. L'effet de cette grande catastrophe sur le reste de l'Europe devait être, au commencement, plus moral que politique. Qui aurait pu se croire en droit d'interposer son autorité dans les affaires intérieures de la France? Mais l'influence au dehors devint soudainement funeste, parce qu'elle répandit en tous lieux la haine des institutions sociales existantes. Qui pourrait dire aussi quelles furent les suites de l'enthousiasme général excité par la voix des écrivains? A peine un petit nombre osait-il émettre une opinion contraire.

parce que l'exercice en était suspendu depuis 175 ans. En reprendre l'usage, ce n'était que faire cesser un long abus. D'ailleurs, ce qu'on rétablissait pour la nation entière avait constamment subsisté pour un grand nombre de provinces. L'Artois, la Bretagne, le Languedoc, la Provence, la Bourgogne, etc., avaient toujours joui d'états représentatifs, du droit de consentir l'impôt, du régime municipal, etc. (*Note du trad.*)

Dans ce petit nombre, EDMOND BURKE'S *Reflexions on the revolution in France and on the proceedings in certain societies in London*, 1790, in-8°. — *Réflexions sur la Révolution française, et sur la conduite de certaines sociétés de Londres*, par Ed. Burke, traduit en français. (Voir aussi quelques opuscules analogues, dans les tom. III et IV de ses œuvres.) Ces ouvrages sont écrits avec toute l'énergie que pouvait donner au Démosthène de l'Angleterre la conviction des dangers de sa patrie.

En Allemagne : *Politische Betrachtungen über die Franzoesische Revolution*, 1790. (Antérieurement au livre de Burke.) — *Considérations politiques sur la Révolution française*, par E. Brandes. Et, *Ueber einige Folgen der Franzoesischen Revolution fur Deutschland*, 2° Ausgabe, 1793. — *Sur quelques conséquences actuelles de la Révolution française, pour l'Allemagne*, 2° édition, par le même auteur.—Vif éclair de raison dans un vertige général.

Untersschungen über die Fronzoesesche Révolution, nebut cristichen Nachichten von den merkwürdigsten Schriften, von A. W. Rehberg, 1793. — *Recherches sur la Révolution française, avec des notices critiques sur les ouvrages les plus remarquables*, par Rehberg, 1793.

En français, à la tête d'une multitude innombrable d'écrits, il faut placer ceux de M. Necker, et particulièrement le livre de sa spirituelle fille, intitulé : *Considérations sur la Révolution française*, par madame de Staël-Holstein, 3 vol. in-8°. Paris, 1818.

24. Il était difficile que la chute d'un aussi antique édifice n'en endommageât pas d'autres. La première atteinte fut pour l'Allemagne, par la suppression des droits féodaux. Les princes possessionnés en Alsace perdirent ceux dont ils y jouissaient, et l'empereur et l'Empire conservèrent les leurs (1789). La prudence, si ce n'est la justice, conseillait l'égalité, mais en vain, et l'on ne pouvait pas voir un plus grand contraste qu'entre la nouvelle marche française et la vieille allure allemande.

25. Mais les nombreuses émigrations de Français, et l'admission ou le rejet des fugitifs dans plusieurs contrées de l'Allemagne, menacèrent bientôt le repos de l'Europe d'un danger plus grave que les dissentiments d'opinion. Où ne portaient pas leurs espérances et leurs passions ces émigrés presque tous d'une naissance distinguée, et quelques-uns même du rang le plus élevé? Rétablir l'ancien ordre des choses, même au prix de la guerre, était leur vœu, et soulever l'Europe entière en faveur de

leurs desseins, le but de leurs efforts. Tout se borna cependant
à une conférence de quelques princes d'Allemagne, à Pilnitz,
sur la défense commune : qui pourrait la blâmer ?

*Réunion et conférence à Pilnitz (27 août 1791) entre Léopold II, Fré-
déric-Guillaume II et l'électeur de Saxe. Le comte d'Artois y vint, hélas !
sans y être appelé, et n'obtint qu'une déclaration insignifiante.*

26. L'acceptation de la constitution par Louis XVI (13 septembre 1791) parut aussi éloigner le danger d'une guerre : une
circulaire (12 novembre) de l'empereur Léopold l'annonça aux
autres puissances. De bien plus mauvaises constitutions ont
subsisté beaucoup plus longtemps ; mais pouvait-on croire sérieusement qu'on mettrait fin à tout avec ce pacte sur le papier ?
et cependant on en était persuadé. Le passage d'une demi-liberté
à ce qu'on appelait une liberté entière était infaillible chez une
nation passionnée, et maintenant livrée à la plus grande exal-
tation. Et comment pouvait-il avoir lieu sans les plus violentes
tempêtes ? La lutte des factions fut bientôt aussi fougueuse
qu'auparavant ; ensuite, pendant la session de l'Assemblée législative (1792), les jacobins s'emparèrent de la domination, avec
le dessein de renverser le trône. Pour l'accomplir, la guerre extérieure leur parut nécessaire (quelle politique aurait eu désormais le pouvoir de la prévenir ?) ; et, à la mort inopinée de
Léopold (1er mars 1792), à qui François II succéda, l'Autriche devint leur premier point de mire. Louis XVI, réduit à
consentir à la guerre, la déclara donc à cette puissance (20 avril
1792).

*Après la dissolution de l'Assemblée constituante (30 novembre 1791),
réunion de l'Assemblée législative, jusqu'au 21 septembre 1792, sous l'influence absolue des jacobins.*

27. Peut-être la marche des cabinets ne fut-elle pas tout-à-
fait exempte de reproche. Les redoutables scènes de la France
étaient si nouvelles, qu'elles se trouvaient hors de la sphère ordinaire de la politique. Kaunitz lui-même, le Nestor des ministres, n'avait rien vu de semblable ; sa conduite prouva com-

bien peu il avait su apprécier les forces d'un grand peuple en insurrection, et c'était précisément un des grands avantages du parti démocratique, que de tirer la politique des cabinets hors de son cercle accoutumé.

28. Il semble cependant impossible qu'on ait pu douter que cette vaste flamme, une fois allumée, ne propageât promptement l'incendie. Toutes les passions étaient déchaînées, tous les ressorts politiques changés; d'anciens adversaires devenaient amis; d'antiques liens étaient rompus. La cause de Louis XVI sembla devenir celle de tous les rois : l'un d'eux voulait se mettre à leur tête, mais il succomba sous les coups d'un assassin.

29. L'alliance de l'Autriche et de la Prusse fut le premier signe de cette subversion totale des anciennes relations ; mais la malheureuse expédition en Champagne, entreprise en commun, ne fit qu'accélérer la pleine éruption du volcan. L'antique trône des rois était abattu, et, au milieu des gouvernements monarchiques de l'Europe, s'élevait tout-à-coup une république qui proclamait hautement la propagation de ses principes. C'était une guerre non-seulement *contre les peuples, mais principalement contre les gouvernements.*

Réunion des forces autrichiennes et prussiennes, de Hessois et d'émigrés sous le commandement du duc de Brunswick (juillet 1792).—Faux avis sur la situation intérieure de la France : on y supposait le projet d'une seconde expédition en Hollande.—Manifeste du duc de Brunswick (25 juillet) et renversement du trône français (10 août).—Convention nationale (21 septembre 1792, jusqu'au 27 octobre 1795), et déclaration de la République en même temps que l'armée des alliés, déjà avancée jusqu'à Valmy, repoussée par Dumouriez, ou plutôt vaincue par les maladies (1), fut obligée à la retraite.

30. La conquête des Pays-Bas autrichiens, conséquence im-

(1) L'auteur de la traduction de cet ouvrage a vu, à l'époque dont il s'agit ici, une lettre du général Dumouriez, dans laquelle se trouvaient ces mots : *Nous allons jouer le tout pour le tout, mais il faut que notre carte soit couverte d'or.* Renfermeraient-ils le secret d'une troisième cause de la retraite des Prussiens, ou l'effet des deux premières aurait-il rendu inutile l'emploi de ce dernier moyen? (*Note du Traducteur.*)

médiate de cet événement, fut aussi l'effet d'un art tout nouveau de la guerre, et contribua nécessairement à ses progrès. Le penchant de ces provinces pour le nouveau système de gouvernement n'était-il pas présagé par les antécédents ? le rempart de la Hollande ne tombait-il pas avec elles ? et l'Angleterre pouvait-elle n'en être pas effrayée ? Une seule bataille décida du sort de la Belgique, ce que jadis plusieurs campagnes n'avaient pu faire ; et déjà des hommes inconnus se plaçaient tout-à-coup au niveau des guerriers les plus renommés.

Bataille de Jemmapes (5 novembre) et invasion de la Belgique, tandis que déjà (21 octobre) Custine s'était ouvert le cœur de l'Allemagne par la prise de Mayence laissée sans défense.—Conquête de la Savoie et du comté de Nice (septembre), sans déclaration de guerre, et leur réunion à la France au mois d'octobre suivant.

31. Mais la sanglante tragédie qui se préparait à Paris fixait plus l'attention que toutes ces conquêtes ; la tête innocente de Louis XVI tomba sous la hache le 21 janvier 1793. Tant que les princes seront des hommes, la politique tentera vainement d'étouffer en eux tout mouvement de sensibilité. Quand même la juste horreur d'un si grand crime n'aurait pas été un motif de guerre, elle devait au moins faire cesser toute négociation. Et comment des princes auraient-ils pu traiter avec une convention qui soulevait contre eux leurs propres sujets ? C'est ainsi que tout se disposa nécessairement en Europe à une grande coalition contre la République.

Mémoires secrets pour servir à l'histoire de la dernière année du règne de Louis XVI, par BERTRAND DE MOLLEVILLE, ministre d'État à cette époque. Londres, 1793, 3 vol.—Peu de gens pouvaient en savoir davantage, et personne n'en a plus dit (1).

(1) Le ministre qu'on suppose avoir été si bien informé, se croyait sûr, le 10 août même, à cinq heures du matin, qu'il n'y avait aucune attaque des Tuileries à craindre pour ce jour-là. M. de Sainte-Croix, ministre des affaires étrangères, lui ayant envoyé demander à la pointe du jour, par son secrétaire, où en étaient les choses, il fit répondre qu'on pouvait être tranquille, et qu'on avait pour soi toute la journée. Le messager de M. de Sainte-Croix,

32. Les grandes coalitions ont été rarement heureuses et durables ; mais aucune ne le fut moins que celle dont le spectacle allait être donné au monde. Ce mauvais succès peut être attribué en partie aux mesures révolutionnaires des Français, et en partie à l'aversion des peuples ; mais il y en avait encore d'autres causes. Ces aggrégations portaient en elles-mêmes, comme toutes celles de la même nature, le germe de leur propre destruction : est-ce par un pressentiment obscur de leur destinée qu'au lieu d'alliances notre âge les a nommées coalitions ?

33. L'un de ces germes consistait dans le défaut de proportion entre les finances et les forces militaires des États. (V. p. 5.) Toutes les puissances, avec ou sans trésor, se trouvèrent épuisées par les moindres efforts ; elles ne purent les soutenir qu'au moyen de subsides étrangers. Comme par là tout devait être paralysé ! Que servent au géant même ses bras quand il faut que d'autres les lui soulèvent ?

34. L'Angleterre seule pouvait fournir des secours pécuniaires. Elle devint donc non-seulement le lien universel ; elle eut aussi nécessairement la direction de la guerre. Cependant sa situation géographique et plus encore ses intérêts particuliers l'y rendaient peu propre. Son but, ses avantages, ses pertes ne pouvaient pas être les mêmes que ceux de ses alliés. A l'abri du danger de la guerre sur son territoire, elle se consolait facilement de ses revers, pourvu que la guerre ne cessât pas. Ses victoires navales et ses conquêtes au delà des mers offraient-elles aux alliés quelques dédommagements de leurs sacrifices ?

Les subsides ne doivent être qu'une assistance pour le succès d'un intérêt commun. Marie-Thérèse et Frédéric II reçurent des subsides, et n'en firent pas moins leurs affaires. Quelle aberration de vues, au contraire, que de sacrifier tout aux subsides !

voulant vérifier par lui-même jusqu'à quel point cette confiance pouvait être fondée, se porte vers le faubourg Saint-Antoine, et y trouve Santerre à la tête du rassemblement. Il retourne promptement sur ses pas pour en avertir M. de Sainte-Croix ; mais ce ministre, qui avait reçu d'ailleurs les mêmes avis, était allé donner l'alarme au château, et provoquer des mesures qui furent peut-être infructueuses parce qu'elles étaient tardives. (*Note du trad.*)

35. Toutefois le germe de dissolution le plus dangereux était dans l'égoïsme général, qui n'aspirait qu'à des accroissements de territoire. Aucune alliance ne peut subsister sans sacrifices réciproques. Comment celle-ci se serait-elle maintenue, quand le désir de l'agrandissement avait fait oublier le but primitif, la conservation de l'état actuel? quand chaque lueur d'espoir d'acquisition aux dépens, soit de ses voisins, soit même de ses alliés (et qui devait avoir bientôt plus à donner ou à prêter que la France victorieuse?), était une amorce pour la défection? Ce fut par là que se vengea la morale d'avoir été bannie de la politique. Au jour du malheur, personne ne trouva plus un ami auquel il pût se fier.

36. A ces causes désorganisatrices de la coalition se joignit la disette d'hommes capables de la maintenir. Point d'Eugène, point de Marlborough; et le talent, haï de la médiocrité, ne pouvait se faire jour. En France, au contraire, les hommes supérieurs étaient portés aux premières places.

37. L'histoire n'a à désigner pour moteur et pour chef de la coalition que W. Pitt. Son nom vit dans les annales de l'Angleterre et dans l'histoire de l'Europe. Il jugea mieux du danger que tout autre; et, non moins grand par son caractère que par ses talents, il n'a jamais transigé avec les principes politiques. Mais sa position ne lui permettait pas, comme à Guillaume III, d'être l'âme d'une grande coalition. Ce rôle ne pouvait appartenir à un financier : il demandait un guerrier qui fût en même temps homme d'État. Tout ce que pouvaient l'or et la constance, Pitt l'a effectué; mais il se trompa souvent dans le choix des hommes et des moyens, et il ne voulut ou n'osa jamais renoncer à l'idée que les intérêts généraux de l'Europe résident dans l'intérêt particulier de l'Angleterre.

Speeches of the R.-H. William Pitt in the House of Commons; vol. I—III. London, 1808.—*Discours de W. Pitt dans la chambre des communes*, tom. 1 à 3. Les deux derniers volumes apprennent pleinement à connaître les maximes anti-révolutionnaires de ce grand homme.—Traduits en français. On trouve dans la même collection les discours de Fox.

38. Sous quels auspices commença cette première coalition ? L'alliance entre l'Autriche et la Prusse fut fortifiée par la déclaration de guerre de la France contre l'Angleterre et le stathouder, et bientôt après contre l'Espagne. Le roi de Sardaigne était déjà attaqué, et on avait entraîné le Portugal, Naples, la Toscane et le pape. Comment l'Empire aurait-il résisté à l'ascendant de la Prusse et de l'Autriche ? L'accession de la Suède n'était suspendue que par le meurtre de Gustave III. Personne ne menaça davantage et pourtant n'agit moins que Catherine. Excepté quelques États du second ordre, et la Porte pour le moment, il ne restait plus un neutre en Europe.

Déclaration de guerre contre l'Angleterre, sur son refus de reconnaître la République, et contre le stathouder (1er février 1792); contre l'Espagne (7 mars). — Déclaration de guerre de l'Empire, malgré l'opposition du Hanovre (22 mars). — Alliance de l'Angleterre, comme point central, avec la Russie (25 mars), avec la Sardaigne (23 avril), avec l'Espagne (25 mai), avec Naples (12 juillet), avec la Prusse (14 juillet), avec l'Autriche (30 août), avec le Portugal (26 septembre), avec la Toscane (28 octobre), outre les traités de subsides avec la plupart des princes allemands.

Ueber den Ursprung und Character des Krieges gegen die Franzoesische Revolution; von Fr. Gentz. Berlin, 1801. — *Sur les causes et le caractère de la guerre contre la révolution française;* par Fr. Gentz. Ingénieuse exposition des droits de la justice.
Historische Ubersicht der Politick Englands und Frankreichs von der Conferenz zu Pilnitz bis zur Krieges Erklaerung gegen England; von HERBERT MARSH. — *Aperçu historique de la politique de l'Angleterre et de la France, depuis la conférence de Pilnitz jusqu'à la déclaration de guerre contre la Grande-Bretagne;* par HERBERT MARSH. Leipzig, 1799. — Justification diplomatique de l'Angleterre.

39. Il ne s'agissait pas dans cette guerre, comme autrefois, de l'envahissement d'une province ; il n'y allait pas moins que de la conservation ou de la destruction des États subsistants. Ce n'était pas seulement le combat des armes, c'était celui d'éléments politiques entièrement opposés. Partout où pénétrait l'armée de la république (et qui pouvait prévoir où elle s'arrêterait ?), un décret de la Convention (17 décembre 1793) établissait aussitôt le

gouvernement populaire. Cependant le danger sembla s'affaiblir dans le cours de la première campagne par le retour de l'armée française sur ses propres frontières, où la repoussèrent les victoires des alliés.

Victoire des Autrichiens, sous le prince de Cobourg, à Aldenhoven (1er mars 1793), à Nervinde (18 mars).—Reprise des Pays-Bas; fuite de Dumouriez (4 avril).—Victoire de Famars (23 avril), et prise des places fortes françaises, particulièrement de Valenciennes (28 juillet).—Siége et prise de Mayence par les Prussiens et les Hessois (22 juillet).—Invasion en Alsace et combat de Kaiserslautern (28 novembre); mais retraite en décembre. —Progrès des Espagnols en Roussillon (juin 1793).

Vie privée et politique de Dumouriez. Hambourg, 3 vol. — Elle va jusqu'à la fin de 1792.
Mémoires du général Dumouriez, écrits par lui-même, 1794, 3 vol.
Correspondance du général Miranda avec le général Dumouriez. Paris, 1794.

40. Jamais le bonheur des vainqueurs ne leur fut plus fatal. Tandis qu'au but primitif ils substituaient déjà des idées de conquêtes, ils excitaient par cela même la résistance du désespoir. Appelant à son aide un gouvernement de terreur avec toutes ses horreurs et toutes ses forces, la Convention proclama ce principe fondamental, plus fécond et plus fructueux que la plus éclatante victoire : *Tout citoyen est soldat* (16 août). Il détruisit d'un seul coup, dans le principal État de l'Europe, le système jusqu'alors adopté des armées de ligne. Était-il raisonnable aux autres nations d'y persévérer ?

Création du comité de salut public (13 août 1793 jusqu'au 27 juillet 1794), composé de onze membres, dont les principaux furent Robespierre, Barrère, Saint-Just, Carnot, etc., etc., et revêtu d'une puissance dictatoriale sur les biens et sur les personnes.

41. C'est ainsi que la guerre et l'art de la guerre prirent une forme toute nouvelle. L'ancienne tactique pouvait convenir encore dans quelques détails, mais ne suffisait plus à l'ensemble; et les armées françaises se façonnèrent d'autant plus facilement à la nouvelle, qu'elle était plus simple. Des derniers grades s'élevè-

rent rapidement une foule de guerriers au rang des plus habiles chefs ; et, dès la campagne suivante , la reprise des Pays-Bas , en ouvrant le chemin à l'invasion de la Hollande, devint déjà de ce côté le présage de l'avenir. Conquête de la Hollande favorisée par le parti des patriotes. Fuite du stathouder en Angleterre , et réunion des sept provinces en une république une et indivisible, sous le nom de *République batave*.

Déjà , en 1793 (8 septembre), défaite des Anglais à Hondscot , suite de leur tentative intempestive sur Dunkerque. — Victoire de Pichegru à Tournai (8 mai 1794), et de Jourdan à Fleurus (26 juin). — Après cela , marche rétrograde des alliés jusqu'aux frontières de la Hollande. Leur retraite en Allemagne ; passage de l'Y par Pichegru (24 décembre), et conquête de toute la Hollande (janvier 1795). — Combat sanglant sur le Haut-Rhin ; batailles sur la Lauter (15 juillet et 20 septembre 1794): mais les Autrichiens et les Prussiens ne sont pas moins forcés à repasser aussi le Rhin (octobre), et, d'un autre côté, les Français franchissent les Pyrénées (novembre).

42. La conquête de la Hollande , alors peut-être le pays le plus riche de l'Europe, enchaîna désormais cet État au sort de la France , assura la possession de la Belgique , ferma le Continent aux troupes de l'Angleterre , et changea totalement la situation de la Prusse et du nord de l'Allemagne. Cet événement seul aurait suffi autrefois pour dénaturer tout le système de l'Europe : il n'était maintenant qu'un acte isolé de la grande tragédie.

Traité d'amitié entre la France et la république batave (16 mai 1795). Conditions : 1° paiement de 100 millions de florins ; 2° cession de la Flandre hollandaise contre un futur équivalent ; 3° usage en commun du port de Flessingue.

43. Mais la conséquence la plus importante fut le changement de rapports de l'Angleterre. Sa participation à la guerre de terre cessait : elle n'avait plus rien à perdre sur le Continent ; elle héritait du commerce de la Hollande, et la guerre avec la nouvelle république lui ouvrait la perspective de s'emparer de ses colonies : quoiqu'elle mît tous ses soins à entretenir la lutte, elle avait désormais un moindre intérêt à son succès continental.

44. Les germes de division entre les alliés du Continent n'avaient pas tardé à se développer. La méfiance réciproque de l'Autriche et de la Prusse, nourrie par Frédéric pendant cinquante ans, n'avait pu être détruite ni dans le cabinet ni dans les armées, même par la plus sincère union des princes personnellement, et on n'en avait que trop et que trop souvent ressenti les effets. Toujours les vues d'intérêt particulier en politique portent leur punition en elles-mêmes.

45. La Prusse tomba, en outre, dans un si prompt épuisement, que même les profusions de Frédéric-Guillaume II ne purent qu'imparfaitement en expliquer la cause. A peine le quart de l'armée avait été employé, et déjà, en moins de deux ans, des dettes avaient remplacé un riche trésor. On mit à la charge des cercles antérieurs de l'Empire l'entretien de l'armée, et l'on accepta de nouveaux subsides de l'Angleterre, non, comme il paraissait, à cause de la guerre, mais pour avoir de l'argent.

Traité de subsides entre la Prusse et l'Angleterre conclu à la Haye (19 avril).

46. D'un autre côté, la Convention avait déjà adopté pour maxime de ne faire que des paix séparées, et de ne terminer la guerre qu'après avoir poussé jusqu'au Rhin la frontière de la France. Quel grave sujet de réflexion pour le successeur de Frédéric le Grand ! Mais l'empire d'Allemagne n'était pas la Prusse. Sa ruine ne l'intéressait qu'indirectement, ou plutôt elle lui offrait l'espérance de s'agrandir aux dépens des États ecclésiastiques. — Conclusion de la paix de Bâle, et détermination d'une ligne de démarcation pour la neutralité de l'Allemagne septentrionale.

Conditions de la paix de Bâle (5 avril 1795) : 1º la France entre en possession des provinces prussiennes sur la rive gauche du Rhin, jusqu'à la conclusion d'un arrangement à prendre à la paix avec l'Empire ; 2º la France accepte la médiation de la Prusse pour l'accession des autres États de l'Empire ; 3º aucun passage ne sera donné aux ennemis dans les provinces prussiennes. — Hesse-Cassel traita, de son côté, de la paix (28 août). Déjà (17 mai), après l'adhésion de la Saxe, de l'électorat de Hanovre, etc., la ligue de démarcation avait été réglée.

Négociateurs à Bâle : le citoyen Barthélemy et le ministre baron de Hardenberg.

47. C'est ainsi que, sans avoir atteint le but de la guerre, l'anéantissement de la politique révolutionnaire, la Prusse sépara de la coalition elle-même et le nord de l'Allemagne. Une alliance pour la défense commune y fut conclue (juin 1796). On sembla vouloir revenir à l'idée de Frédéric le Grand, et faire de la Prusse le point central d'une grande confédération. Mais le concours de l'empire d'Allemagne était alors impossible ; d'ailleurs on s'effrayait de ce nom : et où se serait fondée la confiance, ciment essentiel d'un tel édifice, quand, au moment même où l'on proposait de l'élever, s'opérait le nouveau partage de la Pologne ? (*voir ci-après*) quand le territoire de Nuremberg était occupé jusqu'aux portes de la ville, et lorsque le traité secret avec la Convention, pour des indemnités aux dépens des États ecclésiastiques, allait cesser d'être un mystère ?

Traité secret de la Prusse avec la France (5 août 1796). Conditions : préalable confirmation de la cession de la rive gauche du Rhin ; sécularisation, au profit de la Prusse, de l'évêché de Munster, ou d'un autre, suivant la convenance et de nouveaux accords ; et, en faveur du prince d'Orange, de ceux de Wurtzbourg et de Bamberg.

48. Une autre puissance alliée, l'Espagne, abandonna aussi la coalition. Son accession avait été commandée par les rapports de famille ; mais elle s'aperçut bientôt qu'il y avait pour elle tout à perdre et rien à gagner par la guerre ; et, du côté de la France, la paix fut accélérée par son intérêt à diminuer les embarras dont elle était accablée.

Paix de Bâle entre la France et l'Espagne (22 juillet 1795). Conditions : 1º restitution de toutes les conquêtes faites en Espagne ; 2º en échange, cession par l'Espagne de sa portion de l'île de Saint-Domingue. Déjà, avant de conclure la paix avec l'Espagne et avec la Prusse, la Convention l'avait accordée au grand-duc de Toscane (3 février), comme pour prouver que les princes ne refusaient pas de traiter avec elle.

Négociateurs à Bâle : le citoyen Barthélemy et D. Yriarte.

49. Toutefois la coalition, à demi rompue, ne devait pas être
entièrement dissoute. La continuation de la guerre de terre,
quelle qu'en dût être l'issue, importait trop à l'Angleterre pour
que cette puissance ne poursuivît pas l'exécution de ses plans.
Dans tous les pays, sur toutes les mers, la guerre se faisait à ses
frais. Qui ne demandait, qui n'obtenait de l'argent? Des emprunts inouïs, et tels que la postérité aura peine à les concevoir,
devenaient nécessaires : en peu d'années la dette publique fut
doublée, et avec elle le fardeau de la nation. Comment aurait-
elle pu le supporter, si elle n'avait en même temps doublé ses
revenus?

*An Inquiry concerning the rise and progress, the redemption and pre-
sent state of the national debt of Great-Britain*, by Rob. Hamilton. Edim-
bourg, 1814. — *Recherches sur l'origine et les progrès, l'amortissement et
l'état présent de la dette publique de la Grande-Bretagne*, par HAMILTON.
—Cet ouvrage donne les notions les plus exactes et les plus certaines sur toute
l'histoire de la dette publique de l'Angleterre. Les emprunts faits par Pitt
pendant la guerre de la révolution jusqu'à la paix d'Amiens élevèrent la dette
consolidée de 257 à 567 millions sterlings, dont les intérêts absorbaient chaque
année 20 millions, et cependant le crédit public, aidé de la dette flottante,
ne souffrit aucune atteinte.

50. Mais cet accroissement de richesses ne pouvait provenir du
sol : la source n'en était que dans le commerce extérieur. L'augmenter et en exclure tous les autres peuples, autant qu'il était
possible, fut le but de tous les efforts. Ainsi Pitt changea totalement le fondement de la puissance britannique ; révolution
probablement dès longtemps préparée par la possession de Indes.
Au lieu de reposer, comme autrefois, sur la culture de son sol et
sur un système colonial modéré, la prospérité de l'Angleterre
n'avait maintenant pour appui que le commerce extérieur, qui
embrassait l'univers. Anéantissement de celui des ennemis,
oppression de celui des neutres, telles furent ses maximes; et c'est
par là qu'elle fut placée dans des rapports tous nouveaux avec
les autres peuples du Continent. Ainsi triompha le génie du

système mercantile; et la guerre de la révolution fut presque autant une guerre commerciale qu'une guerre contre les gouvernements.

L'oppression du commerce des neutres se prouve : 1° par le projet de Pitt (la première de ses grandes méprises) d'affamer la France : de là, multiplication des articles réputés contrebande dans le commerce des neutres, et défense de tout transport de denrées (juin 1793); 2° par l'extension du système de blocus, d'après lequel une simple déclaration suffisait pour y soumettre fictivement, non un port, mais une côte tout entière; 3° par la visite des navires, même de ceux qui marchaient sous convoi neutre; 4° par le règlement sur le commerce des neutres avec les colonies ennemies. D'abord, renouvellement du règlement de 1756, et interdiction totale; mais, d'après la remontrance des Américains (janvier 1794), la prohibition est restreinte au commerce direct, de la part des neutres des colonies, avec l'Europe; et ensuite (1798) abolie à l'égard des neutres d'Europe, pour leurs propres ports.

Ueber das Bestreben der Voelker neuerer Zeit, sich einander im Seehandel recht wehe zu thun; von Joh. G. Büsch. — *Sur les efforts des peuples modernes pour se nuire réciproquement dans le commerce maritime*; par Joh. G. Büsch. Hambourg, 1800. — Principes libéraux, mais assez mal ordonnés.

Essai concernant les armateurs, les prises et surtout les reprises; par M.-D. Martens. Goettingue, 1795. — Histoire critique du droit de capture.

Handbuch über das practische Seerecht der Eglaender und Franzosen; von Fr. Joh. Jacobsen. Hambourg, 1803; 2 vol. — *Manuel du droit maritime pratique des Anglais et des Français*; par Jacobsen. Très-claire exposition d'un sujet fort compliqué.

War in disguise, or the frauds of the neutral flags. London. — *La Guerre déguisée, ou Fraudes des pavillons neutres*. Londres. Franche profession de foi sur le droit maritime britannique, jugée presque trop rigoureuse en Angleterre même.

51. La domination exclusive sur la mer et, par suite, l'envahissement des colonies ennemies, tels étaient les effets que devait produire le système maritime des Anglais. La dissolution du corps de la marine française, opérée par la révolution, leur rendit plus facile la victoire sur les cadres ennemis. Déjà, vers la fin de cette époque, la puissance maritime de la France et de la Hol-

lande était plus qu'à moitié détruite, et leurs plus importantes colonies avaient passé dans les mains de l'Angleterre.

Prise et occupation de Toulon (28 août au 21 décembre 1793) et enlèvement ou destruction de la flotte. — Victoires navales sur les Français, à Ouessant, par l'amiral Howe (1er juin 1794); à Savone, par Hotham (14 mars 1795); à Lorient, par Bridport (23 juin); aux îles d'Hières (13 juillet); sur les Hollandais (23 août 1796), dans la baie de Saldanha, par Elphinston; à Camperdown (11 octobre 1797), par Duncan; sur les Espagnols, au cap Saint-Vincent (14 février 1797), par Jarvis. — Conquêtes aux Indes occidentales. — Occupation d'un grand nombre de places à Saint-Domingue (1793 à 1796), mais qu'il fallut ensuite abandonner; de Tabago (15 avril 1793); de la Martinique, de la Guadeloupe, de Sainte-Lucie (mars et avril 1794); aux Indes orientales, Pondichéry (23 août 1793); sur les Hollandais, Ceylan, Malaca, les forts du Malabar (août 1795), le cap de Bonne-Espérance (16 septembre)], Demerari et Essequebo (avril 1796), les Moluques (1796). L'Espagne ne perdit que l'île de la Trinité.

52. Après la défection de la Prusse et de l'Espagne, l'Angleterre redoubla de soins pour tenir réunis les restes de la coalition, et pour la renforcer, s'il était possible, par l'accession de la Russie; et ce qui ne lui tenait pas moins à cœur, c'était le renouvellement de son traité de commerce avec cette puissance. Elle réussit à le conclure, après avoir formé une triple alliance avec la czarine et l'Autriche. Cependant, excepté l'envoi d'une escadre en Angleterre, secours dont précisément on avait le moins besoin, le concours de Catherine n'en devint pas plus effectif.

Alliance défensive entre l'Angleterre et la Russie, avec garantie réciproque de leurs possessions (18 février 1795), et semblable traité entre l'Angleterre et l'Autriche (20 mai). L'un et l'autre furent le fondement de la triple alliance (28 septembre), dont les conditions n'ont jamais été bien connues. — Conclusion du traité de commerce avec la Russie (21 février 1797), plus avantageux encore que celui de 1766.

53. Ainsi tout le poids de la guerre continentale tombait alors sur l'Autriche seule, qui n'avait pour alliés que la Sardaigne et les États du midi de l'Allemagne. Le feu de la guerre sembla s'assoupir, quoique dès le printemps elle eût été renouvelée par

l'empereur avec quelques succès sur le Haut Rhin ; et en effet, avant la fin de l'année, il fut conclu un armistice avec les États de l'Empire.

Retraite sur le Rhin (peut-être secrètement convenue) de l'armée française sous Pichegru, et siége de Mayence par Clairfayt (octobre). — Trève avec l'Empire (31 décembre).

54. Le cours des événements intérieurs avait amené en France une nouvelle constitution, par laquelle l'ordre devait y être rétabli et consolidé. La puissance exécutive était confiée à un Directoire de cinq membres, et la puissance législative appartenait à une assemblée divisée en deux conseils, l'un appelé des *anciens* et l'autre des *cinq cents*, image imparfaite d'une chambre haute et d'une chambre basse. Cette seule séparation des deux pouvoirs ne pouvait que faire naître entre eux de promptes dissensions. Mais combien d'autres germes de maux renfermait cette constitution, vantée comme le produit de la plus haute sagesse, et bientôt imposée par force aux États affiliés ! Dans les conjonctures extérieures, rien n'était plus essentiel, pour la propagation du système révolutionnaire, que ces innovations.

Etablissement de la constitution, installation du Directoire, et ouverture du corps législatif, après la dissolution de la Convention nationale (28 octobre 1795).

55. La paix du Continent parut désormais ne dépendre que de la paix avec l'Autriche. Pour l'y contraindre, si tel était en effet le dessein du Directoire, on résolut de pénétrer au cœur de ses États, et de l'attaquer à la fois avec trois armées, sur le haut, sur le bas Rhin et en Italie. L'ensemble d'un plan aussi vaste, et par là même d'une exécution si difficile, devait l'être surtout au delà du Rhin, tant que les places fortes sur le fleuve resteraient dans les mains des Allemands. L'empereur avait aussi l'avantage de trouver dans sa propre maison un général qui captiva bientôt toute la confiance de l'armée : l'Autriche lui dut alors son salut.

Progrès du général Jourdan, du bas Rhin jusque dans le haut Palatinat, et du général Moreau, du haut Rhin jusqu'en Bavière. — Armistice avec Bade, Würtemberg, etc. (juin et juillet 1796). — Victoires remportées par l'archiduc Charles sur Jourdan, à Amberg (24 août), et à Vürzbourg (3 septembre). — Fameuse retraite de Moreau jusqu'à Huningue, en livrant continuellement des combats (octobre).

56. Toutefois ce n'était point en Allemagne que devait être décidé le sort de l'Autriche. L'Italie, jusqu'alors théâtre secondaire de la guerre, en était devenue la scène principale, et par l'effet du changement des circonstances, et plus encore par le génie du jeune général qu'on y avait chargé du commandement. Une campagne lui donna l'Italie, une seconde la paix; mais le monde pressentit bientôt en lui plus que le triomphateur et le pacificateur, et ne se trompa qu'autant que lui-même il le voulut (1).

Première campagne de Napoléon, après qu'il eut pris le commandement de l'armée à Nice (30 mars 1796).—Victoires de Montenotte (12 avril); de Millesimo (15 avril); de Mondovi sur les Piémontais (22 avril). De là, armistice forcé (28 avril); et ensuite paix séparée avec le roi de Sardaigne (15 mai). — Conditions : 1° cession de la Savoie et du comté de Nice; 2° occupation des principales forteresses. — Poursuite des Autrichiens. — Passage du pont de Lodi (10 mai). — Conquête de toute la Lombardie jusqu'à Mantoue.

Campagne du général Bonaparte, en Italie, pendant les années IV et V, par un officier général (M. de Pommereul). Paris, 1797; in-8°.

57. Ces victoires décidèrent aussi de la destinée de l'Italie. Les ducs de Parme et de Modène, le pape, le roi de Naples, furent contraints d'acheter des armistices et la paix. Quand la domination de la France se trouva établie par les armes en Italie, la politique vint à son tour la corroborer par l'érection d'un nouvel État libre, formé de provinces autrichiennes et romaines, sur le modèle du gouvernement français, et sous le nom de *République cisalpine*.

(1) La première édition, publiée en 1809, portait : Le monde pressentit bientôt en ce héros plus qu'un vainqueur et qu'un pacificateur, et ne se trompa qu'en n'augurant pas même assez de lui. (*Note du traducteur.*)

Armistice avec Parme (9 mai); avec Modène (17 mai); avec le pape
(23 juin), à prix d'argent et de monuments des arts; et, bientôt après,
traité de paix à Tolentino (19 février 1797). Cessions des légations de
Bologne et de Ferrare, et renonciation à toute prétention sur Avignon. —
Trève avec Naples, convertie en paix, sans sacrifices (10 octobre). — Gênes
se place sous la protection de la France (19 octobre), et la Corse est enlevée
aux Anglais, qui l'occupaient depuis le mois de juin 1794. Mais ils s'emparèrent de l'île d'Elbe (9 juillet).

58. Ainsi se déborda sur l'Italie le système révolutionnaire,
et l'exécution des plans ultérieurs contre l'Autriche ne dépendait plus que de la possession de Mantoue. Le siècle n'avait pas
encore vu de lutte comparable à celle dont cette place fut l'objet.
Quatre fois l'Autriche entreprit d'en faire lever le siége; quatre
fois ses armées furent battues. La forteresse tomba enfin, et le
chemin de l'Autriche fut ouvert.

Siége de Mantoue (juin 1796 à février 1797). Première tentative de
secours par l'intrépide Wurmser, rendue vaine à Brescia et au lac de Garda
(3 et 5 août). — Nouvel effort et nouvelle défaite à Roveredo et à Bassano
(4 et 9 septembre); mais Wurmser, coupé dans sa retraite, s'ouvre un
chemin jusque dans la place. Troisième tentative sous Alvinzy. — Bataille
de trois jours à Arcole (15 novembre). Dernière tentative sous le même
général, et bataille de Rivoli (14 janvier 1797). — Capitulation de Mantoue
(2 février).

59. L'armée française, après de nombreux combats, pénètre,
à travers les Alpes italiennes, dans l'intérieur de l'Autriche
jusqu'à la Muhr (mars 1797), tandis que Jourdan, Moreau et
Hoche rétrogradaient vers le Rhin. Le destin de la capitale de
l'Empire semblait ne dépendre que d'une bataille; mais au moment où le glaive allait en être l'arbitre, la politique trouva une
autre issue : on s'accorda à faire la paix aux dépens d'un tiers.

60. Venise fut, dans cette occasion, la victime immolée.
Tombée depuis un siècle presque en oubli, cette république avait
pris, dans les querelles des grandes puissances, le parti de la
neutralité, rempart ordinaire des faibles. Elle avait longtemps
survécu à elle-même; mais sa chute trahit d'abord le secret de

toute sa faiblesse : elle était non-seulement sans force, mais encore sans conseil. Offerte en holocauste aux convenances et au système d'arrondissement, comment, indépendamment de cette considération, aurait pu subsister plus longtemps une république dont le gouvernement, plus qu'aucun autre, se trouvait en opposition avec les principes dominants du siècle?

Depuis 1718, l'histoire des gouvernements de l'Europe n'a plus aucune occasion de faire mention de celui de Venise. Une paix de soixante-dix-neuf ans avait porté peu à peu dans la classe dominante l'habitude d'une indolente apathie à un tel degré, qu'il fut impossible d'obtenir une neutralité armée.

Tentori, Raccolta cronologico-ragionata di documenti inediti che formano la storia diplomatica della rivoluzione e caduta della republica di Venezia, corredata di critiche osservazioni, 2 vol., 1800.—*Recueil chronologique et raisonné de documents inédits pour l'histoire diplomatique de la révolution et de la chute de la république de Venise, accompagnés d'observations critiques*, par TENTORI, 2 vol., 1800.—Matériaux précieux pour les historiens à venir (1).

61. La paix conclue à Léoben, sur la Muhr, ne fut pas définitive (non sans cause, comme la suite l'a prouvé); on n'y signa que des préliminaires; et tout ce qu'ils stipulaient ne fut pas rappelé dans le traité final.

Conclusion des préliminaires à Léoben (18 avril 1797).— Conditions principales : 1º renonciation de la part de l'Autriche à tous droits sur les provinces belgiques réunies à la France, et reconnaissance des frontières de la république fixées par les lois constitutionnelles; 2º réunion d'un congrès pour traiter de la paix avec l'empire d'Allemagne, en prenant son intégralité pour base; 3º l'Autriche renonce à ses possessions en deçà de l'Oglio, et obtient en échange la partie des Etats vénitiens située entre cette rivière, le Pô et la mer Adriatique; et, de plus, la Dalmatie vénitienne et l'Istrie; 4º l'Autriche obtient aussi, après la ratification du traité définitif, les forteresses de Palma-Nova, de Mantoue, de Peschiera et quelques autres places; 5º la Romagne, Bologne et Ferrare sont destinées à indemniser la république de Venise; 6º l'Autriche reconnaît la république cisal-

_____

(1) Un ouvrage plus important encore sur le même sujet, est l'Histoire de Venise, par M. Daru, 7 vol. in-8º. Paris, 1819. (*Note du trad.*)

pine (d'abord cispadane), formée des provinces qui lui ont été enlevées. — Le traité complet, avec les articles secrets, a été publié pour la première fois dans les Annales de Posselt, en 1804.

62. **Assujétissement de Venise et destruction de son ancien gouvernement.** Les provinces cédées à l'Autriche furent aussitôt occupées par cette puissance ; le reste, y compris la capitale, passa au pouvoir des Français. De longues négociations furent cependant encore nécessaires pour fixer irrévocablement le sort de cette république.

Déclaration de guerre de la France contre Venise, à cause du soulèvement de Vérone (3 mai). — Abolition de l'aristocratie et établissement du gouvernement populaire (12 mai). — Occupation de la capitale par les troupes françaises (16 mai), suivie de celle des îles gréco-vénitiennes, Corfou, Céphalonie, Sainte-Maur, Zanthe et Cerigo, par une flottille vénitienne et française (28 juin). Il n'en avait été fait aucune mention dans les préliminaires de Léoben.

63. Jamais des préliminaires et un traité définitif ne furent moins en harmonie et plus vagues. Que d'objets ils laissaient en suspens ! mais quelle perspective s'ouvrait devant le général qui avait été l'âme, non-seulement de la guerre, mais aussi de la pacification ! Comme autrefois Pompée, après la guerre contre Mithridate, eut à régler les affaires de l'Asie, il eut à ordonner celles de l'Italie. On vit en lui, dans l'établissement de la république cisalpine, un fondateur d'États ; et il n'exerça pas moins de puissance dans le changement des autres gouvernements italiens. Mais cette contrée ne fixa pas seule ses regards : la Suisse était dans une attente inquiète ; une légion polonaise s'organisait ; on était devenu voisins de la Grèce ; l'Égypte s'en trouvait-elle bien éloignée ?

Proclamation de la république cisalpine, composée de Milan, Modène, Ferrare, Bologne et de la Romagne ; et, bientôt après, de Brescia et de Mantoue (29 juin). — Transformation de la république de Gênes en république ligurienne, avec un gouvernement démocratique, sous la direction de Faypoult, envoyé de France (22 au 31 mai). — Mouvements populaires en Piémont, dans les Etats de l'Eglise, etc.

64. Les circonstances avaient aussi changé à l'occident de l'Europe : l'Espagne, sous le gouvernement presque absolu du duc d'Alacudia (prince de la Paix), dévoué aux intérêts de la France, avait renoué avec elle ses anciennes relations. La participation à la guerre contre les Anglais en fut la suite; et, par l'effet du traité d'alliance, la destinée future de l'Espagne se trouva tellement liée à celle de la France, qu'il ne dépendit plus désormais que de celle-ci de faire entrer l'autre dans toutes ses querelles.

Traité entre la France et l'Espagne (19 août 1796) : 1° alliance offensive et défensive dans toutes les guerres ; 2° néanmoins, dans la guerre actuelle, à l'égard de l'Angleterre seulement ; 3° secours mutuel sur mer comme sur terre. — Déclaration de guerre à la Grande-Bretagne (5 octobre). — Perte de la Trinité (18 février 1797). Mais les attaques des Anglais contre Porto-Ricco (avril) et contre Ténériffe (juillet) furent repoussées.

65. Malgré cette extension de la guerre, l'horizon parut cependant s'éclaircir après les préliminaires de Léoben. L'Autriche continua ses négociations; et l'Angleterre elle-même, désormais sans alliés sur le Continent, crut aussi devoir traiter. Mais ces espérances de paix furent anéanties par une révolution dans la moitié du gouvernement français. Il fut constaté, bien plus promptement qu'on ne l'avait supposé, qu'aucun gouvernement ne convenait moins au caractère national que celui d'un directoire à plusieurs têtes.

Des négociations que le lord Malmesbury avait vainement cherché à entamer à Paris, en 1796, s'ouvrent à Lille en juillet 1799, et continuent jusqu'au 7 septembre. Mais elles sont rompues après la révolution du 4 septembre (18 fructidor), par laquelle la minorité du Directoire et du Corps législatif fut expulsée et en partie déportée. — Peu de temps auparavant, la paix avait été conclue avec le Portugal (20 août) ; mais elle ne fut publiée par la France que le 26 octobre.

Recueil de toutes les pièces officielles relatives à la négociation de Lille, octobre 1797.

66. Les négociations pour la paix avec l'Autriche eurent une toute autre issue ; mais elles ne résidaient pas dans les mains du

Directoire; leur premier auteur ne s'en était pas départi, et la paix se fit, parce qu'il la voulut et comme il la voulut. On avait traité pendant six mois à Milan, et lorsqu'enfin elle fut signée à Campo-Formio, près d'Udine, et qu'ensuite les conditions secrètes en furent connues, la cause de la longueur des négociations devint évidente.

Paix de Campo-Formio entre la France et l'Autriche (17 octobre 1797). Conditions : 1° l'Autriche renonce, en faveur de la France, à tous ses droits sur les Pays-Bas ; 2° l'Autriche acquiert le territoire de Venise depuis le lac de Garda, la ville de Venise, l'Istrie, la Dalmatie et les bouches du Cattaro ; 3° la France garde les îles gréco-vénitiennes et les possessions en Albanie ; 4° l'Autriche reconnaît la république cisalpine ; 5° congrès à Rastadt pour la conclusion de la paix avec l'Empire ; 6° l'Autriche indemnisera le duc de Modène par la cession du Brisgau. — Articles secrets : 1° l'Autriche consent à la cession de la rive gauche du Rhin, de Bâle au confluent de la Nèthe, près d'Andernach, et à celle de la ville et de la citadelle de Mayence ; 2° la navigation sur le Rhin est déclarée commune aux deux pays ; 3° la France emploiera sa médiation pour faire obtenir à l'Autriche Salzbourg et la portion de la Bavière située entre cet évêché, le Tyrol, l'Inn et la Salza ; 4° à la paix avec l'Empire, l'Autriche renoncera au Frickthal ; 5° compensation réciproque pour tout ce que la France et l'Autriche pourraient acquérir ultérieurement en Allemagne ; 6° mutuelle garantie qu'en cédant ses possessions sur la rive gauche du Rhin, la Prusse ne pourra faire aucune acquisition. Les princes et autres États dépossédés sur le même bord du fleuve doivent être indemnisés en Allemagne ; 7° dans l'espace de vingt jours après la ratification, toutes les forteresses sur le Rhin, ainsi qu'Ulm et Ingolstadt, seront évacuées par les troupes autrichiennes.

Négociateurs : pour la France, le général Bonaparte ; pour l'Autriche, le marquis de Gallo, le comte Louis de Cobenzel, le comte de Meerfeldt et le baron de Degelmann.

67. Par l'effet de cette paix, la république de Venise fut entièrement effacée de la liste des États. L'empire d'Allemagne, secrètement abandonné par l'Autriche, comme il l'avait été déjà par la Prusse (et que n'ont pas révélé à la postérité ces mystérieuses transactions comparées l'une à l'autre !), l'empire d'Allemagne vit bientôt avec inquiétude et avec douleur le triste sort

qui lui était réservé. Les antiques fondements du système politique de l'Europe étaient détruits ; mais les diplomates se
promettaient une paix éternelle, parce que la France et l'Autriche
s'étaient arrondies.

II. HISTOIRE DES COLONIES, 1786 à 1804 (1).

1. Il était presque impossible de calculer l'influence qu'exer-
cerait sur les colonies l'agitation de l'Europe. Cette influence dépendait bien moins du progrès des armes que de celui des principes. Combien cependant l'effet devait en être différent, suivant
la diversité de situation des classes de la société dans les contrées
coloniales ! Combien peu semblable dans l'Amérique septentrionale, aux Indes orientales et aux Indes occidentales ! Et qu'on
ajoute les changements fortuits dans le cours du commerce, ces
vicissitudes auxquelles se rattachent maintenant les intérêts
du monde entier, et d'où dépend le sort de plus d'un grand
État.

2. Au premier rang des colonies se place, et par sa propre importance et à cause de son influence en Europe, l'Amérique
indépendante. Il est rare de voir un État prendre un aussi
rapide accroissement, parce qu'il n'est pas commun d'en trouver
d'aussi favorisés par les circonstances. Tandis que la culture du
sol faisait de si rapides progrès, que le nombre des provinces
s'élevait de 13 à 17, ceux du commerce étaient encore plus
étonnants. Il ne se borna bientôt plus à l'exportation des produits indigènes ; s'étendant sur toutes les mers, il établit de si
vastes relations, particulièrement entre les Indes occidentales et
l'Europe, pendant la guerre maritime dans cette dernière partie
du globe, que sa navigation était à peine surpassée par celle de
l'Angleterre.

Outre les avantages naturels de sa situation, de l'état de ses côtes, de
l'abondance de ses bois propres aux constructions navales, et des autres

(1) Pour présenter l'histoire des colonies sous un seul point de vue, on l'a
conduite ici jusqu'à la fin de la seconde époque. (*Note de l'Auteur.*)

genres de produits de son sol, l'Amérique, peut-être plus propre à la
marine qu'aucun pays de l'Europe, dut la prospérité de son commerce aux
causes suivantes : 1° son système de douanes, dont le principe fondamental
est l'absolue exemption de droits pour l'exportation de ses produits, et le
remboursement de la taxe à la réexportation des objets importés ; 2° les
traités de commerce avantageux avec les puissances européennes, avec la
France (6 février 1778), réciproquement sur le même pied que les nations
les plus favorisées ; rompu par l'Amérique (7 juillet 1798), pendant ses
discussions avec le gouvernement français. — Nouvelle transaction (30 septembre 1800), et alors reconnaissance provisoire de la liberté de navigation, avec réserve de négociations ultérieures, avec les Pays-Bas (8 octobre
1782) ; avec la Suède (3 avril 1783) ; avec la Prusse (10 septembre 1785);
avec l'Espagne (27 octobre 1795), à de semblables conditions et sur des
principes non moins libéraux, tant par rapport à la contrebande qu'au
droit des pavillons neutres. Dans la convention avec la Prusse, on stipula la
renonciation à la course, en cas de guerre. Mais le plus important de ces
traités fut avec l'Angleterre (19 novembre 1794, ratifié seulement le 24
juin 1795) : les dix premiers articles, fixations des frontières, évacuations,
compensations, etc., perpétuels ; les autres pour douze ans. Parmi ces derniers, 1° la liberté de commerce dans les Indes occidentales britanniques
sur des vaisseaux américains du port de soixante-dix tonneaux ; introduction des produits américains et exportations de ceux des Indes, mais seulement en Amérique (cet article fut suspendu) ; 2° libre navigation aux
Indes orientales ; importation et exportation, mais cette dernière restreinte
aux ports américains ; 3° en échange, reconnaissance des principes de l'Angleterre sur la limite des droits de pavillons neutres, sur la contrebande et
sur le droit de blocus.

*A defence of treaty of amity, commerce and navigation entered into
between the united states of América and Great-Britain; by* CAMILLUS,
1795. — *Apologie du traité d'amitié, de commerce et de navigation entre
les États-Unis de l'Amérique et la Grande-Bretagne;* par CAMILLE (AL. HA-
MILTON). Ce n'est que la justification des articles perpétuels.

3. Tandis que par de telles condescendances l'Amérique s'ouvrait toutes les mers pendant la guerre de la révolution, elle était
loin néanmoins d'avoir évité les contestations avec les puissances
belligérantes ; et elle y était d'autant plus exposée, qu'elle se
trouvait presque totalement dépourvue de marine militaire. Le
traité avec l'Angleterre indisposa le Directoire, et ses décrets si

sévères, relatifs à la navigation des neutres, n'étaient pas propres à apaiser le différend ; mais il s'en éleva avec l'Angleterre même, qui voyait dans l'Amérique une rivale de plus en plus redoutable. L'effet de la dispute, envenimée par l'animosité des partis internes, fut de déterminer les États-Unis, pour éviter la guerre, à l'inouïe résolution de suspendre volontairement leur propre navigation.

Le litige avec l'Angleterre avait pour objet : 1° la défense aux matelots anglais de servir sur les vaisseaux américains et leur enlèvement de force. Cet article avait été omis dans le traité, à cause de son extrême difficulté ; 2° le commerce avec les colonies. Le relâchement sur la défense du commerce direct des colonies avec l'Europe (janvier 1794) laissait aux Américains, à la faveur du Drawback, les moyens de réexporter pour l'Europe les denrées coloniales qu'ils avaient introduites dans leurs ports depuis le renouvellement de la guerre (1803). — On disputait pour savoir ce qu'il fallait entendre par l'importation de bonne foi. — Capture des vaisseaux américains depuis le mois de mai 1805 ; et dès lors (3 août), afin de s'approprier exclusivement le commerce avec les colonies ennemies, il n'est permis de le faire que par les ports francs des Anglais dans les Indes occidentales.

Sur cette brouillerie entre l'Amérique septentrionale et l'Angleterre, voyez *Politische Journal*, 1807, tome 1. — Journal Politique de 1807, tome 1.

4. Les progrès toujours croissants des États-Unis dans le commerce maritime dépendirent en grande partie de leurs efforts pour devenir une puissance sur la mer. Mais l'acquisition de la Louisiane, vers la fin de cette époque, changea évidemment la situation de cet État. Non-seulement l'étendue de son territoire, près d'atteindre au grand Océan, fut presque doublée, mais il eut encore en partage tout le cours du Mississipi et de ses affluents, et particulièrement de l'immense Missouri. Quelle semence pour l'avenir !

Vente par la France (30 mars 1803), pour 60 millions de francs, de la Louisiane et de la ville de la Nouvelle-Orléans, avec toutes ses dépendances, telles que l'Espagne les avait précédemment possédées. — Progrès de la culture plus rapides que jamais dans aucune colonie européenne ; et en

même temps commerce avec l'Espagne, par la frontière de la Louisiane et
de la Floride occidentale, et du nouveau Mexique, soit que l'on prenne
pour limite entre les deux territoires la rivière d'Andaye ou les bords plus
éloignés de Rio-Bravo.

Voyage dans les deux Louisianes, de 1801 à 1803, par Perrin Dulac,
Paris, 1805. — Description de ce riche pays, et particulièrement des contrées
situées sur le Missouri.

5. Les colonies des Indes occidentales, fondées sur l'esclavage,
éprouvèrent dans cette période les changements les plus considérables, quelques-unes les plus funestes catastrophes. Elles avaient
atteint l'âge de leur maturité, et auraient probablement commencé à décliner, indépendamment de toute secousse violente,
par le seul effet de la culture de leurs produits sur le continent
de l'Amérique et même aux Indes orientales, par des mains
libres. Mais la guerre et encore plus la grande révolution des
idées en Europe accélérèrent leur chute. La voix de l'humanité
s'éleva contre la barbarie du commerce des esclaves, et en triompha; mais le changement inconsidéré de principes amena de plus
grandes horreurs que celles qu'on voulait faire cesser.

Il faut soigneusement distinguer l'abolition de l'esclavage de celle du
commerce des esclaves. Les antagonistes de celui-ci ne l'étaient pas nécessairement de l'autre. La transplantation de quelques nègres dans les Indes
occidentales devait suffire aux besoins de la culture. — Mesures prises en
Amérique et en Angleterre. Déjà, en 1754, abolition du commerce des
noirs parmi les quakers, et bientôt affranchissement général, à l'avantage,
assure-t-on, des propriétaires. Mais le grand coup fut porté par l'indépendance de l'Amérique et par la défense d'y introduire des nègres, excepté
dans la Caroline et en Georgie. En Angleterre, écrits du docteur Ramsay et
de Clarkson à Cambridge (1785); formation à Manchester, par les soins de
Granville-Sharp, fondateur de la compagnie de Sierra-Leone (V. 2e période,
p. 305), de la *société pour l'abolition de la traite des noirs*, bientôt étendue à toute l'Angleterre. Premier recours au parlement par des pétitions
(1er février 1788), qui ne furent cependant encore suivies que d'un acte
du 10 juillet, pour mieux régler le commerce des nègres. L'honneur de la
première abolition en Europe appartient au Danemarck. Ordonnance du roi
du 16 mai 1792 qui défend le commerce des noirs dans les possessions
danoises, à dater de la fin de 1802. On continuait en Angleterre à en pour-

suivre la suppression; et, depuis le 12 mai 1788, les intérêts des nègres trouvèrent en M. Wilberforce un protecteur si opiniâtre, que, pendant dix-huit ans, il renouvela le combat à chaque session longtemps soutenu par Fox et par Pitt lui-même, et, en dernier lieu, encore plus favorisé par les circonstances. Enfin il l'emporta : bill pour l'abolition du commerce des esclaves (10 juin 1806).

An Essay on the treatment and conversion of the african slaves in the british sugar colonies; by the Rev. JAMES RAMSAY. London , 1784. — *Essai sur le traitement et la conversion des esclaves africains dans les colonies à sucre, anglaises ;* par RAMSAY. — L'auteur avait été longtemps ministre du culte à St-Christophe.

Essay on the slavery and the commerce of the human species; by TH. CLARKSON. London , 1786. — *Essai sur l'esclavage et sur le commerce des hommes ;* traduction en anglais de l'ouvrage latin , couronné à Cambridge , sur cette question : *non liceat invitos in servitutem dare ?*

Clarendon's accurate and copious account of the debates of the house of commons on M. Wilberforce's motion for an abolition of the slave trade (2 apr. 1792). — *Précis des débats dans la chambre des communes sur la motion de M. Wilberforce pour l'abolition de la traite des nègres ;* par CLARENDON. — Cet écrit renferme la plupart des raisons pour et contre la question.

The history of the abolition of the slave trade; by TH. CLARKSON. 2 vol. in-8°. London , 1808. — *Histoire de l'abolition de la traite des nègres ;* par CLARKSON. Londres , 1808. — Ouvrage essentiel pour l'histoire.

Recueil de beaucoup d'autres écrits, dans un livre intitulé : *Versuch einer Geschichte des Negersclavenhandels ;* von JOH. JAC.-SELL. Halle , 1791. — *Essai d'une histoire du commerce des esclaves noirs ;* par J.-J. SELLE. Hall , 1791.

6. **Cette affaire prit un tout autre cours en France et dans les îles françaises. Suivant son usage, l'Assemblée nationale statua d'après les principes généraux; et, en proclamant les droits de l'homme dans les îles , son décret du 15 mai y donna le signal des scènes d'horreur dont elle-même fut bientôt, mais trop tard , épouvantée. Le soulèvement commença non par les nègres, mais par les hommes de couleur (1) qui réclamaient des droits égaux**

(1) Avant qu'aucune réclamation des hommes de couleur eût agité les colonies , les blancs s'étaient divisés en deux partis et mis en état d'insurrection contre l'autorité de la métropole. Ce fait est avoué plus loin. (Voy. ci-après,

à ceux des blancs, et qui séduisirent les noirs. Toutefois les mouvements furent apaisés sans peine dans les petites îles; Saint-Domingue, au contraire, en devint la victime, et avec elle la métropole perdit la plus riche source de son commerce extérieur (voyez 2ᵉ période, p. 314).

Formation de la société des Amis des noirs, à Paris (1788), non pour l'abolition du seul commerce des esclaves, mais pour celle de l'esclavage en général. Leur influence dans les colonies par les mulâtres qui se trouvaient à Paris. — Dès l'ouverture de l'Assemblée nationale, mouvements et dissensions entre les blancs eux-mêmes, principalement à Saint-Domingue (1). — Décret de l'Assemblée nationale du 15 mai; égalité de droits entre les blancs et les hommes de couleur. Opposition et royalisme des blancs. Les gens de couleur prennent les armes et soulèvent les nègres. Commencement de la sédition (août 1791). Ravage des plantations et incendie du Port-au-Prince (novembre). — Envoi par l'Assemblée législative des commissaires Santonax et Polverel, jacobins farouches, avec un pouvoir dictatorial et six mille hommes (septembre 1792). Leur alliance avec les hommes de couleur. Terreur; querelle avec le commandant Galbaud (les blancs ne furent jamais d'accord entre eux). Les commissaires réclament contre lui le secours des nègres. Pillage, meurtres, incendie du Cap-Français (21 juin 1793). Proclamation de la liberté des nègres. — Dès le principe de la guerre avec l'Angleterre, entreprise de cette puissance contre Saint-Domingue, secondée par un parti de blancs. Prise de plusieurs places (1793 à 1797); mais le climat fut plus destructeur que l'épée. Evacuation de l'île (1798); expulsion des blancs et domination des noirs sous Toussaint-Louverture; et, après son enlèvement, sous Dessalines, Christophe et autres.

Bryan Edward's history civil and commercial of the british colonies in the west Indies, 1793, 3 vol. — *Histoire civile et commerciale des colonies anglaises dans les Indes occidentales*; par BRYAN EDWARD. — Ouvrage capital. Il va jusqu'en 1795.

Histoire des désastres de Saint-Domingue. Paris, 1795. — Narration exacte d'un planteur fugitif. Que sont les horreurs de la la guerre civile elle-même, auprès de celles de la guerre des esclaves (2)?

p. 40). L'un de ces partis appela les hommes de couleur à son aide : est-il bien surprenant qu'alors ces hommes libres aient voulu sortir de l'état d'abjection où on les retenait? (*Note du Trad.*)

(1) Voir la note précédente.

(2) Il faut ajouter à ces ouvrages celui que le général Pamphile La Croix a

7. La désastreuse tentative pour le recouvrement de l'île, après la paix d'Amiens (1802), affermit la domination des nègres. Ils s'érigèrent en Etat indépendant sous le nom d'Haïti (29 octobre 1803); mais les chefs ne tardèrent pas à se brouiller et à se faire la guerre, et la France réussit du moins à se maintenir dans la partie espagnole.

M. Rainsford's account of the blak empire of Hayti. London, 1805. — *Relation de l'empire nègre d'Haïti ;* par RAINSFORD.

8. De toutes leurs conquêtes dans les Indes occidentales, les Anglais ne conservèrent, à la paix d'Amiens, que l'île de la Trinité; mais quoique le résultat de la guerre n'eût pas amené de grands changements dans les possessions de ces contrées, elles n'étaient plus ce qu'elles avaient été. La première des colonies y était ravagée ; on ne maintenait qu'avec peine la tranquillité dans les autres ; des plaintes s'y élevaient à cet égard contre l'Europe ; la Jamaïque ne pouvait plus se relever. Un concours de circonstances favorables avait été seul capable d'assurer la prospérité des cultivateurs : elles étaient changées, et le bon temps des colonies était sans doute pour jamais évanoui.

9. Les grandes colonies espagnoles se trouvaient dans une situation toute différente. L'esclavage y subsistait ; mais les esclaves n'y avaient nulle part la supériorité du nombre : on ne parlait d'aucun trouble important, et le défaut de communication avec la métropole semblait le seul inconvénient qu'eût produit la guerre. Des voyageurs instruits soulevèrent en partie le voile qui avait jusqu'alors caché ces contrées à tous les regards, et signalèrent des progrès intérieurs, effet silencieux de la liberté de commerce, quoiqu'elle ne fît que de naître (voy. 2e période, p. 317). Le Mexique était appelé le premier au commerce du monde par ses trésors, ses produits et sa position. Buenos-Ayres s'était agrandie par son trafic : il paraît que la Nouvelle-Grenade et le Pérou ont moins profité. Quelles que puissent être, au surplus,

récemment publié sous le titre de *Mémoires pour servir à l'histoire de la révolution de Saint-Domingue*, 1820, 2 vol. in-8°. (*Note du Trad.*)

les circonstances politiques de ces pays , leur commerce ne saurait
rester ce qu'il était autrefois; et à quels résultats peut en conduire le changement ?

Parmi les écrits qui répandent la lumière sur l'Amérique espagnole, bril-
lent par-dessus tous ceux de M. Humbold , et , dans ce nombre , il faut citer
ici l'*Essai politique sur le royaume de la Nouvelle-Espagne*. Paris , 1808.
Depuis que cet ouvrage est terminé, il n'y en a point de plus intéressant sur
le Mexique.

Voyage à la partie orientale de la terre ferme ; par de PONS. Paris, 1806,
3 vol. Recommandable pour les Carraques, Venezuela , etc.

Skinner , on the present state of Peru. London, 1806. — *Sur l'état présent
du Pérou*, par SKINNER. Londres , 1806. — Extrait instructif du *Mercure
péruvien*.

D. *Felix Azara, Voyage dans l'Amérique méridionale, depuis* 1781
jusqu'à 1801. Paris , 1807, 4 vol. — Principalement utile pour Buenos-Ayres
et le Paraguai. Les deux derniers tomes contiennent l'histoire naturelle.

*Beytraege zur genauern kentniss der spanischen besitzungen in Ame-
rica*, von CHR.-AUG. FISCHER. Dresden , 1802. — *Matériaux pour la connaissance exacte des possessions espagnoles en Amérique*, par FISCHER.
Dresde, 1802. Tirés de sources espagnoles. Principalement utile pour le nouvel
état du commerce de Buenos-Ayres.

10. Comme l'Amérique espagnole, le Brésil se trouvait aussi
dans d'autres conjonctures. Le monopole de la compagnie du
Maragnon, établi par Pombal, subsistait encore, et il n'était
question d'aucune modification à la gêne du Commerce. Mais la
métropole étant restée attachée aux intérêts de l'Angleterre, la
libre communication ne fut jamais interrompue, et la colonie dut
plus gagner que perdre à la guerre maritime des Européens. Le
temps approchait où chaque accident de la mère-patrie devait
étendre l'indépendance des colonies et donner à l'Amérique méridionale un royaume destiné à égaler et peut-être à surpasser
l'Etat libre du nord du même continent.

Sur le commerce du Portugal en 1804, voir : *Europäische Annalen*, 1806,
n° 4. — *Annales européennes*, 1806 , n° 4. — On y trouve les notions les plus
véridiques sur les exportations de cette époque.

Skizze von Brasilien, von J. LOBO DE SILVEIRA. Stockolm , 1809, — *Es-*

quisse *du Brésil*; par Lobo de Silveira. — Ouvrage écrit en allemand par un Portugais, et plein de détails intéressants qui constatent les progrès intérieurs.

11. Le temps seul peut apprendre quelle influence auront sur les colonies des côtes de l'Afrique les changements survenus au Brésil, l'abolition de la traite des nègres en Angleterre et en Danemarck, et la possession du cap de Bonne-Espérance par les Anglais. En général cependant l'Afrique a été bien plus mêlée qu'auparavant à l'histoire de l'Europe. L'exploration de son intérieur sera l'un des grands bienfaits du temps. Bruce, les travaux de la Société Britannique Africaine, et l'expédition d'Égypte, ont dissipé une portion des ténèbres qui couvraient cette partie du globe et excité l'émulation pour de nouvelles recherches. Quel nouveau monde encore se laisse entrevoir ici aux yeux des Européens!

Travels to discover the sources of the Nile in the years, 1768-1773; by James Bruce. London, 5 vol. in-4°; 2e édit., 7 vol. in-8°, 1805. — *Voyage aux sources du Nil*, de 1768 à 1773; par Bruce, traduit en français, 4 vol. in-4°.

Proceedings of the association for promoting the discovery of the interior parts of Africa. London, 1790, in-4°. — *Actes de l'association pour des découvertes dans l'intérieur de l'Afrique*. Londres, 1790, in-4°. — La société, instituée au mois de juin 1788, a doublé le prix de ses travaux, par la publication des excellentes cartes de l'Afrique septentrionale de Rennel.

12. L'influence des révolutions de l'Europe sur les Indes orientales ne fut presque que militaire. Les Anglais n'y avaient plus de concurrents européens à craindre sur le continent; la guerre avec la Hollande leur procura les îles : il n'y eut dès lors dans ces contrées d'autre domination étrangère que la leur. Mais la guerre avec les naturels du pays n'en fut pas moins active, et la chute de l'empire de Mysore (1799) est un événement qui fait époque.

13. Tant que régna Typpo-Saïb, il fut l'ennemi le plus redoutable des Anglais; ce qui les obligea de concentrer leurs forces militaires dans le midi. Empêcher la réunion des autres puissances de l'Inde, et principalement des Marattes, avec ce prince,

et même tourner contre lui les armes de ces peuples par l'appât du partage du butin, fut le but constant de la politique anglaise. Ainsi fut détruite, dès la première guerre, la puissance du nouveau Jugurtha : il perdit la moitié de ses États ; mais sa haine contre les Anglais n'en fut que plus envenimée.

Nouvelle guerre avec Typpo-Saïb (1790-1792). Son attaque contre le rajah de Travancore, l'allié des Anglais, leur fournit l'occasion et un prétexte pour l'envahissement des côtes du Malabar méridional. De là, alliance avec les Marattes et le Nizam. Prise de Bangalore (1791); mais désastreuse entreprise contre la capitale par Cornwallis et Abercrombie. Renouvellement de l'expédition (1792) et paix sous les murs de Seringapatam (17 mars), dans laquelle sont compris les alliés des Anglais. Conditions : 1° Typpo cède la moitié de ses Etats, au choix des alliés ; 2° il paie trois crores de roupies (1); 3° il donne, jusqu'au paiement, ses fils en otage. — Les Anglais prirent pour eux et pour leurs alliés les provinces contiguës à leurs possessions.

Politische Journal, 1792. — Journal politique de 1792, page 1045.

14. Dans de telles conjonctures, est-il étonnant que, lors de l'expédition d'Égypte, Typpo-Saïb ait repris les armes ? mais l'annonce prématurée de son ambassade à l'île de France avait éveillé l'attention des Anglais : ils résolurent de le prévenir, et la prise de Seringapatam entraîna la perte de tout l'empire. Typpo s'ensevelit sous les débris de son trône.

Effets de la révolution française sur Typpo-Saïb par les intrigues de quelques aventuriers. — Erection d'un club de jacobins à la cour du *citoyen* sultan (1797), — Son ambassade à l'Ile-de-France et au schah de Perse (1798). — Alarmes des Anglais, activité de leurs préparatifs et marche de leur armée sous le général Harris (février 1799). — Siége et prise d'assaut de Seringapatam (4 mai). — Mort du sultan et partage de son empire. Un descendant de l'ancienne famille des rajahs est élevé sur le trône comme vassal de l'Angleterre.

Wiew of the origin and conduct of the war with Tippo sultan; by ALEX. BEATSON. London. 1800. — *Coup d'œil sur les causes et sur la conduite de la guerre avec Tippo, sultan*; par BEATSON. Londres, 1800.

(1) Soixante-douze millions de francs.

Hyder Aly und Tippo-Saheb, *oder historisch-geographische Übersicht des Mysorischen Reichs, und dessen Entstehung und Zertheilung*; von M. C. SPRENGEL. Weimar.— *Hyder Aly et Typpo-Saïb*, ou *Coup d'œil historique et géographique sur l'empire de Mysore, son origine et son partage*; par SPRENGEL. Weimar, 1801 (1). — On y fait usage des meilleurs renseignements anglais.

15. Depuis la chute du Mysore, la politique anglaise dans l'Inde a sensiblement changé, comme change toujours celle des conquérants tout-puissants. Leur domination indirecte devint de plus en plus immédiate; la compagnie abandonna ses alliés, les dépouilla en totalité ou en partie de leurs états, et ils n'en conservèrent quelques portions qu'en se soumettant à recevoir garnison ou à payer tribut.

Prise de Tanjaour (1799), dont le rajah se contenta volontairement d'une pension. — Envahissement de la moitié du royaume d'Oude et d'Allahabad, après en avoir chassé le rebelle nabab Aly, en protégeant un compétiteur incapable (1799), qui fut bientôt lui-même mis à la pension.— Confiscation de tout le Carnatic, de la manière la plus hautaine, après la mort du nabab d'Arcot (juillet 1800).

Instruction des nabab von Carnatick an seine Agenten, in London. In *Archenholz Minerva*, 1802. — *Instruction du nabab de Carnatic à ses agents à Londres*, dans la *Minerve d'Archenholz*.

16. Les princes Marattes restèrent ainsi les seuls adversaires puissants des Anglais dans l'Inde; redoutables quelques-uns par eux-mêmes, comme Holcar, quelques autres par les officiers français qu'ils avaient pris à leur service. Heureusement pour les Anglais, il ne s'établit jamais d'accord entre ces divers souverains: d'ailleurs comment observer la paix avec des peuples dont la guerre est l'état habituel, tant qu'on ne les a pas mis dans l'impuissance de la faire?

(1) L'auteur, dans sa première édition, avait renvoyé seulement à l'*Histoire des progrès et de la chute de l'empire de Mysore, sous le règne d'Hyder Aly et de Typpo-Saïb*; par T. MICHAUD, 2 vol. Paris 1801. Mais il avertissait que cet ouvrage ne pouvait servir que pour l'intelligence de la dernière catastrophe. Il n'en a fait aucune mention dans la 3e édition.

Guerre avec les rajahs alliés de Berar (voy. 2ᵉ période , page 310) , et de Scinde , dont le dernier avait laissé discipliner ses troupes à l'européenne par Perron (septembre à décembre 1803). — Victoire des Anglais. — Prise de Dehli , résidence du grand mogol. — Paix (31 décembre 1803). Conditions : 1º cession du Douab (entre le Jumna et le Gange) ; de Beroach , dans le Guzarate et du district du Kuttac avec le port de Balasore entre le Bengale et le Circars ; 2º promesse du rajah de ne prendre et de ne conserver aucun Européen à son service ; 3º le grand mogol reste dans la dépendance des Anglais. — La guerre contre Holcar , commencée au mois d'avril 1804 avec d'assez mauvais succès pour les Anglais , ne fut cependant qu'une guerre de frontière.

Beytrege zur neuesten Geschichte Indiens , in Europäische Annalen, 1805 , tom. 3 et 4. — *Matériaux pour l'histoire récente des Indiens , dans les annales européennes ,* 1805 , tom. 3 et 4. — Ce sont des extraits des dépêches interceptées du gouverneur général Wellesley , et publiées par le *Moniteur.*

17. Ces guerres et ces conquêtes étendirent , sans intermédiaires , le territoire de la compagnie sur toute la côte orientale , sur la majeure partie de la côte occidentale , et , sur le Gange et le Jumna , jusqu'à Dehli ; mais elles changèrent aussi totalement la situation militaire des Anglais dans l'Inde. Au lieu du sud de cette contrée , c'étaient le nord et le pays sur le haut Gange qui étaient devenus le siége principal de leur puissance. Ils se trouvèrent ainsi voisins des Seïks et d'autres peuples guerriers , ce qui , pour la sûreté de leur domination , est toujours à considérer.

18. L'immense agrandissement du territoire , particulièrement de la présidence de Madras et de Bombay , par la ruine de Typpo-Saïb , procura nécessairement une augmentation considérable de revenu , mais néanmoins à peine suffisante pour l'accroissement de la dépense ; et il paraît que l'état des affaires de la compagnie fut enveloppé , à dessein , dans une obscurité toujours plus épaisse. Leur situation devait , à beaucoup d'égards , dépendre du caractère de chaque gouverneur général : quelle différence , en effet , dans l'esprit de l'administration sous le modeste Cornwallis et sous le fastueux Wellesley ? Avec l'extension du

territoire s'augmenta aussi, de lui-même, le pouvoir de ces vice-rois; mais les circonstances firent quelquefois une nécessité de le rendre expressément plus ample.

Les gouverneurs généraux anglais, dans l'Inde, furent, après Hastings 1774-1785), d'abord lord Cornwallis, jusqu'en 1794; ensuite J. Shore, et de nouveau Cornwallis, quand son prédécesseur fut rappelé (1796), à cause de quelques troubles militaires; mais ces désordres ayant été apaisés avant le départ de Cornwallis d'Europe, il donna une seconde fois sa démission (1797). Le marquis de Wellesley (lord Mornington) le remplaça et fut révoqué en 1804. Lord Cornwallis, nommé pour la troisième fois, se rendit à son poste, mais il mourut peu de temps après son arrivée (1805). Il eut pour successeur lord Minto, qui a été remplacé (1813) par le comte Moira (lord Hastings).

The East-India annual register and directory. — Calendrier annuel de la Compagnie des Indes Orientales. — Cet annuaire, publié à Londres, donne les meilleures notions sur l'organisation du gouvernement des possessions anglaises dans l'Inde.

19. Les conquêtes sur les Hollandais dans cette contrée accrurent naturellement le commerce des Anglais, en réunissant dans leurs mains tout celui des épiceries. Le monopole de la compagnie, au renouvellement de sa charte (1793), fut modifié par une disposition en vertu de laquelle, au moyen d'un droit déterminé, le commerce des Indes, jusqu'alors réservé aux seuls vaisseaux de la Compagnie, pouvait aussi être fait par des navires particuliers. Le monopole cessait aussi d'être vexatoire, au moyen de la faculté de négocier publiquement les actions, et de la vente des marchandises aux enchères.

20. La compagnie des Indes hollandaises, qui, dès longtemps, luttait contre sa propre destruction, expira immédiatement après la révolution de sa métropole (15 décembre 1795), moins à cause de la perte de ses possessions que parce qu'elle n'avait plus en elle-même aucun principe de vie. Les revenus territoriaux de ses meilleures propriétés ne couvraient plus, déjà depuis longtemps, les frais d'administration, et tous les avantages du commerce étaient pour ses seuls employés, qui se dédommageaient

par la contrebande de la parcimonie mercantile de leurs salaires. Ses possessions, excepté Ceylan, devinrent, à la paix d'Amiens, la propriété de la nation, q.j se chargea du paiement de ses dettes (24 décembre). L'administration en fut confiée, en Europe, à une commission du gouvernement; il ne paraît pas que dans l'Inde elle ait éprouvé de changement. A l'égard du commerce, le monopole aux Indes occidentales fut conservé (1er mars 1803), et seulement limité dans les Indes orientales; il continua aux Moluques et pour les épiceries.

La lente décadence de la compagnie fut brusquement accélérée (1780) par la guerre avec les Anglais. Ses dettes, de 12 millions de florins (1781), s'élevaient, onze ans plus tard (1792), à 107 millions; dans cet espace de temps, les revenus avaient diminué au moins de 70 millions, et les dépenses s'étaient accrues de trente millions de plus que dans les douze années précédentes.

Staat der generale Nederlandschen Oost-Indischen Compagnie behelzende Rapporten van de Heeren Haarar ED. GROOT *mog. Gecommitteerden in Bylagin, in date 14 Juli* 1791. Amsterdam, 1792, 2 vol. in-8°. — *État de la compagnie générale hollandaise des Indes orientales, contenant les rapports des commissaires, avec les pièces justificatives, en date du 14 juillet* 1791.
Ce livre contient un triple rapport des commissaires aux états généraux sur l'état des finances de la compagnie, avec toutes les pièces justificatives.
Bericht rakende de Vernietiging van het legenwordieg Bewind der Oost-Indische Compagnie : in nieuwe Nederslandsche Jaarboeken, *Oct.* 1795. — *Opinion sur la suppression de l'administration actuelle de la compagnie des Indes,* dans l'ouvrage intitulé : *Nouvelles Annales hollandaises,* octobre 1795. — Documents importants pour l'histoire de la compagnie dans la dernière période de son existence (1770-1793.)
Bericht van den tegenwordigen Toestand der Batafsche Bezittengen in Oost-Indien, van den Handel op dezelve, door DIRK VAN HOOGENDORP. Delft, 1799. — *De la situation actuelle des possessions et du commerce hollandais aux Indes orientales,* par THIERY VAN HOOGENDORP. Delft, 1799.
Tableau animé, sinon fidèle, du misérable état de la compagnie dans les Indes mêmes. L'auteur fut arrêté à Java, et renvoyé en Hollande. On ne lui a cependant rien reproché.
Beknopte Beschryving der Oost-Indischen Etablissementen, verzeld van eenige Bylagen, door ARY HUYSERS, *oud Koopman, etc.* Utrecht, 1789. — *Description sommaire des établissements de la Compagnie des Indes*

hollandaise, accompagnée de pièces justificatives; par ADRIEN HUŸSERS, ex-agent de la compagnie.—Utile pour connaître l'organisation de la Compagnie dans l'Inde, particulièrement le troisième rapport, qui contient le règlement du gouverneur général Jacob Mossel (1753) sur le nombre et le traitement des employés.

21. Les possessions françaises aux Indes orientales se réduisirent en quelque sorte d'elles-mêmes, dès le principe de la révolution, aux îles de France et de Bourbon. Protégées par leur situation et fidèles à leur métropole, ces îles se défendirent, non-seulement contre les attaques extérieures, mais aussi, ce qui était le plus difficile, des orages révolutionnaires. Elles offusquèrent toujours l'Angleterre par leurs armements en course et par leurs relations avec quelques princes indiens.

22. Les établissements des Anglais dans la nouvelle Hollande (V. 2ᵉ période, p. 313) étaient déjà poussés si loin, qu'ils suffisaient eux-mêmes à leur entretien, et que, particulièrement par l'éducation des troupeaux, ils promettaient d'immenses avantages à la métropole. Deux colonies furent fondées dans l'île de Norfolk et dans la terre de Diemèn. La navigation anglaise explorait aussi continuellement le grand Océan. On essaya des missions à Othaïti; les îles de Sandwich commencèrent à adopter la culture européenne, et la partie jusqu'à présent inconnue des côtes du nord-ouest de l'Amérique, dans la baie du Nootka, acquit une telle importance par le commerce des pelleteries, qu'elle fut sur le point d'occasionner la guerre entre l'Espagne et l'Angleterre.

PREMIÈRE ÉPOQUE.

DE 1786 A 1797.

—

DEUXIÈME PARTIE.

HISTOIRE DU SYSTÈME POLITIQUE DES ÉTATS DU NORD DE L'EUROPE,
PENDANT CETTE ÉPOQUE.

1. Les rapports entre les différents États du Nord changèrent
totalement, pendant cette époque, par l'alliance de l'Autriche
avec la Russie, et par la rupture de cette dernière puissance avec
la Prusse. Les suites de ces combinaisons furent la guerre de la
Russie et de l'Autriche contre les Turcs, celle qui éclata entre la
Suède et la Russie, et l'entière dissolution du royaume de Pologne. L'union de la Prusse avec l'Angleterre, occasionnée par les
troubles de la Hollande, donna au cabinet britannique bien plus
d'influence sur les affaires du Nord qu'il n'en avait exercé jusqu'alors; et, dans la dernière moitié de cette époque, les nouvelles
scènes dont la France était le théâtre agirent aussi sur les États
septentrionaux en ce qu'elles changèrent généralement l'esprit et
la politique de leurs gouvernements.

2. Les liaisons de la Russie avec l'Angleterre et la Prusse con-
tribuèrent à la guerre avec la Porte ; mais Potemkin en fut le
principal promoteur et en devint l'âme, comme généralissime des
armées. Elle conserva cependant l'apparence d'une guerre défensive jusqu'au moment où la Porte la première la déclara formellement (16 août 1787). On comptait sur la participation de
Joseph II (9 février 1788), quoique les Turcs eussent évité avec
le plus grand soin de se brouiller avec ce prince. La lutte dura
quatre ans ; et, en résultat, la Russie n'obtint que la moindre

artie des avantages qu'elle s'était promis, et Joseph, déplora-
blement trompé dans ses espérances, et sans avoir vu la fin de
cette guerre, se creusa lui-même son tombeau.

Le théâtre de la guerre fut partie en Crimée et en Bessarabie pour les
Russes seuls, et partie dans la Bosnie et le long du Danube jusqu'à la
Moldavie pour les Russes et les Autrichiens réunis. Inutiles efforts des
Turcs sur mer, près de Kinburn (septembre et octobre 1787), pour reprendre la Crimée. Les Russes, jusqu'alors accoutumés, comme autrefois
les Romains, à n'agir qu'avec des armées nombreuses, ne déployèrent pas
cette fois de très-grandes forces. Ils n'eurent que deux corps, le principal
sous Potemkin, l'autre sous Romanzow, aux frontières de la Moldavie. Les
Turcs, évitant les batailles, fortifièrent leurs places. En 1788, affaires navales aux bouches du Dnieper, funestes aux Turcs (28 juin et 12 juillet);
et, par suite, siége d'Oczakow par Potemkin (juin—décembre). Commencement de la guerre avec les Autrichiens, sous le commandement de l'empereur lui-même et de Lascy (mars). Système particulier de guerre défensive
par une chaîne de postes sur la frontière, forcés par les Turcs dans le Bannat
(août). La nuit du 22 septembre, à Lugosch, coûte à Joseph II sa répu-
tion militaire et sa santé. Rongé de chagrins, il abandonne bientôt l'armée,
et en confie le commandement à Laudon et à Haddick. — Jonction du corps
du prince de Cobourg aux Russes, dans la Moldavie, et prise de Choczim
(19 septembre).—Dans la campagne suivante (1789), plus heureux progrès
des Autrichiens, sous Laudon: prise de Belgrade (8 octobre) et siége
d'Orsova. Dans la Moldavie, victoire de Cobourg et de Souwarow à Foc-
kiani (31 juillet), et à Martinesti sur le Rimnick (22 septembre). Du côté
des Russes, guerre continuelle de siéges. Prise de Gallacz (1er mai); d'Ac-
kiermann (13 octobre); de Bender (15 novembre). Retraite des Autrichiens
(1790) après la mort de Joseph, et cependant prise de Kilianova (15 octobre) et effroyable assaut d'Ismaïl par Souwarow (22 décembre).

Geschichte des OEstreichisch-Russischen und Turkischen Krieges, in
den *Jahren*, 1787-1792, *nebst Actenstücken und Urkunden*. Leipzig, 1792.
—*Histoire de la guerre des Austro-Russes contre les Turcs*, de 1787 à 1792,
avec les pièces justificatives. — Compilation tirée du Journal politique.

Considérations sur la guerre actuelle des Turcs, par M. VOLNEY.
Londres, 1788. — Elles ont principalement pour objet le partage projeté de
l'empire ottoman, et l'intérêt de la France à cet événement, particulièrement
par rapport à l'Egypte.—Ouvrage capital pour la critique, mais pénible à lire.

Examen du livre intitulé: Considérations, etc.; par M. DE PEYSSONEL.
Amsterdam, 1788.

3. Cependant les revers de la Porte avaient donné de l'inquiétude à l'Angleterre et surtout à la Prusse. Ces puissances cherchaient à susciter des diversions en Pologne et en Suède, sans vouloir néanmoins y prendre une part directe. Gustave III croyait voir arrivé le moment de s'affranchir, par un coup hardi, de la prépondérance de son voisin. Il rompit avec la Russie, et il eut bientôt l'occasion de prouver ce que peut un homme extraordinaire, même abandonné à lui-même, contre ses ennemis du dehors et du dedans. La lutte ne fut pas sans gloire, et finit sans perte pour lui.

Entrée du roi en Finlande (23 juin 1788), et déclaration de guerre de la Russie (11 juillet). La guerre prit de l'extension par l'intervention du Danemarck en faveur de la Russie, en vertu des traités antérieurs (septembre). — Invasion de la Norwége. — Gottembourg est menacé; mais par la médiation de l'Angleterre (9 octobre), trêve et retraite bientôt après. — Bataille navale indécise de Hochland (17 juillet). — Sédition dans l'armée suédoise (août), parce qu'une guerre d'agression est contraire à la constitution; et armistice avec la Russie. — Convocation de la diète, et par l'acte d'union et de sûreté (3 avril 1789) accroissement de la puissance royale : le droit de faire la paix et la guerre est accordé au monarque, non, toutefois, sans une vive opposition de la part de la noblesse. Ensuite renouvellement de la guerre : elle se borne à de vives affaires de postes en Finlande; mais sur mer il se livre un combat sanglant auquel prennent également part et l'escadre de ligne et l'escadre légère. — Victoire de la flotte des galères russes (24 août). Autre victoire semblable, l'année suivante (1790). Attaque contre la flotte russe repoussée près de Revel (14 mai); mais le roi remporte la victoire avec l'escadre légère (15 mai). Après le combat du 3 juin, l'armée navale suédoise se retire, est bloquée dans la rade de Wibord, et éprouve une grande perte au combat du 3 juillet; mais le roi obtient un nouveau succès avec ses galères dans la baie de Swenska (7 juillet). On entame des négociations, et la paix se conclut, sans médiation étrangère, à Werela (14 août). Conditions : 1° rétablissement du *statu quo* avant la guerre; 2° la Russie reconnaît la constitution suédoise actuelle.

Négociateurs : le baron d'Igelstrom pour la Russie, et le baron d'Armfeldt pour la Suède.

Mémoire sur la campagne de 1788, en Suède, par le prince Charles de HESSE. Copenhague, 1789. — Pour l'histoire de la campagne des Danois.

4. La conclusion de la paix avec les Turcs éprouva de plus grandes difficultés, parce que les étrangers s'en mêlèrent. L'Angleterre et principalement la Prusse voulaient en dicter les conditions : il y avait un traité d'alliance de la Prusse avec la Porte, et une armée prussienne se rassemblait en Silésie. La mort de Joseph II et la situation de la monarchie, lorsque Léopold monta au trône, fortifièrent les espérances de paix : la Belgique était en insurrection ; la Hongrie mécontente et agitée, tout l'État épuisé et sans solidité. Le congrès de Reichenbach avait été ouvert sans vues bien arrêtées.

Ouverture du congrès de Reichenbach (juin 1790). — Projets de Herzberg : restitution de la Gallicie à la Pologne contre des indemnités en Servie et en Valachie, dans les limites du traité de Passarowitz ; et, pour la Prusse, Thorn et Dantzick. Ces propositions sont rejetées par l'Autriche et abandonnées par la Prusse elle-même après la chute de Herzberg. Mais on s'en tient rigoureusement au *statu quo*. — Convention à Reichenbach, comme fondement de la paix future entre l'Autriche et la Porte. L'Autriche consent au *statu quo*, et la Prusse et les puissances maritimes promettent leurs secours pour réduire les Pays-Bas.

Herzberg, Recueil, etc., tom. 3, pag. 77 et suiv.

Plénipotentiaires : pour l'Autriche, le prince de Reuss et le baron de Spielmann ; pour la Prusse, le comte de Herzberg ; pour l'Angleterre, Jos. Ewart, et pour la Hollande, van Reede.

5. Le premier effet de ces transactions fut une trève entre l'Autriche et la Porte (19 septembre). Mais la conclusion de la paix définitive à Sistove traîna jusqu'au milieu de l'année suivante, à cause de la discussion de certaines modifications et de quelques cas imprévus.

Paix de Sistove entre l'Autriche et la Porte (4 août 1791). — Conditions : rétablissement du *statu quo ante bellum* : cependant on laisse à l'Autriche Orsowa, mais démantelé ; 2° la forteresse de Choczim reste, jusqu'à la paix avec la Russie, en la possession de l'Autriche ; 3° délimitation plus précise des frontières, réglée ensuite par la convention du 28 novembre 1795.

Négociateurs : le baron de Herbert et le reïs-effendi.

6. La négociation avec la Russie était plus difficile. Catherine,

quoique disposée à se raccommoder avec la Suède, ne se lais
pas imposer par le haut ton avec lequel l'Angleterre et la Prus
prétendirent prescrire la condition du *statu quo*. En vain Pitt,
grand scandale des nations, fit appareiller une escadre : Catheri
déclara qu'elle entendait faire seule sa paix, et elle la conclut
effet sans intermédiaires.

Signature des préliminaires entre la Russie et la Porte (11 août 1791
et de la paix définitive négociée à Jassy (9 janvier 1792). Condition
1° la Russie conserve Oczakow, avec le pays entre le Dnieper et le Niest
ce denier fleuve devenant la frontière ; 2° toutes les autres limites rétabli
comme avant la guerre par la restitution de toutes les conquêtes. Potemki
le promoteur de la guerre, ne vit pas la conclusion de la paix : il était mo
(15 octobre 1791) au pied d'un arbre, non loin de Jassy.

Plénipotentiaires à Jassy : le comte Besborodko et le grand visir Juss
pacha.

7. Ainsi quatre ans de guerre et des torrents de sang avaie
à peine suffi pour s'emparer de quelques ouvrages avancés d'u
empire qu'on avait voulu envahir tout entier, tant le courage
l'esprit national sont plus puissants que la tactique! et encor
fallut-il bientôt après restituer une partie de ces mêmes conquête
Mais cette querelle n'en fut pas moins féconde en conséquences.

8. La première et la plus importante fut l'affermissement de l
domination russe sur la mer Noire. La Crimée et les contré
limitrophes lui restèrent. Ce n'étaient alors que des déserts o
devaient s'élever bientôt Cherson et Odessa. Catherine a édifi
là, non pour elle, mais pour ses successeurs. Pour juger ce qu
peut en advenir, il suffit d'un coup d'œil sur la mer Égée ave
ses côtes et ses îles. L'histoire racontera ce qui en sera arrivé.

Ces avantages étaient achetés par le dérangement toujours plus grand de
finances de la Russie. Dès le commencement de la guerre avec la Turquie,
papier-monnaie de Catherine, créé en 1764, tomba au dessous de la valeu
nominale. Cette dépréciation continua par l'effet d'émissions réitérées, e
elle est maintenant descendue jusqu'au quart de la valeur.

Ueber Russlands Papier-geld und die Mittel dasselebe bey einem u
veraenderlichen Werthe zu erhalten; von L. H. Jacob. Halle, 1817. — D

papier-monnaie de la Russie et des moyens d'en rendre le cours invariable; par L. H. JACOB. — Cet ouvrage est fondé sur des connaissances théoriques et pratiques.

9. Les circonstances produisirent un autre résultat encore plus important. Il se forma des généraux d'armée. Les Russes et les Allemands en trouvèrent d'également habiles. Souwarow et Cobourg, rivaux sans jalousie, étaient plus précieux qu'Oczakow en ruines et que Choczim. Le temps approchait où l'un et l'autre devaient paraître sur une autre scène. Pourquoi leur carrière de gloire n'a-t-elle commencé qu'au déclin de leurs ans?

Anthing, Versuch einer Kriegs-geschichte des Grafen Al. Souwarow, 3 vol., 1799. — *Essai d'une histoire militaire du comte Al. Souwarow;* par ANTHING.

10. Cette seconde guerre contre les Turcs eut aussi pour les deux États les plus voisins de la Russie, pour la Suède et la Pologne, des effets tout opposés. La Suède en obtint l'affermissement de son indépendance et l'amitié de la Russie. Faut-il mettre de même au rang des avantages qu'elle en retira l'accroissement de la prérogative royale? Les plus prochaines années prouvèrent déjà combien il pouvait être préjudiciable aux Suédois, et personne bientôt ne l'expia plus cruellement que l'infortuné Gustave III.

La paix de Werela fut promptement suivie d'une alliance défensive entre la Suède et la Russie (19 octobre 1791). L'accord de leurs sentiments à l'égard de la France amena et facilita ce traité. Gustave se plaça à la tête de la coalition qui se forma contre cet État. Mais grande fermentation parmi la noblesse, et assassinat du roi après la diète, à Gelle (15 mars 1792). Le maintien de la neutralité sous la régence du duc Charles de Sudermanie jusqu'en 1796 fut la suite de ce funeste événement.

Reisen über den Sund. Tubingen, 1803. — *Voyages dans le Sund.* Tubingue, 1803. — Riche en éclaircissements pour cette époque.

11. La guerre influa d'une toute autre manière sur les destinées de la Pologne. Déjà sa décadence s'était accélérée pendant le cours des hostilités. Les différends de la Russie et de la Prusse ne pouvaient qu'aggraver le mal; et telle fut bientôt en effet sa situation, que la neutralité lui devint impossible.

Proposition de la Russie à la diète de la confédération, favorisée par Stanislas, d'une alliance, en cas de guerre avec la Turquie.—Déclaration de la Prusse (12 octobre 1788) qu'elle prendrait un semblable traité pour un acte hostile contre elle de la part des Polonais.

Vom Entstehen und Untergange der Polnischen Constitution vom 3 mai, 1791, 2 Th. Germanien, 1793. — De l'origine et de la ruine de la constitution polonaise du 3 mai 1791, 2 vol. Allemagne, 1793. — Cet ouvrage va jusqu'au deuxième partage (octobre 1793). Il est écrit par des patriotes polonais. L'expression de la douleur la plus juste y conserve de la mesure.

Histoire de la prétendue révolution de Pologne, avec un examen de sa nouvelle constitution; par M. MÉHÉE. Paris, 1793. — C'est le revers de la médaille. La nouvelle constitution pouvait difficilement satisfaire un ardent jacobin.

12. Manifestation d'un parti anti-russe sous la protection de la cour de Berlin. Abolition de la constitution garantie par la Russie, et substitution d'une nouvelle, conforme à l'esprit du siècle. Continuellement excités par la Prusse, les Polonais s'allient à cette puissance (29 mars 1790), qui non-seulement leur garantit leurs possessions actuelles, mais leur promet, en outre, son assistance contre les étrangers qui voudraient s'immiscer dans leurs affaires intérieures. Les Polonais se pressèrent sans doute parce qu'on avait déjà commencé à parler de l'acquisition de Thorn et de Dantzick.

Les premiers différends entre la Prusse et la Pologne s'élevèrent dans les négociations pour un traité de commerce dans lequel on comptait faire entrer la cession de Dantzick. L'alliance se conclut sans qu'on eût terminé la convention commerciale.

13. Affranchie de la tutelle de la Russie, la Pologne refusa le passage à ses troupes, et se comporta ainsi en État souverain et indépendant. Ignace Potocky et ses amis préparaient en même temps, de l'aveu de la Prusse et dans le plus profond silence, le projet d'une nouvelle constitution. Le roi était aussi gagné, autant du moins qu'il était susceptible de l'être. Mais, grâces à la ténacité des vieux préjugés, l'acceptation de cette constitution ne put avoir lieu que par une sorte de surprise (3 mai 1791).

Constitution du 3 mai. Dispositions principales : 1o conversion du royaume électif en royaume héréditaire ; 2o succession éventuelle, et ensuite perpétuelle, dévolue à la maison électorale de Saxe ; 3o pouvoir exécutif attribué au roi avec le concours du sénat ; 4o conservation de la diète divisée en deux chambres, et suppression du *liberum veto* ; 5o confirmation de tous les priviléges de la noblesse ; 6o toutefois quelques concessions en faveur des paysans et des bourgeois. Elles étaient fort restreintes ; mais chez quelle nation la noblesse en souffrit-elle davantage sans se courroucer ?

Jeckel, Polen Staatsveraenderungen und letzte Verfassung. Wien, 1803, 3 Th. — *Changements politiques et nouvelle constitution de la Pologne* ; par JECKEL. Vienne, 3 vol., 1803.

14. Peu de constitutions ont été reçues avec plus d'enthousiasme. La nation y vit l'aurore et le gage de sa liberté ; mais le maintien en était plus difficile que la rédaction, ou plutôt il devenait impossible, car celui qui devait naturellement la défendre, le roi, était trop faible, même pour le vouloir.

15. Catherine garda un silence redoutable tant qu'elle eut à soutenir la guerre contre les Turcs : elle ne le rompit même pas sans prétexte. Il lui fut fourni par le rassemblement à Targowitz d'une poignée de mécontents, tels que Félix Potocky et ses compagnons, réunis dans le dessein de rétablir l'ancienne constitution. Soutenus par la czarine, ils s'y formèrent en confédération, qui bientôt, maudite par eux-mêmes, fit d'abord un appel à la nation (14 mai 1792). A quoi ne devait-on pas s'attendre, maintenant que la paix de Jassy laissait les mains libres à Catherine ?

Arrivée d'une armée russe en Pologne (mai 1792) ; courageuse mais inutile résistance sous Poniatowsky, Kosciuscko', etc. — Adhésion du roi à la confédération de Targowitz (23 juillet). — Armistice et renversement de la nouvelle constitution.

16. Toutefois on ne cessait pas de compter sur le secours de la Prusse ; mais, dans ces entrefaites, les choses avaient bien changé de face à l'Occident. Frédéric-Guillaume était revenu de la Champagne sans gloire et avec un trésor presque épuisé, et la guerre continuait sur le Rhin. Quelle perspective dans de telles circonstances que celle d'une rupture avec la Russie ! Les Polonais pou-

vaient prévoir que la Prusse les abandonnerait, mais non que leur protecteur était déjà lié avec la Russie pour l'aider à les détruire. C'est pourtant de quoi ils furent convaincus, avant même d'en avoir eu le moindre soupçon.

Entrée des Prussiens en Pologne, sous prétexte de la répression du jacobinisme, et déclaration (16 janvier 1793) suivie de la seconde occupation de Dantzick (24 février), depuis le premier partage, l'objet constant de la convoitise de la Prusse, heureusement sauvée alors par Catherine, et dont l'oppression par Frédéric II (1783) avait terni la réputation de ce prince. Mais bientôt un manifeste commun aux deux puissances (16 août) acheva de faire tomber le masque.

17. Deuxième partage entre la Russie et la Prusse, qui laisse encore à la Pologne le tiers de son ancien territoire. Le partage était dur, mais moins que les moyens par lesquels on arracha à la diète le consentement de la nation. On n'avait encore vu rien de semblable en Europe.

Cession violemment extorquée des usurpations de la Russie (17 août 1793), et de celles de la Prusse (3 septembre), en compensation de la renonciation à toute prétention ultérieure, et de la garantie de ce qui n'était pas enlevé.

18. Il va sans dire que la portion de la Pologne encore épargnée ne resta pas moins sous la puissance de la Russie. Une plus étroite alliance laissa à peine à ce reste l'ombre d'une existence propre; et quel autre pouvoir que la force militaire aurait pu y subsister désormais? La capitale même continua d'être occupée par les troupes Russes, et leur général était chargé en même temps des fonctions d'ambassadeur.

Traité d'alliance avec la Russie (16 octobre). Conditions : 1° la Russie se réserve pour l'avenir la direction de la guerre; 2° aucune relation avec les autres Etats ne pourra être établie sans son consentement; 3° libre passage de ses troupes sur un simple avertissement de sa part. Mais la disposition la plus funeste, pour le moment, fut le choix du général Igelstrom pour ambassadeur.

19. Tout espoir semblait anéanti dans d'aussi cruelles circon-

stances. Cependant, sur la foi des dispositions de la nation, les patriotes réfugiés en pays étranger osèrent ne pas se croire entièrement sans ressources. Ils trouvèrent dans Kosciusko un homme capable, comme militaire, d'être le chef d'une révolution fomentée par lui ; elle éclata dans Cracovie (1794), et bientôt aussi dans la capitale même, et l'on résolut, comme unique moyen de succès, de placer le général à la tête de la nation.

Soulèvement à Cracovie, sous Madlinsky (24 mars), à l'occasion de la réduction des troupes polonaises.—Armement des paysans et mesures hardies. — Emeute à Varsovie (17 août) et sanglante expulsion des Russes. — Formation d'un gouvernement (on laisse au roi son titre), et rapides progrès de l'insurrection.

Versuch einer Geschichte der letzten Polnischen Insurrection vom Jahr, 1794, 2 Th., 1796. — *Essai historique sur la dernière insurrection de la Pologne en 1794.* — Suite, à quelques égards, de l'ouvrage intitulé : *De l'Origine et de la ruine de la constitution de Pologne, etc.* (voyez, ci-dessus, pag. 56), mais d'un ton plus modéré et d'un autre auteur.

Mémoires sur la révolution de Pologne trouvés à Berlin. Paris, 1806. — Ils contiennent, après un abrégé de l'histoire de Pologne, le rapport du général de Pistor à Catherine sur la catastrophe de Varsovie.

20. Les espérances des Polonais, quoiqu'ils eussent à lutter à la fois contre deux puissants ennemis, s'enflèrent encore par le mauvais succès d'une entreprise de Frédéric-Guillaume II contre Varsovie. Mais leur salut était dans la main d'un seul homme : son sort décida de la destiné commune. Bientôt il ne leur resta que la capitale, et la Pologne cessa d'être.

Attaque vaine de Frédéric-Guillaume contre Varsovie (septembre 1794). — Mais Kosciusko est défait et pris par les Russes, sous le commandement de Fersen (10 octobre). — Arrivée de Souwarow, et assaut et carnage de Praga (4 novembre).

21. Troisième et total partage de la Pologne, avec la participation de l'Autriche, d'après un simple accord des trois cours, le consentement des Polonais n'étant pas jugé nécessaire. L'anéantissement de la Pologne entraîna la réunion de la Courlande, son ancien fief, à l'empire de Russie.

D'abord, déclaration des deux cours impériales pour la fixation provisoire des frontières, et ensuite, après une discussion plus approfondie, convention respective entre les trois puissances, pour la délimitation ultérieure et définitive. — L'acte de réunion pure, simple et gratuite de la Courlande fut publié le 18 mars 1795.

22. Tel fut le dénoûment de ce grand drame; il fut uniquement l'ouvrage de Catherine, qui seule le préparait depuis trente ans. Elle partagea avec les autres la victoire, mais non la suprématie, et ce qu'elle avait donné n'eût peut-être été qu'un prêt, si la mort ne l'eût prévenue (17 novembre 1796). Aucun de ses prédécesseurs n'avait encore influé autant qu'elle sur les affaires du reste de l'Europe; mais sa propre histoire fait voir que son ascendant même eut encore des bornes. Celui de la Russie devait prendre un bien plus grand accroissement, quand, avec des principes tout différents, et trop tard pour lui-même, le fils unique de cette princesse, Paul I, monta sur le trône.

DEUXIÈME ÉPOQUE.

DE LA PAIX DE CAMPO-FORMIO A L'ÉRECTION DE L'EMPIRE FRANÇAIS, 1797 A 1804.

Schültz, Handbuch der Geschichte Napoleons und seines Zeitalters. Leipzig, 1810. — *Manuel de l'histoire de Napoléon et de son siècle*, par Schutz, 1810. — Annotation chronologique complète des événements depuis 1769 jusqu'en 1810.

1. Quoique les principales puissances de l'Europe fussent encore toutes sur pied au commencement de cette époque, leur situation était néanmoins déjà visiblement changée. La France, agrandie de la Belgique, de la Savoie, du comté de Nice et d'Avignon, et étroitement unie avec l'Espagne, s'empara à la fois de l'Italie et de la Hollande, et pouvait dès lors se croire assurée

d'étendre ses limites jusqu'à la rive gauche du Rhin, et de mettre ainsi l'empire germanique dans sa dépendance. Que fallait-il de plus pour dominer tout le Continent? L'Autriche avait ses plaies à cicatriser; la Russie conservait encore de grandes forces à l'Orient; le partage de la Pologne avait non-seulement étendu son territoire, mais l'avait aussi rapprochée du Couchant, et depuis le règne du nouveau souverain sa politique avait évidemment pris un autre cours, par l'intervention de ce prince dans la guerre de la révolution. Comment, après y avoir pris part, aurait-il pu s'en retirer, quand bien même la partie serait changée? C'est ainsi que s'effaça d'elle-même la séparation des États du Nord et du Midi; et, à dater de leur fusion, il n'y eut plus en Europe qu'un seul système politique.

2. La Prusse promptement épuisée par une administration prodigue, voisine immédiate de la Russie, et prochainement de la France, avec des frontières ouvertes des deux côtés, et sans marine quoique avec une grande navigation commerciale, était également exposée aux attaques par terre et par mer. On y agita la question de savoir s'il fallait s'unir à la France ou à la Russie. Peut-être aurait-on dû seulement examiner si, avec le nouveau système de l'Europe, la Prusse pouvait subsister, ou devait tomber; car quelle place y avait-il pour cet État intermédiaire dans le nouvel ordre des choses? Mais cette pensée paraît avoir été ensevelie dans la tombe de Frédéric.

Frédéric-Guillaume mourut le 16 novembre 1797, avant l'ouverture du congrès de Rastadt. Prompte réforme à la cour et dans le ministère sous son successeur. Toutefois il ne se fit aucun changement apparent dans l'organisation du gouvernement, ni dans les relations extérieures.

Historische Denkwürdigkeiten zur Geschichte des Verfalls des Preussischen Staats, seit dem Jahr, 1794, von dem Obristen von MASSENBACH, 1809, 2 Th. — *Mémoires pour l'histoire de la décadence de la Prusse depuis* 1794, par le colonel de MASSENBACH, 1809, 2 vol. — Les meilleurs esprits ne voyaient aussi le salut de l'État que dans son agrandissement.

3. Même après la paix, on sentit bientôt combien la condition

de la monarchie était encore précaire. D'une part, la guerre maritime continuait ; et qui pouvait douter que Pitt ne mît tout en usage pour rallumer celle de terre ? D'un autre côté, la conclusion de la paix à Rastadt pouvait n'être pas sans difficultés, et, indépendamment de cette double circonstance, la persévérance du Directoire dans la propagation des principes et des institutions républicaines ne permettait pas de compter sur un repos durable.

4. Le congrès de Rastadt s'ouvre sous les plus fâcheux auspices pour l'Empire. Il ne pouvait être soutenu que par la plus étroite intelligence entre l'Autriche et la Prusse ; mais d'anciennes maximes, de nouveaux projets et des espérances déjà probables, opposèrent un trop puissant obstacle à cette intime union ; et la reddition de Mayence (30 décembre 1797) , et la prise d'Ehrenbreitstein, pendant la négociation (24 janvier 1799), montraient en perspective la future situation de l'Allemagne. Double prétention de la France : 1° cession de toute la rive gauche du Rhin ; 2° sécularisation prise pour base de l'indemnité des princes dépossédés. La première de ces conditions assurait l'influence militaire; la seconde, l'influence politique.

Durée du congrès de Rastadt (9 décembre 1792 au 8 avril 1799). D'après le consentement de l'Empire aux principales demandes de la France (11 mars 1798), on semblait pouvoir s'attendre à une prompte pacification ; mais on s'aperçut bientôt que son retard dépendait bien moins du congrès que du changement continuel qui s'opérait dans la situation de l'Europe pendant la négociation.

Négociateurs français : Bonnier, Jean de Bry, et Roberjot, en remplacement de Treilhard ; pour l'Empire, le comte de Metternich , le comte Louis de Cobentzel et M. Lehrbach; pour la Prusse, le comte de Goerz, de Jacobi, de Dohm ; pour l'électeur de Mayence , Albini , etc.

Geheime Geschichte der Rastadter Friedensverhandlungen in Verbindung mit den Staatshaendeln dieser Zeit, von einem Schweitzer ; nebst den wichtigsten Urkunden. Germanien, 1796, 6 Th. — *Histoire secrète des négociations pour la paix de Rastadt, dans leur rapport avec les circonstances politiques actuelles, suivie des principales pièces justificatives ; par un Suisse.* Allemagne, 1799, 6 vol in-8°. — La partie historique est exclusivement renfermée dans le premier volume de cet estimable ouvrage ; elle y est même confondue avec une revue des événements depuis le commencement de la guerre de la révolution jusqu'à son renouvellement en 1799. Les cinq autres volumes ne contiennent que des documents.

5. Pendant ces négociations, l'esprit révolutionnaire se propageait dans plusieurs pays, et particulièrement en Italie. Depuis l'érection des républiques cisalpine et ligurienne, le parti démocratique avait fait de grands progrès, et il renversa dans Rome même l'ancien gouvernement, et y substitua une république ; mais nulle part l'arbre de la liberté ne pouvait moins s'enraciner.

Occupation de Rome par les troupes françaises, à l'occasion d'une émeute populaire (10 février 1798).—Déclaration de la république romaine (15 février).—Mauvais traitements envers l'octogénaire Pie VI, et son enlèvement avec plusieurs cardinaux (20 février). — Le pape mourut dans l'exil, à Valence (29 août 1799).

A brief account of the subversion of the papal government, 1798 ; by R. Duppa. London, 1799.—*Relation abrégée de la destruction du gouvernement papal en* 1798, par Duppa. Londres, 1799.

6. Si cette conduite, ordonnée par le Directoire envers le chef de l'Eglise, fut regardée comme un témoignage du mépris de l'opinion publique, on en vit dans la violente révolution de la Suisse une preuve encore plus choquante. Libre au milieu de l'Europe, cet État, depuis trois siècles, n'avait pris aucune part aux intérêts qui ont agité le monde. Le droit public général avait reconnu sa neutralité et l'avait respectée comme sacrée. Mais dans un temps où l'on ne ménageait rien, comment aurait-on épargné un sanctuaire qui renfermait, il est vrai, la liberté, mais non l'égalité? En même temps qu'on était attiré par l'espoir d'un butin favorable aux finances, l'importance militaire du pays, tant par sa nature que par sa situation, fut probablement un appât non moins puissant pour l'invasion. Peu de semaines suffirent, malgré une vive résistance, pour renverser l'édifice des siècles. La confédération fût transformée en une seule république helvétique.

Maintien de la neutralité de la Suisse, malgré la querelle sur les émigrés,

jusqu'à l'événement du 18 fructidor, époque où, par l'expulsion des directeurs Barthélemy et Carnot, son sort fut décidé.—Mouvements et commen-
cements de la révolution dans le pays de Vaud (décembre 1797).—Effet des
inconvénients des gouvernements fédératifs : défaut d'unité ; bientôt le fardeau tomba tout entier sur le seul canton de Berne. Là il ne manquait ni de
conseils, ni de forces ; mais la majorité n'adopta que des demi-mesures, et
le brave d'Erlach montra le courage de Kosciusko, mais n'obtint pas les
mêmes pouvoirs.—Entrée des Français par deux points à la fois, et combat
sanglant.—Prise de Berne (2–5 mars 1798).—Soumission des autres cantons, les trois petits exceptés.—Résistance opiniâtre de ces derniers, et capitulation honorable (1–4 mai).—Proclamation de la république helvétique (12 avril). Depuis lors, cinq années malheureuses par la guerre et par
les factions, jusqu'à ce que l'acte de médiation de la France (19 février
1808) rendît à la Suisse sa constitution fédérative, quoique changée, et le
repos. Au moment de l'invasion de la Suisse, la république de Genève cessa
d'exister : elle fut incorporée à la république française (16 avril 1798).

Essai historique sur la destruction de la ligue et de la liberté helvétique,
par MALLET-DUPAN, 1798.

Autentischer Bericht von dem Untergange der Genfer Republick, in
Polit. Journ., 1798. May. — *Relation authentique de la destruction de la république de Genève*, dans le Journal politique, mai 1798.

7. L'Angleterre restait séparée du Continent avec un redou-
blement de puissance, de dettes et de ressources. On commença
à s'y avouer secrètement à soi-même qu'on ne pouvait se maintenir dans cet État que par la guerre, et l'événement prouva
bientôt que la paix n'est jamais guère qu'une trêve. La longue
administration de Pitt, peu profitable à lui-même, concentra le
pouvoir dans les mains d'un petit nombre de familles, et établit
dans le sein d'une constitution libre une oligarchie qui, bien
qu'on se disputât les places avec une sorte de fureur, ne produisit cependant pas une seule tête capable de gouverner. Mais
Pitt affermit les principes d'une politique anti-révolutionnaire,
et quand on eut, pour un moment, renoncé à lui, on fut obligé
d'y revenir.

8. Mais la continuation de la guerre avec l'Angleterre fit
mûrir une entreprise qui, conduite par le héros du temps, pour

lequel il n'y avait alors en Europe aucune place convenable, parut la plus extraordinaire qui eût jamais été conçue. La conquête et la colonisation de l'Égypte devaient dédommager de la perte des Indes occidentales et donner une direction toute nouvelle au système colonial des Européens. Disposée sous l'apparence d'une descente en Angleterre, l'exécution en fut encore plus merveilleuse que la préparation. Mais la prise de Malte, qui se liait à ce projet, a eu presque de plus importantes conséquences pour l'Europe que l'invasion de l'Égypte.

Armement considérable et embarquement à Toulon. Cette armée était supposée l'aile gauche de celle d'Angleterre dans la Manche. La flotte appareilla le 18 mai 1798. — Capitulation et occupation de Malte sans résistance (10-12 juin). L'escadre est suivie, mais non rencontrée par celle des Anglais. Elle mouille près du fort Marabou. — Débarquement des troupes (1er juillet). — Prise d'Alexandrie (2 juillet). — Occupation du Caire (22 juillet). Progrès dans la Haute-Egypte, sous Desaix, et entière occupation, après la bataille de Sédiman (7 octobre). — Expédition de la Syrie, manquée à Saint-Jean-d'Acre (décembre à juin 1799). On s'aperçut trop tard que l'Egypte ne pouvait être conservée sans la possession de la Syrie. — Débarquement des Turcs et combat d'Aboukir (25 juillet).

Relation des campagnes du général Bonaparte en Egypte et en Syrie, par Berthier. Paris, 1800.

9. Aucune entreprise n'avait causé de si vives alarmes en Angleterre. La victoire de Nelson à Aboukir, où il détruisit la flotte française (1er août), ne suffit pas pour les calmer. Cependant la domination de la Méditerranée en était plus assurée, et c'était pour le ministère anglais un motif de plus de ne prendre aucun repos jusqu'à ce que les Français eussent abandonné l'Égypte.

10. L'époque de la victoire d'Aboukir donna à ce combat naval une importance politique plus grande que n'en ont d'ordinaire ces sortes d'événements. Son premier effet fut une déclaration de guerre de la Porte contre la France (12 septembre), et des armements de cette puissance pour reprendre l'Égypte avec l'aide des Anglais. La plus ancienne alliance de l'Europe se trouva ainsi rompue.

II.

11. Une suite non moins importante fut une seconde coalition entre l'Angleterre et la Russie (24 septembre). Le choix de Paul Ier pour grand-maître de l'ordre de Malte, après la conquête de l'île, conduisit encore plus loin. Un spectacle nouveau fut donné au monde : il apprit comment des institutions qui ont survécu à elles-mêmes peuvent reprendre, pour un moment, de l'importance par l'effet des passions d'un souverain.

Alliance de la Russie avec Naples (29 novembre 1798); avec la Porte (23 décembre); avec l'Angleterre (29 décembre); et jusque avec le Portugal, malgré la distance (28 décembre 1799). — Alliance de l'Angleterre avec la Sicile (1er décembre); avec la Porte (5 janvier 1799); et aussi de Naples avec le grand-seigneur (21 janvier).

12. Ces traités avaient, en général, pour conditions la garantie réciproque des possessions (nommément de l'Égypte pour la Porte). La guerre et la paix devaient être faites en commun. Interdiction de tous les ports, principalement de la Méditerranée, aux vaisseaux et au commerce français; subsides de l'Angleterre à la Russie, etc. La durée du traité était fixée à huit ans.

13. Toutefois, l'accession des deux puissances germaniques pouvait seule imprimer le mouvement à cette vaste coalition. La marche des négociations à Rastadt et les difficultés toujours croissantes avec l'Autriche rendaient presque indubitable l'adhésion de cette puissance. La Prusse, au contraire, se flattant toujours, même au milieu des tempêtes, d'éviter également Charybde et Scylla, s'en tenait opiniâtrément à la neutralité. Essentiellement militaire, elle changea tout-à-coup de rôle, et se montra la plus pacifique. Quelle dangereuse expérience pour un Etat, que de dissiper lui-même le prestige de sa puissance!

Tandis qu'on négocie vainement à Selz (30 mai–6 juillet 1798), l'Autriche prend, avec l'Angleterre et la Russie, des arrangements au moyen desquels le cabinet de St-Pétersbourg renonce à s'entremettre avec la Prusse pour le règlement des indemnités éventuelles. Le passage d'une armée russe à travers les États autrichiens (décembre) annonça clairement les projets qu'on méditait, et donna occasion à une note de l'ambassade française (2 janvier 1799).

14. Ainsi s'était formée contre la république française une nouvelle coalition, sans contredit beaucoup plus étendue que la première, mais, par cela même, bien moins solide. Quels obstacles n'opposaient pas déjà à la rapidité de la correspondance la distance de Londres à Pétersbourg et à Vienne, et, sur le chemin direct, l'interposition de la Prusse neutre, de la Hollande et de la Belgique! Quelles difficultés plus grandes ne naissaient pas de la diversité d'intérêts de l'Angleterre et des puissances continentales, et du caractère capricieux de l'empereur de Russie! Bientôt la rupture anticipée de la cour de Naples, funeste à elle-même et au roi de Sardaigne, ne permit de compter sur la maturité d'aucune combinaison.

La guerre éclate à Naples (novembre 1798).—Le Directoire la déclare au roi des Deux-Siciles et au roi de Sardaigne (6 décembre), et contraint Charles-Emmanuel IV à la cession de toutes ses possessions sur le Continent. — Malheureuse issue de la guerre de Naples, sous le général Mack. Le roi s'enfuit à Palerme (2 janvier 1799).— Prise de Naples, après un combat sanglant, par Championnet (23 janvier), et érection de la république parthénopéenne.

15. Ces accidents n'arrêtèrent cependant pas le premier élan des coalisés. Le désordre des finances et le pouvoir toujours plus précaire, même en France, du gouvernement directorial lui rendaient chaque pas difficile; mais il trouva des empêchements plus décisifs dans le choix de ses propres généraux et de ceux de ses ennemis. Tandis qu'il multipliait les fautes à cet égard, l'archiduc Charles et le redoutable Souwarow étaient placés à la tête des armées alliées, et leur seule présence présageait la victoire. Le congrès de Rastadt fut dissous, et l'on arrêta un plan de campagne (1779) pour recouvrer l'Italie, la Suisse et l'Allemagne.

Dissolution du congrès de Rastadt (8 avril 1799), et massacre des envoyés français à leur départ (28 avril). La guerre avait déjà commencé sur le

Haut-Rhin. — Victoires de l'archiduc à Ostrach (21 mars), et à Stockach (25 mars), sur le général Jourdan. Marche contre Masséna, en Suisse, jusqu'à Zurich, d'où, délivré par sa victoire sur les Russes commandés par Korsakow, le général français va prendre le commandement de l'armée du Haut-Rhin. — Commencement de la guerre en Italie, et victoires remportées par Kray sur Scherer à Vérone (26 mars), à Magnano (5 avril). — Arrivée de Souwarow; il prend le commandement de l'armée austro-russe (16 avril). — Victoire de Cassano (27 avril), et prise de Milan et de Turin. — Reddition de toutes les places fortes, même de Mantoue (28 juillet). — Retraite de Naples sous Macdonald battu par Souwarow à la Trebia (17–19 juin). — Reprise de Naples par les Calabrais, sous la conduite du cardinal Ruffo, accompagnée d'effroyables cruautés, et rétablissement du trône par les Russes, les Turcs et les Anglais (quel bizarre assemblage !), ainsi que la puissance papale, sous Pie VII. — Rassemblement d'une nouvelle armée française, aux ordres de Joubert. Elle est battue par Souwarow à Novi (15 août). Gênes et Ancône restent seules au pouvoir des Français.

Précis des événements militaires, ou *Essais historiques sur les campagnes de 1790 à 1814, avec cartes et plans;* par le comte MATHIEU DUMAS, lieutenant général des armées du roi. Paris, 1817. — Les huit volumes de cette importante production qui ont paru jusqu'à présent embrassent les campagnes de 1799, 1800, 1801, 1803 et 1804.

Geschichte der Wirkungen und Folgen des Œstreichischen Feldzuges in der Schweitz; von C. L. von HALLER, 2 Theile, 1801 — *Histoire des opérations et des suites de la campagne des Autrichiens en Suisse;* par HALLER, 2 vol., 1801.

Mémoires pour servir à l'histoire des dernières révolutions de Naples, par B. N., témoin oculaire. Paris, 1803.

16. Ces jours de triomphes ne devaient-ils pas ramener ceux de la paix? ou le temps n'était-il pas venu où une puissance neutre telle que la Prusse pouvait se prononcer avec énergie et avec dignité pour le rétablissement de l'Europe? Mais quand l'usage modéré de la victoire ne fut-il pas plus difficile que la victoire même? Les moments favorables s'envolaient, et l'année ne devait pas finir sans que, par la défection de la Russie, la coalition tombât d'elle-même en ruine.

La mésintelligence se met entre les Autrichiens et les Russes, à l'occasion d'Ancône et du Piémont, dont les Russes s'emparèrent ensuite. Ils marchent sur la Suisse pour se joindre à Korsakow; mais, deux jours avant leur arrivée (25-27 septembre), il avait été battu par Masséna, et Souwarow fut contraint de se retirer dans la Haute-Souabe, par des chemins impraticables, à travers les Alpes. Ce fut le dernier et le plus grand de ses exploits. Rappelé, ainsi que son armée (janvier 1800), il est froidement accueilli. D'un autre côté, l'Angleterre et la Russie se brouillent au sujet de l'inutile débarquement de leurs armées combinées dans la Nord-Hollande, sous les ordres du duc d'York (août-octobre). L'Angleterre enleva cependant les restes de la flotte hollandaise dans le Texel (30 août).

17. Tandis que les alliés perdaient ainsi tous leurs avantages, une révolution beaucoup plus importante s'opérait en France. Le vaisseau qui portait le destin de l'Europe avait déjà abordé à Fréjus (9 octobre). L'abolition de la constitution directoriale, dès longtemps à moitié anéantie, l'abdication des directeurs, l'expulsion des représentants du peuple à coup de crosses de fusil, l'établissement d'un nouvel ordre de choses, les préparatifs d'une campagne pour ressaisir les avantages de la victoire perdus et pour conquérir enfin la paix; tout cela fut l'ouvrage de quelques semaines.

Retour d'Egypte du général Bonaparte (9 octobre 1799). — Révolution intérieure accomplie (18 brumaire, 9 novembre). — Constitution consulaire (15 décembre). — Bonaparte gouverne sous le titre de premier consul. Substitution du régime des mairies et des préfectures à l'administration populaire. L'initiative des lois réservée au gouvernement fait cesser la séparation de la puissance législative et du pouvoir exécutif. Avant même que la constitution fût achevée, se manifestait l'intention de la détruire.

18. Après d'inutiles propositions de paix à l'Angleterre (leur forme seule devait en empêcher le succès), préparatifs pour l'ouverture de la campagne. Combien la situation était changée depuis que la Russie, loin d'agir avec la coalition, était déjà à moitié gagnée ! Il ne restait plus à combattre sur le Continent que l'Autriche, faiblement soutenue par Naples et par une partie de l'Empire, mais bientôt plus étroitement liée avec l'Angleterre par un traité de subsides (26 juin); et comme si on avait voulu

rendre la lutte plus facile à la France ; avant même l'ouverture de la campagne , le commandement fut retiré à l'archiduc Charles.

Double campagne de 1800 : en Italie, sous le premier consul; en Allemagne, sous le général Moreau. En Italie, héroïque défense de Gênes par Masséna jusqu'au 4 juin. L'armée de réserve passe le Saint-Bernard. Prise de Milan et rétablissement de la république cisalpine. Bataille de Marengo, perdue par Mélas (4 juin). Le lendemain , capitulation pour l'évacuation de la Lombardie et de toutes les places fortes jusqu'à Mantoue. Ainsi un seul jour enleva le fruit d'une année de victoires. — En Allemagne, Moreau passe le Rhin en Alsace (25 avril). Progrès continus et constants contre Kray jusqu'à Ulm (2-10 mai). Entrée en Bavière et dans le pays des Grisons (juin et juillet). Après le refus de la part de la cour de Vienne de ratifier les préliminaires de paix conclus le 28 juillet, dénonciation en Italie (29 septembre), et en Allemagne (9 novembre), de l'armistice précédemment accordé (15 juillet), à condition de l'évacuation d'Ulm et d'Ingolstadt. Grande victoire de Hohenlinden (3 décembre), et progrès en Autriche jusqu'à Lintz ; dans le même temps, victoire de Brune sur le Mincio (26 décembre), et passage de l'Adige (1er janvier 1801). Armistice à Trévise (16 janvier).

19. Si la fin du siècle était ensanglantée , l'aurore du nouveau offrit du moins une lueur d'espérance du retour de la paix. L'Autriche , humiliée, était disposée à l'implorer ; mais on exigeait la rupture de son alliance avec l'Angleterre comme condition préliminaire. A peine y eut-elle consenti , le dernier jour du siècle (31 décembre), les négociations s'ouvrirent à Lunéville, et amenèrent un traité de paix tant avec l'empereur qu'avec l'Empire. Il s'en conclut un en même temps avec Naples à Florence.

Négociation à Lunéville (1er janvier-9 février 1801). Non-seulement on y prit pour base le traité de Campo-Formio, mais aussi les conditions proposées depuis à l'Empire dans les conférences de Rastadt, auxquelles on en ajouta néanmoins quelques autres. Les principales du nouveau traité furent : 1o la confirmation de la cession à la France de la Belgique et du Frickthal , abandonné plus tard (août 1802) à la Suisse; 2o confirmation des cessions faites à l'Autriche dans les Etats vénitiens ; 3o confirmation de la cession du Brisgaw au duc de Modène ; 4o cession du grand-duché de Toscane en faveur de la maison de Parme, sans promettre d'indemnité en

Allemagne ; 5o acquiescement de l'empereur et de l'Empire à la cession de la rive gauche du Rhin, le Thalweg formant la séparation ; 6o les princes héréditaires dépossédés devaient être dédommagés par l'Empire ; 7o reconnaissance des républiques batave, helvétique, cisalpine, ligurienne, toutes comprises dans le traité. — En échange de la Toscane, érigée en royaume d'Etrurie pour le duc de Parme, cession de ce duché à la France, et, par l'Espagne, de la Louisiane (21 mars), qui depuis a été vendue aux États-Unis de l'Amérique (voy. pag. 37). — Armistice avec Naples, signé à Foligno (18 février), et conclusion de la paix à Florence (28 mars 1801). Conditions : 1o exclusion des vaisseaux anglais et turcs des ports des Deux-Siciles ; 2o cession des propriétés napolitaines en Toscane, l'île d'Elbe et Piombino (Etats des Présides) ; 3o Otrante reste occupé par les troupes françaises.

Plénipotentiaires à Lunéville : Joseph Bonaparte et le comte Louis de Cobenzel.

20. Tandis que par la conclusion de cette paix le continent de l'Europe commence enfin à goûter quelque repos, si un repos imposé par les armes peut mériter ce nom, la guerre continue sur mer. Le changement de politique de la Russie ouvrit bientôt une autre scène dans le Nord; et le règlement des indemnités en Allemagne y laissa un vaste champ à la diplomatie.

21. Depuis l'expédition d'Égypte, la Méditerranée était devenue le principal théâtre de la guerre maritime. Cette mer était couverte de flottes russes, turques et britanniques. Le but essentiel de la politique des Anglais était d'y affermir leur domination; et la prise de Malte affamée (5 septembre 1800) en devint un fondement difficile à ébranler. Qui put, depuis lors, espérer une paix maritime durable ? La prise des îles gréco-françaises par les Russes et par les Turcs donna à l'Europe le spectacle nouveau d'une république, grecque à la vérité, fondée par la Russie et par la Porte.

Prise de Corfou par la flotte turco-russe (1er mars 1799). — Erection de la république des Sept-Iles, sous la protection des Turcs et sous la garantie des Russes, stipulée par la convention de Constantinople (21 mars 1800). Les troupes russes y restent, et cette occupation, prolongée jusqu'en 1809, donna à la Russie une grande influence dans la Méditerranée. Minorque était tombé au pouvoir des Anglais (15 octobre 1799), et ils s'emparèrent aussi de Surinam (11 août 1799) et de Curaçao (13 septembre 1800), les dernières des colonies hollandaises aux Indes occidentales.

22. Les procédés de Paul Ier n'étaient pas moins féconds en conséquences. En se retirant de la coalition avec l'Angleterre et l'Autriche, séduit par les flatteries et par l'adroite politique du nouveau maître de la France, il s'attacha d'abord plus étroitement les États du Nord, et l'oppression toujours croissante de la part des Anglais de la navigation des neutres le jeta bientôt dans de plus grands desseins. Il renouvela le projet de neutralité armée conçu par Catherine. Une nouvelle guerre dans le Nord en devint la suite inévitable ; et peut-être aurait-elle eu les effets les plus importants si la mort du czar n'était venue tout changer.

Alliance défensive entre la Russie et la Suède (29 octobre 1799). — Relations plus intimes avec la Prusse (1800), et continuation de celles qui subsistaient avec le Danemarck. — Renouvellement du projet de neutralité armée, en prenant sous convoi les vaisseaux suédois et danois (août 1800). — Alliance entre la Suède et le Danemarck (16 décembre), et accession de la Prusse (12 février 1801). — Réitération des résolutions de 1780 (voy. 2e période, p. 302) avec cette addition, que le convoi met à l'abri de la visite. — Embargo sur les navires anglais en Russie. — Occupation des bords du Weser et de l'Elbe par les Prussiens et les Danois, et bientôt après de l'électorat de Hanovre par les premiers.—Envoi d'une escadre anglaise dans la mer Baltique. Attaque de Copenhague (2 avril). L'empereur Paul avait cessé de vivre (24 mars).—Changement de système sous Alexandre 1er. Convention avec l'Angleterre, conforme au vœu de cette puissance (17 juin) et commune à tous les alliés. — Restitution des conquêtes faites sur eux en Europe et aux Indes occidentales.

23. Les grands changements en Russie (et rarement un nouveau règne en amène de plus importants) et le caractère modéré du souverain qui, en rétablissant simplement les anciens rapports, fit la paix avec la France et avec l'Espagne (4 et 8 octobre 1801), influèrent sensiblement sur le cours de la politique. L'Angleterre elle-même, troublée par la disette et presque isolée, désirait la paix, et le retour en fut présagé par la renon-

ciation volontaire de Pitt à un pouvoir si longtemps exercé (9 février 1801). Elle dépendait surtout de l'Egypte. La politique de l'Angleterre ne varia jamais sur ce point, et aucun effet ne lui sembla trop pénible pour atteindre ce but. Sa sollicitude était-elle fondée ?

Sort de l'Egypte depuis le départ de Bonaparte, laissant le commandement à Kléber (22 août 1799). — Arrivée d'une armée anglo-turque venant de Syrie, et prise d'El-Arisch (29 décembre). Convention avec le grand-visir (24 janvier 1800) pour l'évacuation de l'Egypte : cet accord est rétracté. Surprise et défaite du grand-visir à Héliopolis (20 mars). Assassinat de Kléber au Caire (14 juin). Menou lui succède. — Envoi d'une armée anglaise sous les ordres d'Abercrombie (décembre). Elle débarque à Aboukir (8 mars). Il en arrive une autre des Indes orientales par la mer Rouge, sous le général Baird (avril). Victoire des Français à Ramanié (21 mars). Mort d'Abercrombie. Convention du Caire avec lord Hutschinson, son successeur, pour l'évacuation de l'Egypte (27 juin). Elle s'exécute : Alexandrie est remise (septembre), l'Egypte est rendue à la Porte.

Wilson's history of the british expedition to Egypt. London, 1800. — *Histoire de l'expédition des Anglais en Egypte*, par WILSON. Londres, 1800. — Traduite en français.

De l'Egypte après la bataille d'Héliopolis, par le général Reynier, in-8°. Sur l'importance de l'Egypte comme colonie : *Heeren kleine historische Schriften*, tom. 2. — *Opuscules historiques*, par HEEREN, tom. 2.

24. Cet événement faisait disparaître le plus grand obstacle à un rapprochement entre la France et l'Angleterre. La paix du Portugal avec la France et l'Espagne (6 juin), à condition de la restitution d'Olivenza et de l'exclusion des vaisseaux des Anglais, devint pour ceux-ci un motif de plus de la faire aussi. Les préliminaires, depuis longtemps négociés à Londres, s'y conclurent enfin (1er octobre), et le traité définitif fut signé à Amiens le printemps suivant. Après la réconciliation de l'Angleterre avec la France, celle de la France avec la Porte ne pouvait rencontrer aucune difficulté.

Paix d'Amiens, entre l'Angleterre d'une part, et la France, l'Espagne et la république batave, de l'autre. Conditions : 1° restitution, par l'Angleterre, de toutes ses conquêtes sur la France et sur ses alliés, excepté l'île

de la Trinité, cédée par l'Espagne, et Ceylan, par la république batave;
2° maintien de la Porte dans son intégrité. Elle est comprise dans le traité
et doit être invitée à y adhérer; 3° la France reconnaît la république des
Sept-Îles. Les îles de Malte, de Gozzo et de Comino doivent être rendues à
l'ordre de Saint-Jean de Jérusalem dans le délai de trois mois, occupées
par des troupes napolitaines, et rester indépendantes sous la garantie de la
France, de l'Angleterre, de la Russie, de l'Autriche, de l'Espagne et de la
Prusse. Il ne doit y avoir de langue ni française, ni anglaise; mais il en sera
créé une maltaise, et les chevaliers rétablis choisiront parmi eux le grand-
maître.

Plénipotentiaires à Amiens : Joseph Bonaparte et lord Cornwallis, après
néanmoins que les préliminaires eurent été négociés par lord Hawkesbury
et par M. Otto.

Conclusion de la paix entre la France et la Porte (25 juin 1802), à la suite
de préliminaires (18 octobre 1801) : 1° restitution de l'Egypte et garantie réproque des possessions; 2° renouvellement des anciens traités et
libre navigation pour la France dans la mer Noire; 3° reconnaissance de
la république des Sept-Îles; 4° traitement mutuel à l'égal des nations les
plus favorisées.

25. Les conditions de la paix d'Amiens doivent causer la plus
grande surprise. On avait combattu non pour la possession de la
Trinité et de Ceylan, mais pour la liberté de l'Europe; et cette
grande cause fut tacitement sacrifiée, car l'Angleterre affecta
d'éviter toute intervention dans les intérêts du Continent, et elle
ne stipula pas même l'évacuation de la Hollande. On termina
ainsi la guerre, sans atteindre le but pour lequel on l'avait
entreprise, et le peu de durée de l'état des choses, tel que l'é-
tablissait la paix, ne pouvait pas être longtemps problématique.

26. La renommée du premier consul fut, au contraire, portée
au plus haut degré par ce traité; la France sortit de la lutte,
tranquille et bien ordonnée au dedans, plus puissante au dehors,
réintégrée dans la possession de ses colonies, et n'ayant à regretter que quelques légers sacrifices imposés à ses alliés. Tout,
même la restauration des autels et l'affermissement de la liberté religieuse, parut l'œuvre de son chef, et sa puissance fut
fondée à la fois sur la force des armes et sur la force encore

plus grande de l'opinion publique. Il ne dépendait désormais que de lui de dominer, même sans combats, sur l'Europe entière, et il en aurait été le maître, s'il avait su l'être de lui-même.

Nomination de Bonaparte au consulat à vie (4 août 1802). Il avait déjà été reconnu (26 janvier) pour président de la république italienne. — Médiation de la Suisse (19 février 1803). La nouvelle forme du gouvernement français fut imitée par les républiques affiliées : la république batave eut un président, celle de la Ligurie un doge; et il n'y eut pas jusqu'à celle de Lucques, pour laquelle on n'avait pu trouver un nouveau nom, qui ne subît aussi des changements. — Concordat avec le pape (15 juillet 1801), sanctionné par le Corps législatif (8 avril 1802). Le culte catholique ne fut pas seul réglé par la loi du 18 germinal an X; des articles spéciaux déterminèrent en même temps l'organisation des cultes protestants.

27. En s'assurant l'appui de l'opinion publique, si nécessaire au premier magistrat de la république prétendue, il se montra politique profond par l'art avec lequel il sut tout à la fois y condescendre et s'en affranchir; et il ne se hâta que trop de détromper ses peuples sur son respect pour elle.

28. La première transaction politique de quelque importance fut celle des indemnités en Allemagne, réservée par le traité de Lunéville : elle fut dirigée à Ratisbonne par la médiation de la France et de la Russie; mais la prépondérance de la première et sa politique se manifestèrent ici par les signes les moins équivoques. Tandis que plusieurs princes ecclésiastiques étaient expulsés de leur siége, le seul chancelier de l'Empire, dont on croyait ne pouvoir se passer, fut transféré de Mayence à Ratisbonne, et les puissances séculières se partagèrent la dépouille des autres, en proportion du plus ou du moins de faveur que leur accordait la France. L'ami de la patrie détourne ses regards d'une opération qui, bien qu'inévitable peut-être, indigne du moins par la manière violente dont elle fut exécutée.

Convention préalable, à Paris, entre la Russie et la France, sur le plan des indemnités (4 juin 1802). Il en est donné connaissance à la diète ger-

manique (18 août). Ouverture de la session de la députation extraordinaire
de l'Empire (24 août). Dernière séance (25 février 1803). Les Etats les
plus indemnisés, en proportion de leurs pertes, furent la Prusse, et, près
du Rhin, à cause de leur dépendance probable, Bade, Würtemberg et
Nassau. La Bavière obtint moins, et l'Autriche moins encore. Deux princes
italiens furent aussi dédommagés en Allemagne : le grand-duc de Toscane,
par Salzbourg ; le duc de Modène, par le Brisgaw et l'Ortenau. On créa
quatre nouveaux électorats : Würtemberg, Bade, Hesse et Salzbourg. On
ne se montra pas avare d'une dignité qui devait bientôt n'être qu'un
vain titre.

29. Il resta encore un empire d'Allemagne, mais non plus l'ancien empire germanique. Il ne fut plus qu'une agrégation d'États,
avec un chef qui n'eut d'empereur que le nom, sous une influence étrangère : quoique l'État central de l'Europe survécût à
lui-même, on reconnut bientôt comme une vérité incontestable
que ce point ne pouvait être déplacé sans un bouleversement
général.

30. Le court espace de temps pendant lequel la paix régna en
Europe fit connaître les immenses ressources de ses habitants.
Partout on s'empressa à l'envi de guérir ses plaies par les travaux
de l'industrie, du commerce, de la navigation ; et, quelque profondes qu'elles fussent, peut-être un petit nombre d'années de
tranquillité aurait suffi pour les cicatriser. Mais la paix n'avait
pas détruit la méfiance, et bientôt ce germe de nouvelles querelles
ne fructifia que trop. L'Angleterre, réparant sa faute, ne voulut
pas rendre Malte qui lui assurait l'empire de la Méditerranée,
qui formait un rempart à l'Égypte que la France n'avait jamais
perdue de vu ; et, d'un autre côté, l'incorporation formelle et sans
convention préalable du Piémont envahi (20 août 1801), prouva
aux peuples du Continent que les prétendues limites naturelles,
si hautement préconisées, n'étaient plus des limites.

Refus de rendre Malte sous prétexte qu'à cause de la suppression
des langues de Bavière et d'Espagne, cette île ne pouvait pas être res-
tituée à l'ordre rétabli dans son ancien état (septembre 1802). Mission
et rapport injurieux du général Sébastiani sur la situation de l'Egypte
et du Levant (30 janvier 1803). — De l'autre côté, indécente guerre

de plume commencée par les journalistes de Londres, qui envenime les haines.

31. On ne tarda pas à se convaincre que, quoique le traité d'Amiens ne fût pas un armistice, il n'avait cependant guère produit qu'une trève; et à peine le rameau de la paix eut-il été arboré depuis un an, que déjà avait éclaté une guerre plus longue et plus féconde en conséquences que ses promoteurs ne l'avaient prévu.

Message du roi d'Angleterre au parlement sur le danger qui menaçait la sûreté de l'empire britannique (8 mars 1803). — Négociations sans résultat du lord Withworth à Paris. — Déclaration de guerre de l'Angleterre contre la France (18 mai).

32. Cette guerre, à laquelle furent obligés de prendre part la république batave et tous les États dépendants de la France, et où les deux principales puissances, l'une continentale, l'autre maritime, avaient peu de points de contact; cette guerre eut un caractère tout particulier : l'occupation du Hanovre, malgré la neutralité de cet électorat, sans que la diète de Ratisbonne en fût prévenue, fut aussi peu décisive que les grandes et vaines démonstrations dans les ports de la Manche d'une descente en Angleterre. Ces préparatifs ne servirent, au contraire, qu'à faire prendre les armes à tout le peuple anglais. C'était plutôt un état de guerre, que la guerre même; mais qui pouvait en calculer le résultat?

Occupation de l'électorat de Hanovre par le général Mortier, après la convention de Sulingen (3 juin) et la capitulation d'Artlenbourg (5 juillet).

33. Cette guerre eut pour principal effet le rétablissement d'un trône héréditaire en France, préparé par la constitution consulaire; mais au lieu d'un trône royal, un trône impérial fut élevé; au lieu du *légitime souverain*, il y monta un heureux guerrier, qui, au mépris de toutes les lois de la morale et de la politique, avait trempé ses mains dans le sang d'un des rejetons de la maison royale (20 mars). L'Europe, accoutumée dès longtemps

à ne voir régner que des princes légitimes et justes, devait apprendre, par un grand exemple, à connaître des usurpateurs et des tyrans.

Sénatus-consulte organique (18 mai 1804), par lequel, sur la proposition du Tribunat, le premier consul est proclamé empereur et cette dignité déclarée héréditaire dans sa famille. Cet acte est soumis à l'approbation du peuple. Le silence est pris pour consentement. Déclaration du résultat (6 novembre). Couronnement et sacre de Napoléon Ier comme empereur des Français par Pie VII (2 décembre).

TROISIÈME ÉPOQUE.

DEPUIS L'ÉRECTION DU TRÔNE IMPÉRIAL EN FRANCE JUSQU'AU RÉTABLISSEMENT, PAR SA CHUTE, DU SYSTÈME POLITIQUE DE L'EUROPE, ET A LA FONDATION DE LA LIBERTÉ DE L'AMÉRIQUE, 1804 A 1815.

PREMIÈRE SECTION.

HISTOIRE DU SYSTÈME POLITIQUE DE L'EUROPE DURANT CETTE ÉPOQUE.

Histoire abrégée des traités de paix entre les puissances de l'Europe, depuis la paix de Westphalie; par feu M. KOCH. *Ouvrage entièrement refondu, augmenté et continué jusqu'au congrès de Vienne, et au traité de Paris de 1815;* par F. SCHOELL, *conseiller d'ambassade de S. M. le roi de Prusse près la cour de France.* Paris, 1817, 15 vol. — Nous indiquons ici seulement cet ouvrage très-instructif qui nous a été trop tard connu. Les tomes 6 à 11 se rapportent à l'époque présente; les trois derniers embrassent l'histoire du système politique des États du Nord.

Recueil de pièces officielles destinées à détromper les Français sur les événements qui se sont passés depuis quelques années; par Fr. SCHOELL. Paris 1814, 9 vol. in-8°. — Cette collection commence à la campagne de Russie en 1812, et comprend aussi la guerre d'Espagne et les négociations avec le pape, depuis 1808.

Geschichte Nopoleon Bonaparte's, von Fred. Saalfed; Zweyte Ausgabe, 1816; th. 1, 2. — *Histoire de Napoléon Bonaparte*, par Fr. SAALFELD; 2ᵉ édit., 1816, 2 vol.

1. L<small>E</small> projet de la monarchie universelle, ce fréquent sujet de terreur des périodes précédentes, était presque tombé en oubli, lorsqu'il fut reproduit par l'ambition d'un homme qui avait déjà fait la moitié du chemin vers ce but. Si nous comprenons sous ce nom la domination en partie immédiate et en partie indirecte sur l'Europe, la chose n'est susceptible d'aucun doute. Le problème, pour l'histoire de cette époque, est de montrer à quelle distance et par quels moyens il s'avança dans cette route, jusqu'à ce que la fortune s'interposant aida les peuples opprimés à reconquérir leur liberté.

2. Jamais souverain en Europe n'avait eu autant de moyens à sa disposition que l'empereur Napoléon. Son pouvoir dans l'intérieur était sans bornes, depuis que le despotisme y avait intimidé, détruit ou asservi tous les organes de la liberté. Le Corps législatif était faible et muet, le Tribunat supprimé (août 1807), et le prétendu sénat conservateur s'y montrait toujours le docile instrument de la tyrannie; car ce n'est pas dans de vaines formules que gît la liberté. Au dehors, la France étendue jusqu'au Rhin et au delà des Alpes; la république italienne bientôt transformée en royaume (17 mars 1805) sous le sceptre de Napoléon et sous sa domination immédiate; l'Espagne, la Hollande, la Suisse, le reste de l'Italie et les Etats germaniques du Rhin dans sa dépendance, ou par des traités, ou par la crainte; une armée française établie par l'occupation du Hanovre au cœur de la monarchie prussienne et aux portes du Danemarck; l'Autriche menacée aussitôt qu'on le voudrait : quelles ressources et quel supplément à la puissance intérieure! Mais la Russie et la Suède étaient encore intactes, et même, depuis l'assassinat du duc d'Enghien, dans des dispositions peu amicales, et l'Océan ne pouvait être franchi.

Rupture de toutes relations diplomatiques de la Russie (28 août) et de la Suède (7 septembre 1804) avec la France. L'une et l'autre refusèrent de reconnaître Napoléon pour empereur.

3. Cependant de nouvelles assurances solennelles promirent que la France ne serait plus agrandie par de nouvelles réunions, et que ses limites resteraient invariablement fixées (27 décembre 1804) ; mais pouvait-on compter sur la sincérité d'un engage-ment presque aussitôt violé par l'icorporation de la république ligurienne (4 juin 1805)? Le langage insultant du nouveau sou-verain dans son journal officiel , contre les princes étrangers , était peu propre à lui faire des partisans. Ses discours solennels n'étaient-ils pas encore plus violents et hautains? Et quand on affectait de regarder le trône nouvellement élevé comme le réta-blissement de celui de Charlemagne (août 1804), n'était-ce pas dire assez qu'il n'y avait point pour lui de place dans l'ancien système politique de l'Europe ?

4. Dans ces entrefaites , le timon de l'Etat en Angleterre avait été de nouveau confié aux mains de Pitt (15 mai 1804). Pouvait-on douter de ses efforts pour former une nouvelle coalition contre la France, quand on connaissait son ancienne politique et les cir-constances actuelles? Il alla à cet égard au devant des vœux de Napoléon , qui se lassait de l'oisive parade de son armée sur les bords de la Manche.

La guerre avait auparavant pris plus d'extension par la parti-cipation de l'Espagne (30 octobre 1803) , dont la France n'avait pu jusqu'alors acheter , à force de subsides , que la chancelante neutralité , et par des démonstrations menaçantes contre le Por-tugal comme partisan de l'Angleterre.

Capture par les Anglais , devant Cadix , des galions avec leurs trésors (5 octobre 1804).—Déclaration de guerre de l'Espagne contre l'Angleterre , après beaucoup de négociations (12 décembre) , et de l'Angleterre contre l'Espagne (11 janvier 1805).

Fr. Gents, autentische Darstellung des Verhaeltnisses zwischen England und Spanien, 1806.— *Exposition authentique des rapports entre l'Angle-terre et l'Espagne*, par FR. GENTZ.

5. Une troisième coalition se forma contre la France. L'Angleterre en était le point central. Suivant le plan de Pitt, un soulèvement général de l'Europe devait repousser la France dans ses anciennes limites, et l'indépendance des Etats eût été consolidée par de sages dispositions et d'équitables partages. On ne faisait cependant aucune mention du rétablissement de l'ancienne maison royale, tant cet événement était alors hors de toute vraisemblance.

6. Mais quoique promptement mis en partie à exécution, le projet de Pitt ne put jamais être accompli qu'à demi; et il règne encore sur la formation de cette coalition une obscurité que le temps seul peut dissiper. Tandis que la Suède, la Russie et l'Autriche s'y ralliaient, la Prusse s'obstinait, au contraire, dans une neutralité dont elle eut bientôt une cruelle occasion de se repentir. Et cependant, sans le concours de la Prusse, aucune entreprise efficace contre la France n'était presque possible; sa neutralité mettait seule à couvert la moitié de l'empire français.

Alliance de l'Angleterre avec la Russie (11 avril), avec la Suède (déjà jointe à la Russie le 14 janvier) (31 août), étendue (3 octobre 1805). — Un corps d'armée russe et suédois devait débarquer en Poméranie. Si la puissance et le génie de Gustave IV avaient égalé sa haine et son opiniâtreté, Napoléon eût trouvé en lui son plus redoutable adversaire. — L'Autriche entre dans l'alliance de l'Angleterre et de la Russie (9 août). Au moyen des subsides de l'Angleterre et d'une force de cinq cent mille hommes, on comptait rétablir la liberté de l'Europe, sans rien prescrire à la France sur ses intérêts du dedans. Naples, au contraire, avait été obligé, par son traité avec Napoléon (25 juin), de recevoir un corps de troupes françaises de vingt-cinq mille hommes; mais le nombre en fut ensuite diminué.

Fr. *Gentz, Fragmente aus des neusten Geschichten den politische Gleichgewichts in Europa*, 1806. — *Fragments de l'histoire moderne de l'équilibre politique de l'Europe*, par GENTZ. — Malheureusement ce ne sont que des fragments, mais précédés d'une préface écrite dans un temps de désolation, avec la plume de Tacite.

7. La guerre éclate après d'infructueuses négociations; le plan des coalisés est entièrement déconcerté par l'attaque de l'armée

autrichienne sur l'Iller, où l'on avait opposé un Mack à Napoléon, avant même que les Russes pussent avoir fait leur jonction.
Après la défaite totale des Autrichiens dans l'espace de quelques
jours, le projet d'assaillir l'Italie tomba de lui-même (octobre
1805) ; et, fortifié dans sa marche par l'accession de Bade, de
Wurtemberg et de la Bavière, Napoléon s'aplanit facilement la
route de Vienne.

Capitulation d'Ulm (17 octobre), d'après laquelle presque tous les corps
de l'armée dispersés se rendirent prisonniers. — Retraite de l'armée d'Italie,
commandée par l'archiduc Charles, jusqu'aux frontières de la Croatie,
malgré le succès du combat de Caldiero (30 octobre). — Entrée des Français à Vienne (13 novembre).

8. Les Russes, survenus dans ce moment, ne trouvèrent plus
que les débris de l'armée à laquelle ils devaient se réunir ; et
leur allié ne put, dans la sanglante journée d'Austerlitz, leur
prêter qu'une faible assistance. Forcés aussi de se retirer, ils ne
laissèrent de ressource à l'Autriche accablée et abandonnée, que
dans l'acceptation des conditions auxquelles la paix lui était
offerte. Elle fut conclue à Presbourg à la suite de courtes négociations.

Conditions de la paix de Presbourg (26 décembre): 1° la France conserve en Italie tous les pays qui lui sont déjà incorporés ou que régissent
les lois françaises (Piémont, Parme et Plaisance); 2° l'Autriche cède au
royaume d'Italie tout ce qu'elle possède des États vénitiens (et ainsi la ci-
devant Dalmatie vénitienne qui touche à l'empire turc), et reconnaît Napoléon pour roi ; 3° l'électeur de Bavière et le duc de Wurtemberg obtiennent
le titre de roi avec la souveraineté sur leurs nouvelles possessions comme
sur les anciennes ; 4° l'Autriche abandonne à la Bavière tout le Tyrol et
le Vorarlberg, avec les évêchés de Brixen et de Trente ; Burgau, Eichstadt,
Passau, Lindau et autres seigneuries : Augsbourg entra aussi dans le
partage de la Bavière ; 5° elle céda de plus à Wurtemberg et à Bade l'Autriche antérieure, savoir : à Bade, la majeure partie du Brisgau, l'Ortenau
et la ville de Constance, et le surplus au Wurtemberg ; 6° l'Autriche acquit
Salzbourg et Berchtolsgaden à titre de duché, et la grande maîtrise de
l'ordre Teutonique pour un de ses princes. L'électeur de Salzbourg fut
dédommagé par la Bavière, qui lui céda Wurzbourg érigé en électorat,

° Napoléon garantit le surplus de l'intégralité de la monarchie autri-
hienne.

Négociateurs à Presbourg : Talleyrand et le prince de Lichtenstein avec
e comte Giulay.

9. La paix de Presbourg ne mérita ce nom qu'à demi ,
puisque la Russie resta en état de guerre ; mais un nouveau pas
vers la domination universelle était fait. La puissance autrichienne était anéantie par la perte de ses boulevards du Tyrol et
de Venise ; il ne lui restait plus de défense que dans la fidélité et
dans le dévoûment de ses peuples. Les États de l'Allemagne méridionale se trouvaient plus étroitement enchaînés à la France ; et
quoique la Bavière eût échangé avec joie Wurzbourg contre le
Tyrol, ils étaient par de perfides concessions plus agrandis en apparence qu'en réalité. L'usage de la levée en masse rendait la
possession mal assurée, et les changements de domination relâ-
chaient les liens sacrés qui jusqu'alors avaient lié les peuples aux
princes et les princes aux peuples.

10. On eut bientôt à Naples le spectacle du détrônement d'une
maison régnante par une simple proclamation (27 décembre) , et
alors commença l'établissement des souverainetés de famille par
l'élévation de Joseph , frère aîné de l'empereur , et par la nomination d'Eugène de Beauharnais, fils de l'impératrice, préalablement adopté , à la vice-royauté d'Italie ; mais ces nouveaux
princes restaient subordonnés en esclaves au chef de leur
maison.

Le prétexte de la rupture de la neutralité de Naples fut le débarquement
d'un corps de troupes anglaises et russes venant de Corfou : il est resté
incertain si ce fut du consentement ou contre le gré du roi. — Décret de
Schoembrunn (27 décembre 1805), portant que la dynastie de Naples a
cessé de régner. Occupation de Naples et entrée du nouveau roi Joseph
(25 février 1806), sous le titre de roi des Deux-Siciles , tandis que l'ancienne cour se retirait à Palerme. Le détroit de Messine suffit pour limiter
la puissance de l'usurpateur. Ses sœurs furent pourvues des principautés
de Lucques, de Piombino et de Guastalla ; mais cette dernière, donnée
le 30 mars, fut reprise presque aussitôt (21 juillet 1805), pour être
réunie à la France avec Parme et Plaisance ; car dans les petites

comme dans les grandes affaires se manifestait toujours la volonté arbitraire du maître.

11. Pendant ces triomphes sur le Continent, la liberté de
l'Europe aurait été recouvrée sur l'Océan, si c'était là qu'elle eût
pu l'être (février 1805). L'expédition de grandes et de petites
escadres françaises, toujours traversée par les Anglais, demeurait
sans résultats ; et la victoire de Trafalgar (21 octobre), où périt
si glorieusement l'amiral Nelson, anéantit presque d'un seul coup
toute la puissance maritime de la France et de l'Espagne et tous
les projets fondés sur elle.

Prise de Surinam (29 avril 1804), de Gorée (8 mars), du Cap (18 janvier 1806) ; cependant vaine tentative sur Buenos-Ayres (2 juillet 1806),
inutilement renouvelée (juillet 1807).

12. Les messages chargés d'annoncer les défaites qui détrui-
saient la troisième coalition trouvèrent son auteur au lit de
mort. Pauvre, endetté (il avait bien moins pensé à ses propres
intérêts qu'à ceux de sa patrie et de l'Europe), et le cœur dé-
chiré, mourut cet homme resté jusqu'à son dernier soupir
l'appui de la liberté. Il ne laissa point d'héritiers de son génie ;
mais il avait fondé une école imbue de ses principes, et qui
devait un jour les faire triompher. Et quoique son antagoniste
lui succédât immédiatement, la courte administration de celui-
ci ne servit qu'à justifier la politique de son prédécesseur.

Mort de William Pitt (23 janvier 1806). Ministère de Grenville et de
Fox, composé d'éléments divers. Négociations avec la France (février), qui
prouvent que l'homme du peuple n'est pas toujours l'homme de l'Etat. —
Refus de Napoléon de traiter conjointement avec l'Angleterre et avec la
Russie (1er avril) ; et après l'acquiescement à des négociations séparées,
difficultés avec l'Angleterre relatives à l'*uti possidetis* comme principe
fondamental de la paix, et rupture des conférences avec la Russie, à cause
du défaut de ratification des propositions d'Oubril (20 juillet). — La
mort de Fox (13 septembre) fait évanouir toute espérance de paix, laquelle,
au surplus, aurait été à peine un armistice. — On dispute en Angleterre
sur la question de savoir qui fut le plus grand homme de Pitt ou de Fox.
Que serait devenue l'Europe si Fox avait *gouverné* à la place de Pitt ? Mais

le constant défenseur des idées en apparence ou réellement libérales conserve toujours la faveur de son public, et le ministre véritablement grand l'est trop pour le vulgaire.

Speeches of the right honorable Charles James Fox in the house of commons, 6 vol. London, 1815. — *Discours prononcés dans la chambre des communes par C.-J. Fox*, 6 vol. Londres, 1815, traduits en français. On y a joint ceux de Pitt. — Fox n'a pas manqué de biographes enthousiastes, tandis que le plus grand homme d'État de son temps (1) n'a pas trouvé encore d'historien digne de lui. Que de matériaux pour l'histoire ont été ensevelis avec Pitt!

13. Quoiqu'on ne sût pas ce qui se passait sur le Continent, Fox mourant n'avait pas suspendu les négociations pour la paix. Les conséquences du traité de Presbourg avaient rapidement répandu l'effroi en Europe, et le bandeau était tombé des yeux de ceux qui avaient cru conserver la neutralité avec celui qui n'en voulait point, et qui, pour l'accomplissement de ses desseins, n'en pouvait point vouloir. La Prusse se trouvait maintenant directement sur son chemin. Déjà, pendant la guerre, un **corps** de troupes françaises, traversant un de ses territoires, s'était joué de sa neutralité; et, après la paix, les négociations par lesquelles l'échange du Hanovre contre plusieurs de ses provinces devint la robe de Nessus, l'enlacèrent si fortement, que, même avant le combat, sa ruine fut facile à prévoir.

Bernadotte, se rendant du Hanovre sur le Danube, traversa la principauté d'Anspach (8 octobre 1805). Le passage commence la brouillerie avec la Prusse. — Ses préparatifs lorsque l'événement de la guerre avait déjà été décidé à Ulm et à Austerlitz. — Message pacifique de Haugwitz à Vienne, qui, obtenant une audience immédiatement après la bataille d'Austerlitz, conclut une convention (15 décembre) par laquelle devait être acheté le repos de l'Allemagne septentrionale, et dont les conditions étaient : 1° la cession à la France des provinces d'Anspach, de Clèves et de Neuchâtel; 2° l'occupation, par les Prussiens, de l'électorat de Hanovre. Forcé de choisir entre ce traité et la guerre, le droit sens du roi fut d'autant plus affecté de cette alternative, qu'il se vit contraint, par un accord supplémentaire (9 mars), de transformer en une possession défi-

(1) Ce jugement est-il bien d'accord avec ce qu'a dit l'auteur, pag. 19 ?

nitive l'occupation provisoire du pays de Hanovre (26 janvier 1806). Cette transaction provoqua une déclaration de guerre de la part de l'Angleterre (20 avril). Il fut couru sus aux navires prussiens, et, dans le même temps, le refus que fit Gustave IV d'évacuer Lauenbourg occasionna une rupture avec la Suède. On s'accommoda cependant bientôt avec elle (22 août).

14. Les concessions arrachées à la Prusse servirent à l'établissement de la domination de famille. Clèves et Berg furent donnés, à titre de grand-duché, à Joachim Murat, beau-frère de l'empereur. La Bavière, attachée aux intérêts de famille par le mariage du vice-roi d'Italie (14 janvier 1806), obtint Anspach à la place de Berg ; et la principauté de Neuchâtel échut en partage au maréchal Berthier, l'ami de cœur de Napoléon et son compagnon fidèle. Quel prince pouvait ne pas trembler sur son trône, en voyant la liste toujours croissante de ceux qui restaient à pourvoir?

Nomination de Murat au grand-duché héréditaire de Berg (**23** mars) « pour la garde des frontières de l'empire ; » de Berthier, comme prince de Neuchâtel (3 mars). L'électeur archi-chancelier lui-même ne rougit pas de choisir, sans y être provoqué, pour son successeur, et, en attendant, pour son coadjuteur, le cardinal Fesch, oncle de l'empereur.

15. Mais la famille acquit vers le même temps un surcroît de puissance bien plus important, par la transformation de la république batave en royaume. Il ne fallut qu'un simple décret, qu'on eut même l'air d'avoir sollicité, pour anéantir la république, et pour élever sur ses débris un nouveau trône en faveur de Louis, l'un des frères cadets du distributeur des couronnes. La crainte d'un semblable dessein avait autrefois armé la moitié de l'Europe contre Louis XIV; à présent il ne s'éleva pas une seule voix pour s'y opposer.

Cette révolution avait été préparée par la nomination d'un grand pensionnaire pour chef de l'Etat (29 avril 1805), changement regardé comme une sorte de dérision pour un pays si malheureux. — Rapport préalable (24 mai 1806), et proclamation de la constitution royale (10 juin) sur le modèle de celle de France, par laquelle Louis Bonaparte est déclaré roi héréditaire de Hollande , mais avec une perpétuelle subordination au statut de famille. Ainsi la dépendance était assurée plus que de nécessité.

16. Après de tels pas, il semble qu'il ne restait plus qu'à trouver un nom pour exprimer la domination universelle, et bientôt en effet on entendit parler du système fédératif ; d'autres l'appelaient un système de gravitation, qu'il fallait substituer à celui d'équilibre. On parla moins de la *grande nation*, mais beaucoup plus du *grand empire*. Une résolution du sénat avait déjà donné au souverain le surnom de *Grand* (26 janvier 1806) ; et l'institution de la fête de saint Napoléon (15 août) prouva combien la flatterie peut abuser même de la religion. C'était ainsi qu'autrefois à Rome les tyrans étaient placés au rang des dieux (1).

Commencement de la différence entre la *France* et l'*empire français*. Il n'est pas sans intérêt de suivre les idées qui se liaient à cette différence, qui se sont successivement développées, et qui rappellent l'histoire des alliés du peuple romain.

17. Et cependant combien il restait encore à usurper ! Quoique l'empire germanique n'existât plus que pour la forme, cette forme même de l'ancien État central de l'Europe était encore incommode et gênante, en ce qu'elle empêchait les innovations. L'histoire devait faire voir comment les États se survivent à eux-mêmes. Une simple déclaration du dominateur, qu'il ne reconnaissait plus l'empire d'Allemagne (1er août 1806), renversa un édifice de mille ans. François renonça volontairement à la couronne élective impériale (6 août), et prit le titre d'empereur héréditaire d'Autriche ; mais celui d'empereur d'Allemagne ne cessa pas de lui être donné par tous les cœurs des Germains.

18. Ce n'était pas seulement l'Empire qui devait disparaître : le despote voulait effacer jusqu'au nom des Allemands, qu'il détestait. Il se hâta d'élever un nouvel édifice sur les ruines de

(1) Qu'a de commun la célébration de la fête d'un saint reconnu par l'église avec l'apothéose des empereurs romains ? Ici la haine a manqué de justesse comme de mesure. (*Note du Traducteur.*)

celui qu'il venait d'abattre. Ceux qui en donnèrent la première idée n'ont pas voulu faire connaître leurs noms à la postérité. Le même acte qui informa la diète de l'anéantissement de l'ancienne union lui apprit que les princes du midi de l'Allemagne en avaient formé une nouvelle sous le titre de confédération du Rhin, et que Napoléon en était le protecteur.

Signature du pacte de la confédération du Rhin (12 juillet) par la Bavière, Wurtemberg, Bade, Berg, l'archi-chancelier, Hesse-Darmstadt, Nassau-Usingen, Nassau-Weilbourg, Hohenzollern-Hechingen et Sigmaringen, Salm-Salm et Salm-Kybourg, Isembourg, Aremberg, Lichtenstein et le comte de la Leyen : assemblage assez bizarre, où les trois avant-derniers furent compris sans être consultés, et le dernier comme allié de l'archi-chancelier. Les ministres qui souscrivirent ce traité ne peuvent pas en être regardés tous comme les premiers instigateurs. Déclaration des parties intéressées à la diète (1er août). Lorsque ensuite l'Autriche, les maisons de Brandebourg, de Brunswick et de Hesse-Cassel entrèrent dans l'alliance, on ne put regarder cette accession comme volontaire; il ne restait point d'autre moyen de salut. — La Poméranie suédoise et le Holstein furent réunis, la première à la Suède, l'autre au Danemarck (9 septembre 1806).

19. Cette nouvelle confédération anéantit insolemment un grand nombre de petites principautés et de villes libres, dont les unes furent médiatisées et les autres absorbées. Il ne s'agissait encore que du droit des puissants ; mais pouvait-il n'être pas bientôt détruit par celui du plus fort? L'abus était criant, mais le traitement des médiatisés par leur nouveau maître était plus criant encore.

Les agrandissements provinrent en partie de concessions réciproques, d'après le système d'arrondissement, en partie de la suppression des ordres germaniques et de la disposition de leurs biens, et en partie de la médiatisation. L'archi-chancelier fut transformé en prince primat, et obtint Francfort et son territoire. Nuremberg passa sous la domination de la Bavière; la dignité électorale fut abolie; mais des princes on fit des ducs, des ducs de grands-ducs, et de quelques comtes des princes.

20. On ne tarda pas à s'apercevoir que cette prétendue confédération n'avait d'autre lien que la volonté de son protecteur,

et d'autre but que son intérêt. Les devoirs envers lui, la participation à ses guerres, et tous les contingents à fournir, furent rigoureusement déterminés ; mais il n'a jamais été question que dans l'acte d'union, de la diète qui devait se rassembler à Francfort, et être composée de deux colléges, l'un de rois, l'autre de princes. Le protecteur en dédommagea par le nom magique de souveraineté, nom dérisoire pour des subordonnés, mais illégalement employé par quelques-uns pour le renversement de la constitution de leurs États, et pour la violation des droits légitimes des peuples, dont le protecteur ne se souciait guère. La tyrannie des grands est ordinairement un exemple imité par les petits.

Le mot de souveraineté, à l'égard des étrangers, indique l'indépendance d'un État par rapport à l'autre, et n'est guère d'usage quand il s'agit d'un État isolément. Les relations des princes du Rhin avec leur chef étaient-elles de cette espèce ? A l'égard de l'intérieur, ce mot ne signifie que la possession de la suprême puissance exécutive, mais point du tout le pouvoir législatif absolu sans le concours de la nation ; et quand même il eût emporté ce droit, le protecteur avait-il celui de le conférer ?

21. Mais la confédération du Rhin était un grand pas vers le but de la domination universelle. Non-seulement toute coalition contre la France devenait impossible en Allemagne ; mais des liens de fer en attachaient tous les États à l'empire français. C'est ainsi que fut préparée la ruine de la Prusse isolée. Napoléon pouvait-il régner en Allemagne tant que cette puissance restait encore debout ?

La formation de la confédération du Rhin, à l'insu de la Prusse qui y avait le plus d'intérêt, était déjà une offense. L'invitation à une confédération du Nord semble une dérision. L'incorporation de Wesel (29 juillet), la prise de possession d'Essen et de Werden, les mauvais procédés envers le prince d'Orange, étaient autant de provocations ; et en même temps des armées françaises occupaient, en pleine paix, la moitié de l'Allemagne. Mais la guerre fut accélérée par la certitude que dans ses négociations avec l'Angleterre la France avait offert la restitution du Hanovre, qu'elle avait contraint la Prusse d'accepter.

Rupture des négociations de Knobelsdorf à Paris, et déclaration de guerre (8 octobre 1806).

22. Dangereuse situation de la Prusse, tant au dehors qu'au dedans, au moment de la guerre. Par le licenciement total de la milice (*bürgerstand*) et de la levée en masse (*landwehr*), les forces de l'État ne consistaient qu'en une armée peu exercée sous un chef qui se survivait à lui-même. Au dehors, sans autres alliés que la Russie, dont les armées étaient très-éloignées, et que la Saxe, marchant presque par force, tandis que la Hesse prétendait rester neutre; brouillée non-seulement avec l'Angleterre, mais encore avec les princes de la confédération du Rhin, c'est ainsi que la Prusse se trouvait réduite à elle-même, au jour décisif, contre des forces presque doubles des siennes. Mais jamais jusqu'alors, dans les temps modernes, une seule bataille n'avait aussi complétement bouleversé un empire que le fut la Prusse par celle d'Auerstadt et d'Iéna. En peu de semaines toutes ses provinces, toutes ses places fortes jusqu'à la Vistule tombèrent au pouvoir de l'ennemi ; et la famille royale elle-même n'échappa à la rapidité du torrent que par une prompte fuite vers la Russie.

Rassemblement de l'armée prussienne dans la Thuringe, sous le commandement du duc de Brunswick (septembre et octobre). Bataille et défaite totale à Iéna et à Auerstadt (14 octobre). Fuite et dispersion de l'armée, dont la majeure partie fut faite prisonnière, et mort à Ottensen (10 novembre) du duc de Brunswick, grièvement blessé et chassé de ses propres Etats. Incroyable reddition des forteresses (excepté Colberg et Graudentz) de Magdebourg (8 novembre), contre l'attente du vainqueur. Paix séparée et alliance avec la Saxe, à Posen (11e décembre). Elle acquiert le titre de royaume et adhère à la confédération du Rhin. Chute et expulsion de l'électeur de Hesse (1er novembre), pour prix de sa neutralité. Envahissement de ses Etats, et en même temps du Hanovre, de Brunswick et des villes anséatiques. « Les maisons de Hesse-Cassel et de Brunswick ont cessé de régner. »

23. Avec la Prusse tomba le rempart de la Russie. Le vainqueur annonça alors le dessein de rétablir la Pologne : il espérait

en faire une garde avancée contre cet Empire. La formation d'une légion polonaise avait déjà prouvé que, dès le principe, la Pologne était entrée dans le cercle de [ses combinaisons; mais la crainte, dans les circonstances présentes, de blesser à la fois trois puissances principales par l'exécution de son plan le retint encore dans son ancienne circonspection, et il se contenta d'une restauration partielle.

Appel aux Polonais sous le nom emprunté de Kosciusko (1er novembre). Insurrection dans la Prusse polonaise, et formation d'une armée auxiliaire.

24. Une bataille prodigieuse avait tout-à-coup transporté le théâtre de la guerre des bords de la Saale sur ceux de la Vistule; et la Russie, qui, à cette époque, s'était jetée dans une guerre contre la Porte, avait maintenant sa frontière à défendre. La haute Prusse devint l'arène des combats les plus acharnés; et quoique les Russes y signalassent leur valeur, on vit néanmoins combien il est difficile à cette puissance de rassembler de grands corps de troupes sur un même point hors des limites de son empire. On ne put pas secourir l'importante place de Dantzick.

Après plusieurs affaires sanglantes à Pultusk et ailleurs, bataille générale à Eylau (8 février 1807). Quoique incertaine dans son résultat, elle n'amena pas moins la chute de Dantzick (24 mai), vaillamment défendue. A un assez grand nombre d'autres engagements partiels, succéda la bataille décisive de Friedland (14 juin). Prise de Konigsberg et retraite de l'armée russe et prussienne sur le Niémen. Il ne resta d'asile à la famille royale de Prusse que dans la dernière place du royaume, à Memel.

25. La bataille de Friedland fut suivie d'un armistice, et bientôt d'une paix dont les motifs ont besoin d'être mieux éclaircis. Elle fut conclue à Tilsitt, après une entrevue des deux empereurs, au milieu du Niémen. Il fallait se convaincre par sa propre expérience qu'aucune condescendance ne pouvait gagner l'amitié du conquérant.

Armistice entre la Russie et la France (21 juin). La Prusse, abandonnée à elle-même, conclut aussi une trève (25 juin). — Conférences des deux

empereurs sur le Niémen (25 juin). Paix entre la France et la Russie, signée
à Tilsitt (7 juillet) : 1° désignation des provinces à rendre à la Prusse;
2° la Russie reconnaît le duché de Varsovie, consistant dans la ci-devant
Prusse méridionale et dans une partie de la Prusse occidentale, et donné
au roi de Saxe; 3° Dantzick est de nouveau déclaré ville libre; 4° une partie
de la nouvelle Prusse orientale et le gouvernement de Byalistock sont cédés
à la Russie; 5° la Russie reconnaît Joseph Bonaparte pour roi de Naples,
Louis pour roi de Hollande, auquel elle promet aussi d'abandonner la principauté d'Jever, et Jérôme pour roi du royaume de Westphalie, tout récemment érigé; 6° la Russie reconnaît pareillement la confédération du Rhin,
non-seulement dans son état actuel, mais encore dans ses agrandissements
futurs, sur le simple avis qui en sera donné; 7° garantie réciproque de leurs
propres Etats et de ceux de leurs alliés compris dans le traité; 8° la Russie
signe en même temps un armistice avec la Porte, retire ses troupes de la
Moldavie et de la Valachie, évacuées aussi par les Turcs, et accepte la médiation de Napoléon; 9° de son côté, Napoléon accepte celle de la Russie
pour la paix avec l'Angleterre, à condition qu'elle sera agréée de même par
l'Angleterre dans le délai d'un mois après l'échange des ratifications du traité
actuel; 10° par un article secret (*Moniteur du 8 juillet* 1812), la Russie
s'oblige à faire cause commune avec la France, si l'Angleterre ne consent
pas à reconnaître la liberté des mers; à provoquer le concours des cours de
Copenhague, de Stockholm et de Lisbonne, et à déclarer la guerre à l'Angleterre.

Négociateurs de la paix de Tilsitt : Talleyrand et le prince Kourakin.

26. La paix avec la Prusse, conclue deux jours plus tard, et
par laquelle lui fut laissée, et comme par grâce, à peine la moitié
de la monarchie, abaissa cette puissance au rang d'un État du
second ordre; et cette perte de territoire n'était pas le plus grand
de ses malheurs. La dureté des conditions de la paix, le dédai-
gneux accueil de l'insolent vainqueur, tout autorise à penser,
si l'on cherche un but à cette conduite, qu'on voulait pousser à
quelque acte de désespoir pour avoir un prétexte, comme à
Venise, à Naples et ailleurs, d'achever l'œuvre et de déclarer
que la maison de Brandebourg avait cessé de régner. La dégrada-
tion morale ne fait-elle pas à un peuple des blessures plus
profondes que celles de la politique ? ou tout ceci devait-il
arriver pour rendre évident à tous les yeux que l'existence n'est
pas le plus grand des biens ?

Paix conclue à Tilsitt (9 juillet) entre la France et la Prusse : 1° restitution à la Prusse de toutes les provinces dont la cession n'est pas stipulée;
2° abandon de sa part, à la disposition de l'empereur français, de toutes
ses possessions entre l'Elbe et le Rhin, sans exception; à la Saxe, du
cercle de Cotbutz et de toutes ses acquisitions en Pologne depuis 1772
(l'entière Prusse méridionale, et une partie de la Prusse occidentale, et de
la nouvelle Prusse orientale), pour en former le duché de Varsovie en faveur
du roi de Saxe ; de la ville de Dantzick et de son territoire ; 3° la Prusse
reconnaît Joseph Bonaparte pour roi de Naples, Louis pour roi de Hollande
et Jérôme pour roi de Westphalie, comme aussi la formation de ce royaume
de provinces prussiennes et d'autres Etats; 4° tous les ports et toutes les
autres parties de la domination prussienne doivent être fermés jusqu'à la
paix aux vaisseaux et au commerce des Anglais ; 5° toutes les sommes appartenant à des particuliers ou à des établissements dans les provinces
cédées par la Prusse resteront leur propriété ; 6° une convention ultérieure
devra régler tout ce qui concerne la restitution des places fortes et l'évacuation des provinces rendues. — Conclusion de cette convention à Konigsberg (12 juillet). On y promet l'entière évacuation du territoire prussien
avant le 1er octobre, mais à condition du paiement de toutes les contributions imposées depuis le 1er novembre 1806, et non encore acquittées. Mais
elles avaient été réglées à 19 millions de francs suivant le calcul de la
Prusse, et à 112 millions suivant la supputation de la France; et même,
après une longue négociation et des vexations inouïes, elles furent portées
réellement à 140 millions (8 septembre 1808), y compris 20 millions du
domaine particulier de la Prusse en Pologne, donné à la France en vertu
d'une convention de Bayonne (10 mai 1808), et abandonné au roi de Saxe;
et quoique 120 millions eussent été déjà soldés, l'évacuation ne fut consen-
tie qu'à condition de la conservation et de l'approvisionnement, aux frais de
la Prusse, de trois places fortes, Stettin, Custrin et Glogau. La ville libre
de Dantzick reçut une garnison française ; et néanmoins, au milieu de tant
de calamités publiques, on créa une université à Berlin pour se récupérer
de la perte de celle de Hall, tant on met de prix en Allemagne aux institutions d'instruction publique !—La paix de la Prusse avec l'Angleterre avait
été conclue à Memel (28 janvier 1807), au moyen de la renonciation de
toute prétention sur le pays de Hanovre.

27. La paix de Tilsitt modifia soudain en diverses façons les
relations politiques avec la Porte et avec la Suède. Elle rendit à
la première la paix et une de ses provinces perdues ; elle apporta

à l'autre une longue guerre, et lui causa bientôt après la perte de la moitié de son territoire.

La domination des Anglais dans la Méditerranée, l'occupation de Corfou par des troupes russes, le soulèvement de la Servie sous Czerni-Georges, favorisé par le cabinet de Saint-Pétersbourg, et qui avait éclaté en 1801; le voisinage de la France depuis qu'elle possédait la Dalmatie : toutes ces circonstances avaient considérablement augmenté pour la Porte les embarras de sa situation. Tous les yeux en étaient frappés; elle seule ne s'en aperçoit pas. Ambassade du général Sébastiani (1806); il demande (16 septembre) la rupture de l'alliance récemment renouvelée avec l'Angleterre et la Russie (30 décembre 1806), et obtient un ascendant progressif dans le divan. Les Russes s'emparent de la Moldavie (novembre). Déclaration de guerre de la Porte à la Russie (7 janvier 1807). Malheureux combat naval à Lemnos (1er juillet); mais les Russes n'en profitent pas. Vaine apparition d'une escadre anglaise devant Constantinople (20 février). Par suite de la paix de Tilsitt, armistice signé à Slaboja (24 août) et évacuation de la Moldavie. Les relations de la France avec la Suède, après la dénonciation de l'armistice précédemment convenu à Schlakow en Poméranie (3 juillet) (événement funeste!), devinrent peu amicales, et ne pouvaient que conduire bientôt à la guerre avec la Russie.

28. Après ces divers traités de paix, la domination universelle sur le Continent semblait entièrement établie. La Russie, renonçant à son influence, parut l'avoir perdue pour jamais : elle avait à sa frontière, par l'érection du duché de Varsovie, un rival jaloux de s'agrandir ; la Prusse était détruite, l'Autriche découragée, l'Allemagne enchaînée à la France par l'extension de la confédération du Rhin et par la formation du royaume de Westphalie aux dépens de la Prusse, du Hanovre, de la Hesse et du duché de Brunswick; des princes français régnaient en Hollande et en Italie; l'Espagne était liée ; et des Pyrénées à la Vistule on trouvait partout la domination française, les lois françaises, et, même au sein de la paix, des armées françaises. Restait-il d'autre espoir qu'en l'Angleterre ?

Décret pour l'érection du royaume de Westphalie (18 août 1807), ensuite augmenté de ce qui restait du pays de Hanovre. Réserve de la moitié du domaine public et des biens ecclésiastiques pour la dotation des militaires français.

29. Mais il devait aussi éclater un violent orage sur l'Angleterre elle-même. La Russie ne devait pas en rester simplement spectatrice : un article secret du traité de Tilsitt l'obligeait (qui l'aurait pu croire ?) à y prendre une part active. On comptait sur l'assistance volontaire ou forcée de la marine danoise ; mais l'Angleterre la prévint, et la reddition de la flotte, suite du bombardement de Copenhague, procura à l'Angleterre un surcroît de sûreté, mais non pas de gloire.

La stipulation, dans le traité de Tilsitt, de la médiation de la Russie, dont les effets ne tardèrent pas à se manifester, avait-elle un autre but que de brouiller cette puissance avec l'Angleterre ? Le refus de communiquer l'article secret, dont on eut cependant connaissance par une autre voie, ne pouvait laisser subsister aucune confiance entre les deux États, et, dans de telles circonstances, des emprunts refusés, des concessions commerciales exigées, et d'autres petits motifs semblables, agissent infailliblement d'un et d'autre côté ; mais c'est dans un de ces moments dont la politique éprouve bientôt du regret. — L'attaque de Copenhague, triomphe de l'adresse de la diplomatie française, fit éclater la guerre. Elle fut déclarée par la Russie à l'Angleterre (7 novembre 1808), et amena, pour première conséquence, une alliance (31 octobre 1809) du Danemarck avec la France, qui comptait s'ouvrir par là le chemin de la Suède.

30. Et cependant il était évident que même la coalition avec la Russie ne pouvait pas forcer à la paix l'invulnérable Angleterre. On voulait en effet l'y contraindre par d'autres moyens, et l'on imagina le système continental, lequel consistait dans l'exclusion absolue de l'Angleterre et de son commerce. Si l'idée n'était pas nouvelle en elle-même, elle le parut du moins par l'étendue et par le mode d'exécution. La tyrannie pratique déploya ici tout ce qu'ont de plus odieux les abus de la douane et l'espionnage. En se mettant ainsi en opposition avec la nature même, qui veut l'échange des produits de tous les climats, le despote commença une lutte dont l'issue ne pouvait paraître douteuse à l'observateur réfléchi.

L'idée du système continental est née en Amérique; mais l'application excessive qu'en voulut faire la France était tout à la fois une conséquence et une preuve du désir de la domination universelle. Le premier pas vers son exécution fut le décret de Berlin (21 novembre 1806), comme loi fondamentale de l'empire, jusqu'à la reconnaissance du droit maritime français par l'Angleterre. Ce décret déclarait : 1o en état de blocus les îles britanniques; 2o prisonniers de guerre tous les sujets de l'Angleterre trouvés sur le Continent; 3o prohibé tout commerce de marchandises anglaises, et confisqués tous les produits des fabriques et des colonies de la Grande-Bretagne; 4o exclu tout vaisseau sortant de ses ports ou de ses colonies. Par représaille, en Angleterre, ordre du conseil (7 janvier 1807) portant défense à tout vaisseau, sous peine de confiscation, d'aborder dans aucun port français ou sous l'influence française. Là-dessus décret de Varsovie (25 janvier 1807), qui ordonne la confiscation de toutes les marchandises anglaises dans les villes anséatiques, quels qu'en soient les propriétaires. Renouvellement (11 mars) de l'étroit blocus de l'Elbe et du Weser, et ordre du conseil (11 novembre) qui déclare bloqués tous les ports d'où le pavillon britannique est exclu, et ordonne de capturer tous les bâtiments qui tenteraient d'y entrer, s'ils n'avaient préalablement touché dans un port d'Angleterre et payé une taxe. De l'autre côté, décret de Milan (17 décembre 1807) qui déclare dénationalisé et de bonne prise tout navire qui se serait soumis à cette loi. Ainsi aucune navigation neutre ne pouvait subsister. N'eût-il pas été d'une meilleure politique, particulièrement à l'égard de l'Amérique septentrionale, et plus digne de l'Angleterre, de ne répondre au premier décret que par le silence? Enfin décret insensé de Fontainebleau (15 octobre 1810) qui prescrit de brûler toutes les marchandises anglaises de Naples en Hollande, et d'Espagne en Allemagne. Le bûcher de l'inquisition commerciale au lieu de celui de l'inquisition de la foi! et il était le plus souvent le sujet des railleries de ceux mêmes qui l'allumaient. Cependant la cupidité l'emporta sur la rage. Décrets de Trianon (5 août et 12 septembre 1810) pour la libre introduction des denrées coloniales, moyennant une taxe de 50 p. cent de leur valeur. Enfin, la postérité pourra-t-elle le croire? autorisation, au moyen des licences, d'un commerce proscrit par ses propres décrets; commerce incroyable de contrebande que, malgré les lignes de douanes et les serments, on ne pouvait ni ne voulait empêcher.

Veut-on connaître sous quel point de vue Napoléon envisageait la politique? Le *manuscrit venu de Sainte-Hélène* (Londres 1817), de quelque main qu'il soit sorti, le met à découvert. De son propre aveu, il n'a jamais considéré le droit dans ses entreprises : il n'y a vu que la chose même (page 6),

et il s'est « appliqué, comme empereur, non-seulement à gouverner la
» France, mais aussi à subjuguer le monde (page. 28). » Ces deux traits
donnent la clef de toute sa politique, qu'on ne saurait accuser de n'être pas
féconde en conséquences. Après de telles notions, il ne peut plus être question de moralité et de droiture : il est évident que Napoléon n'a jamais eu
d'autre mesure que celle de son intérêt. Nous ne le considérerons donc désormais que sous ce dernier aspect.

31. Les conséquences de ce système étaient également funestes aux intérêts commerciaux et aux intérêts politiques. Elles en
mettaient l'auteur en contradiction avec toute notre civilisation.
Elle était liée au commerce par les nœuds les plus étroits ; et le
commerce ayant dès longtemps embrassé le monde entier, il ne
pouvait sans s'anéantir totalement redevenir un misérable trafic
local. Qu'était tout le commerce du pastel et de la betterave,
auprès de celui des deux Indes ? Les manufactures nationales y
gagnaient, dit-on ; mais les profits des fabricants sont-ils toujours
les plus avantageux aux peuples, si les produits livrés à la con-
sommation ne sont pas de meilleure qualité et à meilleur marché
que ceux que fournit l'étranger ?

32. Sous le point de vue politique, le système continental
n'était pas moins faux, parce qu'il reposait sur une double supposition gratuite, savoir : que le commerce extérieur des Anglais
est la source principale de leurs bénéfices, et qu'il serait anéanti,
si le Continent lui était fermé. L'expérience a prouvé le contraire.
Quand on aurait tari la source de quelques profits, un peuple
qui règne sur toutes les mers se serait facilement ouvert
d'autres débouchés hors de l'Europe. Apprendre à l'Angleterre
qu'elle pouvait se passer, du moins pour longtemps, de l'Europe,
n'était-ce pas lui révéler le secret qui devait la rendre invincible
à ses propres yeux ?

33. Il était non moins facile de prévoir les suites inévitables du
système continental pour la puissance même du dominateur. La
ruine totale du Continent en aurait été l'effet. Mais, avec
quelque rigueur qu'on voulût la maintenir, une telle violence
ne pouvait avoir qu'une courte durée. Le sentiment d'une aussi

insupportable oppression ne pouvait qu'amener d'abord des plaintes, et bientôt après une résistance d'autant plus vive qu'on aurait pris plus de soins pour s'y opposer. C'est encore ici un spectacle instructif que celui de la tyrannie devant la mère de la liberté.

Adhésion de la Russie et de la Prusse au système continental par la paix de Tilsitt; du Danemarck, par l'alliance; des Etats de la confédération du Rhin, de la Hollande et de l'Italie, par l'effet de leur dépendance, et de l'Autriche et de l'Espagne (janvier 1808). La Suède elle-même y acquiesça enfin (1810). Il n'en restait affranchis, aux deux extrémités de l'Europe, que le Portugal et la Porte, l'un pour qui tout le système devait être une énigme, l'autre qu'on ménageait par intérêt.

34. Les projets contre le Portugal commencèrent à éclater : ils avaient pour cause son dévoûment à l'Angleterre, et pour objet aussi de faciliter l'accomplissement de plus grands desseins contre l'Espagne; mais avant de laisser entrevoir ceux-ci, il fallait que l'Espagne aidât à renverser le trône de Portugal. Le partage de ce royaume était convenu par un traité secret, et l'Espagne assurée de sa part du butin. On fit donc marcher une armée française et espagnole contre Lisbonne.

Traité secret de Fontainebleau (27 octobre 1807) conclu entre Duroc et Izquierdo. Partage du Portugal en trois portions : l'une, au nord, sous le nom de Lusitanie, devait être occupée par des troupes françaises; mais elle était destinée au roi d'Etrurie en échange de cet État qu'il cédait à Napoléon (en conséquence de cette convention, la reine d'Etrurie avait ab-diqué dès le 10 décembre); la seconde, les Algarves, était réservée au prince de la Paix; et la troisième, la capitale, serait séquestrée entre les mains des Français. Une armée française de vingt-huit mille hommes réunis à onze mille Espagnols marche à travers leurs pays contre le Portugal. Ainsi conspiration du père contre ses propres enfants, si toutefois Charles IV en savait sur tout cela plus que ce que son favori voulait qu'il en apprît.

35. Mais le destin en avait autrement ordonné; malgré la chute du trône de la maison de Bragance, et quoiqu'il eût été aussi déclaré qu'elle avait cessé de régner, elle en éleva

glorieusement un nouveau au delà de l'Océan. Par le conseil et avec le secours de l'Angleterre, la famille royale se transporta au Brésil.

Prise de Lisbonne par Junot (1er décembre), au moment où la cour venait de s'embarquer pour le Brésil (30 novembre) avec des troupes et avec ses trésors. Frauduleuse occupation des places fortes d'Espagne par l'armée française dans sa marche à travers ce pays. L'élite des troupes espagnoles avait été envoyée en Italie, sous prétexte de garder l'Etrurie ; et quand l'Etrurie eut été cédée, ces mêmes troupes partirent pour le Danemarck (1807), d'où elles menaçaient la Suède : mais bientôt des vaisseaux anglais les transportèrent, sous leur chef La Romana, dans leur patrie opprimée.

36. Jusqu'à présent on n'avait expulsé du trône que des rois ennemis. L'Espagne devait fournir la preuve que les souverains amis et alliés (car depuis longtemps Napoléon régnait à ce double titre sur ce pays) n'étaient pas plus assurés sur le leur. Charles IV avait contribué à en chasser son frère, sa fille et son gendre : le tour de son expulsion était maintenant venu. Poursuivi par son propre fils révolté, attiré dans le piège avec toute sa famille par le ravisseur des trônes, et privé de la liberté en même temps que de la couronne, ce prince et sa maison devaient réaliser, aux yeux de l'univers étonné, ces fictions par lesquelles la scène tragique retraçait depuis longtemps les forfaits et les malheurs des races royales de l'antiquité. — Maintenant tous les Bourbons étaient précipités du trône.

Projets contre l'Espagne, favorisés par les dissensions domestiques de la maison royale, que fomentaient et qu'entretenaient des agents français. La brouillerie avait pour cause la haine du prince des Asturies pour D. Manuel Godoï, prince de la Paix, ministre favori qui avait la direction suprême de l'Etat, et qui depuis son élévation, tout dévoué à Napoléon, s'était fait l'instrument de tous ses desseins. Arrestation de Ferdinand (30 octobre 1807) pour avoir attenté aux jours de son père. Il obtient son pardon (3 novembre) et celui de ses complices ; mais depuis lors, aigreur mutuelle, et manifestation du mécontentement de la nation contre le ministre. Cependant une seconde armée française, commandée par Murat, s'approchait de la capitale. Soulèvement à Aranjuez (16 mars 1808) ; il se communique promptement à Madrid. Le prince de la Paix est arrêté, et Charles IV abdique (19 mars). L'élévation de Ferdinand VII au trône et la chute du ministre auraient déjoué les plans de Napoléon , si Charles IV n'eût protesté contre son abdication forcée. Arrivée de Napoléon à Bayonne (15 avril), où Ferdinand (20 avril) et ses parents (30 avril) furent attirés par Savary. Traité de Bayonne (5 mai) par lequel Charles IV abandonne à Napoléon la disposition de la monarchie espagnole, pour le château et le parc de Compiègne et pour une pension. Le faible père, maintenant accusateur de son fils , veut que la renonciation à ses droits déshérite toute sa postérité. Sur la menace de Napoléon , *l'abdication ou la mort*, convention du 10 mai par laquelle Ferdinand abandonne aussi les siens. La famille royale est conduite à Compiègne, et Ferdinand et ses frères à Valençai, où ils sont traités en prisonniers sous la garde de Talleyrand (1).

Quelque épais que fût le voile dont on s'efforça de couvrir cette infamie, il fut cependant soulevé par le secrétaire d'Etat Pédro Cevallos : *Exposé des moyens employés par l'empereur Napoléon pour usurper la couronne d'Espagne*, publié à Madrid, 1er septembre 1818. Et plus tard : *Exposé des motifs qui ont engagé*, en 1808 , *S. M. C. Ferdinand VII à se rendre à Bayonne*, présenté à l'Espagne et à l'Europe; par don Juan Escoïquiz. Paris , 1816. Ces deux hommes , témoins oculaires, étaient à portée d'être bien instruits, et méritent plus de confiance que l'écrivain de Pradt.

37. Le trône d'Espagne et des Indes, ainsi vacant, fut donné (6 juin) par un décret de l'arbitre suprême qu'on fit ratifier par une junte convoquée aux frontières, à son frère Joseph, jusqu'alors roi de Naples, où il eut pour successeur (20 juin) son beau-frère Joachim Murat , grand-duc de Berg. Une constitution semblable à celle de la France , la liberté des cultes exceptée, fut proposée à la junte, et acceptée par elle (7 juillet). La junte congédiée, le nouveau roi partit pour aller à Madrid prendre possession d'un trône usurpé.

Promotion du grand-duc de Berg à la couronne des Deux-Siciles (15 juil-

_____

(1) Le prince de Talleyrand n'a jamais été chargé de la garde des princes espagnols , amenés chez lui, dit-on , contre son gré. On assure que depuis que sa maison était devenue la prison des illustres captifs , il n'en parlait jamais à l'empereur sans dire : *votre château de Valençai*. (*Note du Traducteur.*)

let 1808). Le grand-duché de Berg passe (3 mars 1809) au fils du roi de Hollande , âgé de quatorze ans, et une instruction officielle règle l'ordre de ses devoirs ainsi qu'il suit : « Le premier envers l'empereur, le second envers la France, le troisième envers ses sujets ; jusqu'à la majorité du jeune prince, le grand-duché, partagé en quatre départements, dut rester sous une administration française.

38. L'usurpation de l'Espagne , en même temps qu'elle étendait la puissance de famille , était un nouveau progrès vers la domination universelle. L'expérience a prouvé que, même dans cet intérêt, elle fut une faute politique. Cet envahissement était inutile , puisque Napoléon avait déjà tout pouvoir dans ce royaume. Il fut entrepris sans connaître le pays et la nation ; il ouvrit le gouffre où s'engloutirent l'armée et les finances françaises ; il procura un champ de bataille aux Anglais , et apprit à l'Europe que les peuples sont plus forts que les armées mercenaires.

Soulèvement, d'abord à Madrid (2 mai), et presque en même temps sur tous les points de l'Espagne. Formation de juntes dans quelques provinces, et d'abord à Séville. Ces mouvements eurent pour premières conséquences importantes la capitulation du général Dupont, avec Castanos en Andalousie (20 juillet), et l'héroïque défense de Saragosse par Palafox (15 août). Déjà (1er août) Joseph avait été contraint de quitter Madrid. — A la même époque, insurrection du Portugal et son union avec l'Espagne (14 juin). Déclaration de la part de l'Angleterre de la cessation de la guerre avec l'Espagne, et envoi d'une armée auxiliaire en Portugal. Après le combat de Vimeïra (21 août), Junot, forcé à une capitulation dans Lisbonne, l'obtient du moins très-honorable. L'Espagne est le théâtre d'une multitude de combats plus ou moins considérables ; mais la victoire ne valait jamais aux Français que l'espace du champ de bataille. Arrivée de nombreux renforts de troupes françaises et rhénanes, devenues inutiles en Allemagne depuis la paix avec la Prusse. — Convocation d'une junte centrale à Aranjuez (25 septembre); mais les juntes provinciales refusent de reconnaître son autorité, et l'anéantissent.

39. La résolution de Napoléon de passer lui-même en Espagne lui rendait d'autant plus nécessaires des précautions pour assurer ses derrières , et pour resserrer et affermir son union avec la

Russie, que l'Autriche montrait déjà des dispositions douteuses
L'exemple de Tilsitt avait appris qu'une entrevue des deux sou
verains en personne offrait le meilleur moyen d'atteindre le bu
qu'on se proposait. Le congrès d'Erfurt n'en eut évidemmen
point d'autre. Le désir de la paix avec l'Angleterre n'était qu'u
prétexte et une vaine démonstration. La convention par laquell
on prétend que la Suède et même la Porte furent abandonnée
aux projets ambitieux de la Russie, à condition d'une entiè
liberté d'action en Espagne , n'a pas été authentiquemen
connue ; mais depuis l'expédition d'Égypte il est difficile d
ne pas croire que , dans la bouche du dominateur , l'intégri
de la Turquie , si souvent proclamée , fût autre chose qu'un vai
mot.

Congrès d'Erfurt (octobre 1808) , dans lequel , outre les deux empereur
se réunissent les quatre rois de la confédération du Rhin , et un gran
nombre de princes et d'ambassadeurs. Proposition de paix à l'Angleterr
par une lettre des empereurs (8 octobre) , à condition néanmoins que l
nation espagnole sera exclue de la négociation. — Abandon, suivant le
nouvelles françaises , de la Moldavie et de la Valachie à la Russie pou
prix de la reconnaissance de l'usurpation de l'Espagne. Probablemen
aussi disposition en faveur de l'Autriche , mais non acceptée , de quel
ques provinces turques. Campagne de l'empereur en Espagne (no
vembre et décembre). Défaite de plusieurs corps espagnols qui n
tiennent pas en bataille rangée , et retraite sur la Corogne de l'armé
anglaise , commandée par John Moore. Mort de ce brave général
tué dans un combat sous les murs de cette ville (16 janvier 1807) , e
qui devait être bientôt remplacé par un chef plus illustre. Embarquémen
de l'armée britannique ; mais déjà (14 janvier) une alliance formell
avec la nation espagnole avait été conclue sous la condition d'un mutue
secours , et de ne faire la paix qu'en commun. Ferdinand VII , s'il étai
reconnu par la nation pour son roi , devait seul l'être aussi pa
l'Angleterre.

40. Le congrès d'Erfurt et les négociations avec les envoyé
d'Autriche parurent, il est vrai, renouveler les relations amicale
de cette puissance avec la France; il fut même permis au
princes de la confédération de cesser leurs préparatifs en faveu

de leur protecteur (12 octobre); mais les causes de la méfiance étaient trop profondes, et les circonstances trop encourageantes pour que la paix pût subsister. Après l'expérience du traité de Presbourg, l'Autriche devait-elle tranquillement attendre un sort semblable à celui que la Prusse avait éprouvé par le traité de Tilsitt? et pouvait-elle en entrevoir un autre, quand l'Espagne serait subjuguée? En outre, un grand exemple donné ici commençait à produire son effet. Les princes s'apercevaient que leurs forces résident dans leur peuples, et la levée de la *landwehr* en Autriche, objet du mépris et de la moquerie du despote, donna la première impulsion à une mesure qui devait le précipiter du trône. Le ressentiment des pertes de l'Autriche par l'événement de la guerre n'était pas la seule cause de la quatrième lutte que l'Autriche allait engager avec l'usurpateur; elle était aussi provoquée par l'état actuel de l'Europe. Quelle qu'en ait été l'issue, il reste à l'Autriche la gloire d'avoir persévéré dans ses efforts pour rendre la liberté au Continent.

Dès le mois de juin 1808, préparatifs en Autriche et organisation générale de la *landwehr*, qui rendait vraisemblable la prompte et favorable terminaison de la guerre. Réquisitions réitérées de Napoléon pour le désarmement, car il voulait que les États restassent sans défense, et propositions infructueuses de garanties réciproques avec la Russie (27 mars). La guerre éclate au même moment où elle est formellement déclarée par la France (15 avril).

41. Quoique l'agression fût du côté de l'Autriche, cette guerre, fort contrariante pour Napoléon, n'en était pas moins juste, car elle avait pour objet de briser d'odieuses chaînes et de se préserver d'entraves plus pesantes; et quoique en Allemagne le fidèle Tyrol répondît seul par des actions à l'appel de l'Autriche, on voyait ailleurs se manifester les inquiétudes des oppresseurs et les symptômes de la liberté. L'ombre de la ligue de la Vertu (*Tugendbund*) produisait plus d'effet qu'on n'en aurait peut-être obtenu de cette ligue elle-même, si elle avait pu agir ouvertement. Et quoique l'embrasement tenté par les Schill

et les Dornberg (10 avril 1809) eût été étouffé, il fit connaître
assez quel feu couvait sous la cendre.

Soulèvement des Tyroliens, sous Hoffer, Speckbacher, etc. — Affaires
sanglantes contre les Bavarois et les Français (avril et mai), avec des
succès divers, jusqu'à la retraite des Autrichiens. Alors, renouvellement
de l'insurrection propagée dans le Vorarlberg et à Salzbourg, et combats
furieux et indécis jusque vers la fin de novembre. Leur dernière issue
dépendait nécessairement du sort d'une bataille générale entre les
grandes armées. Mais on appréciait en attendant, en Allemagne, ce
que pouvait être une guerre nationale ; et l'exécution de Hoffer, malgré
l'amnistie publiée à Mantoue (5 février 1810), donna aussi à la liberté ses
martyrs.

Der Krieg gegen die Tyroler Landleute im Jahr, 1809; von T. L. S.
BARTHOLDY, 1814. — *La guerre contre les paysans du Tyrol*, en 1809, par
BARTHOLDY, 1814. — Pourrait-on se croire dans des temps modernes !

42. Mais, quelque énergiques que fussent les mesures adop-
tées par l'Autriche, quelque ardent qu'y fût l'enthousiasme des
peuples et de l'armée, cette puissance ne restait pas moins isolée
et réduite à ses propres forces : sans contact avec l'Angleterre
reléguée hors du Continent, et dont les entreprises particulières
ne lui étaient d'aucun secours ; la Prusse accablée, la Russie,
son ancienne alliée, devenue son adversaire ; ses provinces polonaises, non sans danger, voisines du duché de Varsovie ; et au
lieu de l'empire germanique, qu'autrefois elle gouvernait à son
gré, la confédération du Rhin plaçait le plus redoutable de ses
ennemis à sa frontière. Napoléon comptait assez sur l'assistance
de cette confédération pour laisser la majeure partie de ses propres
forces en Espagne. Ainsi allait se voir, probablement pour la
dernière fois, le déplorable spectacle de l'Allemagne déchirée
par les mains de ses propres enfants.

Entrée de l'armée autrichienne en Bavière, sous les ordres de l'archiduc
Charles, tandis qu'une autre, commandée par l'archiduc Jean, se porte dans
le Tyrol et en Italie, et une troisième, moins considérable, ayant l'archiduc Ferdinand pour général, marche sur Varsovie (10 avril 1809). Il n'y
avait en opposition aux Autrichiens qu'un seul corps français ; tout le

reste se composait de Bavarois, de Wurtembergeois, de Saxons, de Polonais, mais conduits par des généraux français. Après deux grands combats, à Landshut et à Abensberg (19-29 avril), bataille d'Eckmühl, à la suite de laquelle l'archiduc Charles se porte, par Ratisbonne, du Danube en Bohême, afin de tenir tête une seconde fois à son adversaire devant Vienne. Napoléon marche, à travers l'Autriche, sur Lintz, Ebersperg, et parvient, toujours en se battant, sous les murs de Vienne. Seconde prise de la capitale (12 mai), et inutiles efforts pour faire insurger les Hongrois. Ces événements avaient forcé l'archiduc Jean à abandonner le Tyrol et l'Italie. Après la glorieuse affaire de Sacile (12 avril), il se retira en Hongrie, suivi par le vice-roi jusqu'à Raab. Celui-ci fait sa jonction avec la grande armée de Napoléon, à Bruck (27 mai). — L'archiduc Ferdinand quitte Varsovie. Poniatowsky, à la tête des Polonais, s'empara de la Gallicie, que les Russes voulurent, mais trop tard, leur fermer.

43. Le théâtre de la guerre était aux portes de la capitale, et les armées en présence ne se trouvaient séparées que par le Danube. La journée d'Aspern prouva, pour la première fois, que celui qui se croyait invincible ne l'était pas; mais on ne sut pas profiter de ce succès : on laissa le temps à l'ennemi de faire de nouveaux préparatifs; il passa une seconde fois le fleuve, et donna la bataille de Wagram, qui entraîna la retraite des Autrichiens, et bientôt après un armistice qui conduisit à la paix.

Premier passage du Danube, et batailles d'Aspern et d'Essling (21 et 22 mai). Napoléon fut repoussé et enfermé dans l'île de Lobau, après la destruction des ponts; mais on lui laissa le temps de s'échapper et de réparer ses pertes. Deuxième passage du Danube et bataille meurtrière de Wagram (5 et 6 juillet). Retraite sur Znaïm et armistice (12 juillet), après lequel le duc Guillaume de Brunswick, ayant refusé d'y prendre part, et fidèle à l'honneur de la maison des Guelfes, entreprend une expédition chevaleresque à la tête de son corps franc, et, passant de la Saxe à Oldenbourg, le conduit en Angleterre (25 juillet au 14 août). Dans le même temps, entreprise de l'Angleterre mal conçue et plus mal exécutée sur l'île de Walcheren (juillet à septembre), dans l'intention de détruire les nouveaux établissements maritimes d'Anvers. Reddition de la Martinique (25 février); et vaines attaques contre l'île de Bourbon (21 septembre). Mais point de grande diversion dans le nord de l'Allemagne, où il n'y avait à prendre ni vaisseaux ni colonies.

44. L'armistice de Znaïm ne fut pas aussi promptement que de coutume suivi de la paix, soit que l'Autriche eût peine à céder aux prétentions du vainqueur et qu'elle espérât l'intervention de la Russie, soit que le vainqueur voulût se donner le temps de lever les énormes contributions qu'il avait imposées aux provinces autrichiennes; car après la paix il n'y aurait pas eu de moyen d'en user ici à cet égard comme naguère avec la Prusse. Ce ne fut qu'à peine après trois mois de négociations, après la translation des conférences de Hongrie à Schoenbrunn et le changement des plénipotentiaires, que fut enfin conclue la paix de Vienne, achetée à des conditions qui, d'après la longueur des débats, paraissaient devoir être moins humiliantes.

Conclusion de la paix de Vienne ou de Schoenbrunn (10 octobre 1809). Conditions : 1° l'Autriche met à la disposition de Napoléon, pour les princes de la confédération du Rhin, Salzbourg et Berchtolsgaden, l'Innviertel et la moitié de l'Hausruckviertel, lequel fut donné à la Bavière; 2° l'Autriche cède à Napoléon les provinces depuis appelées Illyriennes, le cercle de Villach en Carinthie, tout Krain, le comté de Goertz, le territoire de Trieste, Montefalcone et la moitié de la Croatie, avec le littoral de la Hongrie et Fiume; 3° elle cède au roi de Saxe, comme duc de Varsovie, toute la Gallicie occidentale, et à la Russie, pour prix de son assistance, un district de 400,000 âmes dans la Gallicie orientale; 4° armistice pour les Tyroliens et les habitants du Vorarlberg; 5° l'Autriche renonce à la grande maîtrise de l'ordre Teutonique, depuis déclaré rétabli par Napoléon; 6° reconnaissance des changements opérés et à opérer en Portugal, en Espagne et en Italie; 7° les alliés de la France sont compris dans le traité, et Napoléon garantit à l'Autriche le reste de ses possessions. La guerre avec la Russie s'éteignit d'elle-même.

Négociateurs : le duc de Cadore (Champagny) et le prince Charles de Lichtenstein, en remplacement du prince de Metternich.

45. La paix de Vienne fit perdre à la monarchie autrichienne environ trois millions et demi de sujets; mais l'inviolable attachement que lui avaient témoigné ses peuples en était le premier dédommagement; et ce qui se perdait comme le Tyrol n'était pas perdu. Cependant tout semblait présager qu'après une pause il s'élèverait un nouvel orage qui lui enlèverait encore d'autres

États. L'appel aux Hongrois, l'érection des provinces illyriennes, l'agrandissement du duché de Varsovie aux dépens de la moitié de la Gallicie, sujet d'inquiétude pour la Russie elle-même, tout ne justifiait-il pas cette manière de voir, autant du moins que la politique et les probabilités des futurs contingents, fondées sur les circonstances, permettaient aux regards de pénétrer dans l'avenir? Maintenant totalement séparée de la mer, privée de son rempart des Alpes, et avec des frontières ouvertes, politiquement et militairement investie au sud, à l'ouest et au nord, et sans finances, quel espoir pouvait-il lui rester, sinon dans les erreurs de la politique, qui, attendu qu'on ne peut soumettre au calcul que le matériel, se trompe le plus souvent dans les siens, alors même qu'elle les croit le plus infaillibles, et dans l'assurance qu'à la fin tout en ce bas monde a sa mesure et son terme? On ne douta pas aussi que la paix de Vienne ne cachât une arrière-pensée contre l'empire ottoman, et qu'il ne fût menacé d'une prochaine catastrophe; mais les esprits attentifs acquéraient chaque jour davantage la conviction que l'excès du mal pouvait seul amener le remède.

Par les provinces illyriennes, auxquelles furent jointes la Dalmatie, cédée par le traité de Presbourg et réunie au royaume d'Italie; Raguse, dont on s'empara à la même époque (27 mai 1806), et les bouches du Cattaro; et par les îles Ioniennes, laissées à la France par la Russie (9 août 1807), dont les petites seulement lui furent enlevées par l'Angleterre (octobre 1809), Corfou étant inexpugnable, les frontières de la France touchèrent à l'empire turc, à la Servie insurgée et à la Grèce.

46. Le moment où la lutte contre l'Autriche attirait tous les regards parut au despote le plus favorable pour frapper un coup qui, bien que médité depuis longtemps, semblait avoir été retenu jusqu'alors par une sorte de saint respect. Quelque accoutumé que l'on fût à spolier l'église, il était hardi d'en chasser le chef de son siége. Mais trop de hautes idées se rattachaient au nom de Rome, pour que, sans sa souveraineté, même acquise par le crime, la domination sur l'Europe pût être affermie. C'est pourquoi, après de nombreux outrages, un décret de Vienne

ordonna la réunion des États de l'Église à l'empire français.

Napoléon ayant pour système de ne pas souffrir l'action de la puissance spirituelle dans les affaires temporelles, la mésintelligence des deux puissances était inévitable, et le concordat à peine conclu, les additions qu'il y fit avaient déjà donné lieu à des plaintes. Depuis lors, des prétentions exagérées et des difficultés toujours renaissantes s'étaient jointes à d'autres artifices politiques. — Occupation militaire de Rome par le général Miollis, docile et zélé instrument de la tyrannie (1) (2 février 1808). Proposition d'une alliance offensive et défensive constamment refusée par le pape, comme contraire aux devoirs du chef de l'Eglise. Sur son refus, Napoléon s'empare d'Ancône, d'Urbin, et les incorpore au royaume d'Italie (2 avril). Un an après, violences inouïes : enlèvement et incarcération des cardinaux et des ministres du pape; désarmement de ses troupes; l'intérieur même de son palais cessa d'être un asile; enfin, décret de réunion à la France (17 mai 1809) de l'Etat de l'Eglise et de la ville de Rome, en vertu des droits à la succession de Charlemagne (9 juin).

47. Trop faible pour résister à cet abus de la force, mais plein du sentiment de sa dignité et inébranlable dans son devoir, Pie VII protesta d'abord, et comme souverain et comme pape, contre cette violence; et quand il ne lui resta plus d'autres moyens de défenses, il lança les foudres de l'Église : l'usurpateur excommunié ne ravit pas moins sa proie. Tout cela dépendait de la force; mais maintenir l'harmonie entre l'État et l'Église était au dessus de son pouvoir; et où aurait pu conduire cette querelle, si en effet l'Église avait dû subsister avec l'État? Comme il avait mis son système continental aux prises avec la nature, Napo-

(1) Le général Miollis méritait-il un reproche si grave, lui qui s'était montré opposé, par un vote négatif, à l'érection du trône impérial? Il obéit sans doute à Rome à des ordres rigoureux; mais de quel droit se serait-il constitué le juge des différends de son souverain avec ses ennemis, et des mesures qui lui étaient prescrites? Mit-il à leur exécution une passion personnelle, des procédés violents et inhumains, comme les généraux de Charles-Quint à l'égard de Clément VII? On n'en a jamais accusé le général Miollis, et son caractère connu le met au dessus d'une telle imputation. De quoi donc a-t-il été coupable? d'obéissance; mais où est dans le monde entier un seul exemple d'un refus dans une position semblable à celle où se trouvait cet officier? (*Note du Traducteur.*)

léon mettait son système ecclésiastique aux prises avec la conscience. Etait-il plus facile de triompher de l'une que de l'autre ?

Bulle du pape (11 juin), publiée malgré toutes les précautions (12 juin), et déclarant excommunié Napoléon Iᵉʳ, empereur des Français, tous les fauteurs des violences exercées dans Rome et dans les Etats de l'Eglise depuis le 2 février 1808, et tous ceux qui s'opposeraient à la publication de la bulle. Aussitôt une garde française veille sur le Quirinal, et enfin (5 juillet à minuit) irruption de gendarmes, commandés par Radet, dans la chambre même du pape. Il est saisi et amené, suivi du cardinal Pacca, d'abord, par le mont Cenis, à Grenoble (21 juillet), et ensuite, par Nice, à Savone (9 août), où, après son refus d'entendre à aucune proposition, réduit pécuniairement au traitement ordinaire des prisonniers, il ne vécut guère, pendant trois ans, que d'aumônes (1), jusqu'à ce qu'enfin (juin 1813) on l'entraîne et on l'enferme au château de Fontainebleau. Celui sous qui tout fléchissait ne put cependant pas faire plier ce vieillard ; et puisqu'il fallait que l'Eglise eût aussi ses martyrs, qui plus que son chef était digne de l'être?

Recueil, etc., par SCHOELL (voyez pag. 78); tom. 1, pag. 123-255.

48. Mais la paix de Tilsitt avait apporté de grands changements dans l'État du nord de l'Europe, et les bouleversements politiques devaient s'étendre jusqu'aux frontières de la Laponie. Ils y furent occasionnés par l'opiniâtre fermeté de Gustave IV. Il était resté en état de guerre avec la France ; et son étroite liaison avec l'Angleterre amena la guerre contre le Danemarck et la Russie, et fit perdre le trône à sa maison et la Finlande à son royaume ; car la Russie crut ne devoir pas laisser échapper cette occasion de s'agrandir. Hélas ! le seul qui aurait pu observer la neutralité avec dignité, et qui l'aurait dû, ne le voulut pas.

Traité de subsides de la Suède avec l'Angleterre (8 février 1808). La Russie réclame, au contraire, l'accomplissement des conditions de la neutralité armée, dès longtemps tombée en désuétude. — Déclaration de la Russie (22 février), immédiatement suivie d'hostilités, et impolitique ar-

(1) Le pape repoussa, et sans doute il eut raison, toutes les offres de secours et de traitement de la part de son ennemi; mais ces ressources ne lui furent jamais refusées. Et quant aux aumônes prétendues dont on dit qu'il a vécu, il est certain qu'elles ne pouvaient guère arriver jusqu'à lui.

restation de son envoyé à Stockolm. — Invasion de la Finlande, en déclarant qu'elle devait être réunie à l'empire de Russie (20 mars), et invitation aux bons voisins et aux braves habitants de cette contrée de rester tranquilles (on ne prenait pas de vaines leçons en France) et d'abandonner les intérêts de leur roi. A la même époque, déclaration de guerre du Danemarck contre la Suède , par suite de l'alliance du premier avec la France ; et arrivée en Danemarck d'un corps d'armée composé de Français et d'Espagnols , sous les ordres de Bernadotte (mais dont les Espagnols retournèrent dans leur pays avec leur chef La Romana), et qui ne pénétra pas en Suède. Les troupes suédoises attaquent , mais en vain , la Norwége , et leur retraite excite du mécontentement parmi elles. Le corps auxiliaire britannique , conduit par John Moore , fut obligé de s'éloigner de Gothenbourg sans avoir débarqué (juillet), parce qu'on ne fut pas d'accord sur son emploi. Gustave resta ainsi abandonné à lui-même. — Progrès des Russes dans la Finlande suédoise, pendant l'été de 1808, malgré de fréquents combats plus ou moins heureux tant sur terre que sur mer; et au printemps ils pénètrent dans la Finlande septentrionale. Armistice (19 novembre) et cession aux Russes de la province d'Uleaborg. Mais la trève étant rompue , ils marchent sous les ordres de Barclay de Tolly (fait d'armes inouï), à travers le golfe de Bothnie gelé , de Vasa à Uméo , et s'emparent de Torno (mars 1809). Ils prennent aussi les îles d'Aland. La Suède se trouvait menacée de tous côtés, jusqu'aux portes de la capitale , et sur le bord de l'abîme. — Insurrection d'une partie de l'armée ; révolution du 13 mars 1809, arrestation du roi par Klingspor et Adlerkreuz ; son abdication à Gripholm (29 mars), et expulsion hors du royaume du roi démis et de sa famille. La nécessité oblige bien d'éloigner du gouvernement le pilote mal habile qui jette le vaisseau sur les écueils ; mais n'y avait-il en Suède aucun droit de succession? Le sceptre est remis aux mains de Charles XIII, l'oncle du roi. Il adopte et déclare pour successeur éventuel le prince Christian-Auguste de Holstein-Augustenburg. Négociation avec la Russie et conclusion de la paix de Fridericksham (17 septembre 1809) : 1° la Suède cède à la Russie tout le grand-duché de Finlande jusqu'au fleuve Tornéo et les îles d'Aland ; 2° elle s'engage à accéder au système continental ; 3° la Suède obtient néanmoins quelques avantages pour son commerce avec la Finlande , particulièrement la faculté d'en extraire 50,000 mesures (*tschetwert*) (1) de grains ; 4° la Russie promet son intervention pour le rétablissement de la paix avec la France et avec le Danemarck. — La Suède perdit plus du tiers de son territoire et de sa population ; la Russie , au contraire , s'enrichit de ces pertes, et se rendit

(1) Cent mille hectolitres.

par là invulnérable du côté du nord. — Par l'effet de sa médiation, paix avec le Danemarck à Jonkoeping (10 décembre), sans conditions importantes, et avec la France, à Paris (6 janvier 1810). 1° Adhésion de la Suède au système continental; 2° restitution de la Poméranie sué-doise et de l'île de Rugen; mais la Suède reconnaît les dotations qui y ont eu lieu.

Négociateurs de la paix à Fridericksham : le comte de Romanzow et d'Alopéus pour la Russie; de Stedingk et Skoeldebrand pour la Suède; à Paris, de Champagny et d'Essen.

49. Ainsi fut rétablie la paix sur tout le Continent, l'Espagne exceptée, à la fin de 1809. Mais quelle paix! Le système conti-nental enveloppait l'Europe entière, des Pyrénées au Volga, et la transformait en une immense prison dans laquelle la *grande famille européenne*, environnée d'une armée de douaniers, se trouvait aussi enfermée qu'il était possible ; et dans l'enceinte même de ce vaste cachot, le commerce était loin de jouir de la liberté; une triple garde veillait sur les frontières de chaque pays, et surtout des grands États. La police des passe-ports rap-pelait à chaque pas la tyrannie; tout étranger était suspect ; on regardait comme un bonheur d'être infirme, dans l'espérance d'échapper peut-être à la conscription : et telle était la soif du gain, qu'on ne rougissait d'aucune entreprise, dès qu'elle pro-mettait de faire entrer de l'argent en France, et par conséquent dans le trésor de l'État ; car c'est uniquement à ce principe que, malgré la rigueur des maximes sur lesquelles avait été établi le nouveau système mercantile, se réduisait l'économie nationale. A la vérité on vit aussi le despotisme exécuter ici quelques entre-prises gigantesques ; faire franchir des montagnes par des ca-naux; ouvrir aux armées des chemins à travers les Alpes; mais qu'étaient ces moyens de circulation sans commerce ? Et quoique l'on consacrât chaque année des millions à l'embellissement de la capitale, tandis que le trésor public engloutissait les biens des communes, la réunion de tous ces moyens n'a pu produire aucun monument qui, aux yeux de la postérité, doive faire assimiler la puissance et le génie du souverain au génie et à la puis-

sance des Pharaon, des César, et même de Louis XIV (1).

50. La guerrre et la paix, le renversement et l'érection des trônes, avaient fondé le système de la domination universelle, mais il fallait d'autres mesures pour l'affermir. Toutes les anciennes maisons régnantes n'avaient pas été et ne devaient pas être abattues, et la nouvelle dynastie française n'avait pas de princes pour tous les trônes. Des liens de famille, formés par des mariages, semblaient devoir fournir les moyens de remplir les vides; et déjà un frère, un beau-fils et une fille adoptive étaient entrés par des alliances dans des familles de princes allemands. L'union du dominateur suprême lui-même avec la fille de l'empereur d'Allemagne, après la répudiation de sa première femme, et bientôt après, la naissance d'un fils, remplirent les vœux les plus ardents pour le présent et pour l'avenir. Bien des gens se persuadèrent que les sentiments les plus doux et même l'intérêt d'époux et de père mettraient un frein à son ambition; d'autres regardaient sa puissance comme inébranlablement cimentée par ces nœuds. Ni les uns ni les autres ne savaient qu'en Allemagne régnait un empereur qui, forcé de choisir, préférait la patrie à sa fille.

Divorce de Napoléon avec sa première épouse Joséphine, née Lapagerie et veuve Beauharnais (15 décembre 1809). Mariage avec Marie-Louise, archiduchesse d'Autriche (2 avril 1810), et naissance d'un fils, nommé le roi de Rome (20 mars 1811).

51. L'expérience fit bientôt voir l'inanité de ces espérances. La cause de ces déceptions n'était cependant pas toute dans le caractère du souverain; elles tenaient aussi à la nature de la domination qu'il avait fondée. La tendance à transformer de plus en plus, à l'exemple de l'ancienne Rome, dans son système provincial, le pouvoir médiat en puissance directe en était inséparable; car la demi-servitude est plus difficile à supporter qu'un entier escla-

(1) Il ne faut que des yeux pour se convaincre de l'injustice de ce jugement: il est démenti à chaque pas, d'un bout de l'Europe à l'autre. (*Note du Traducteur.*)

vage. La maxime de l'incorporation à la métropole des pays sous sa dépendance devenait chaque jour plus générale. Elle s'appliquait à une partie de l'Italie, de la Suisse, de l'Allemagne, et même à tout le royaume de Hollande, où le frère même, las de souffrir la tyrannie, déposa volontairement la couronne. Un simple sénatus-consulte, rendu par le sénat conservateur toujours complaisant, suffit pour changer le sort de tous ces pays ; et où pouvait être la limite de ces entreprises, si les frères eux-mêmes n'étaient pas plus ménagés ?

Réunion à la France de l'Etat de l'Eglise (17 février 1809); de la Toscane (5 mars, la sœur Elisa en eut le gouvernement; du Valais, distrait de la Suisse, à cause de la route militaire du Simplon (10 décembre); le Tyrol italien, repris à la Bavière, est joint au royaume d'Italie (28 mai 1810), qui, ainsi contigu aux provinces illyriennes, ne laisse plus d'intermédiaire dans les possessions du despote jusqu'aux frontières de la Hongrie et de la Turquie. Et que fallait-il de plus désormais, qu'un sénatus-consulte, pour incorporer aussi ces pays à la France ? La réunion de la Hollande fut une conséquence du système continental. Aucun Etat n'en était plus opprimé, et il n'était nulle part plus incompatible avec les convenances commerciales et géographiques. Commencement de la querelle et menace d'incorporation (janvier 1810), toutefois parée par la cession du Brabant hollandais et d'une partie de la Zélande (26 avril). Malgré ces sacrifices, occupation de la Hollande par des troupes françaises et par des douaniers, accompagnée de beaucoup de mauvais traitements (juin). Abdication et fuite du roi Louis (1er juillet) : il emporte l'estime et les regrets de ses peuples. (A la même époque, un autre frère, Lucien, qui avait repoussé toutes les couronnes offertes, ne trouvant plus dans sa paisible retraite de Tusculum un asile sûr contre la tyrannie de son frère, s'était réfugié en Angleterre). Sénatus-consulte (13 décembre) qui réunit la Hollande et l'Ost-Frise, déjà précédemment attachée à l'empire comme une alluvion des fleuves français. Mais le coup atteignit aussi l'Allemagne septentrionale. Par un décret du même jour, la moitié du royaume de Westphalie, une grande partie du duché d'Oldenbourg et les trois villes anséatiques furent réunies à la France, qui s'étendit ainsi jusqu'à la mer Baltique. On enleva à l'un des frères, sans son aveu, la moitié de ses possessions, et à un prince de la confédération du Rhin, allié de l'empereur Alexandre, tous ses Etats. L'oppression pesa principalement sur les villes anséatiques : là où il y avait eu le plus de liberté, on en sentit plus amèrement la perte.

52. La possession des côtes , depuis les Pyrénées jusqu'à l'embouchure de l'Elbe , et leur surveillance par une immense armée d'employés , pouvaient rendre plus difficile la contrebande , mais ne pouvaient totalement l'empêcher. Le grand problème de la possibilité de la domination exclusive du Continent sans celle des mers paraissait au despote même toujours plus invraisemblable. Mais bientôt cent vaisseaux du haut bord devaient, disait-il , lui assurer aussi la toute-puissance maritime ; et les immenses travaux d'Anvers semblaient devoir réaliser cette menace , si on avait pu former des matelots aussi facilement que l'on construit des navires et que l'on dresse des soldats. Aussi aucun bâtiment français ne sortait impunément du port ; le reste des colonies dans les deux Indes tomba dans les mains des Anglais ; et tous les préparatifs du nouveau souverain de Naples (septembre 1810) ne le mirent pas même en état de franchir le petit détroit de Messine et de réaliser son titre de roi des Deux-Siciles.

Prise de Cayenne (4 janvier 1809); de l'île importante de la Martinique (25 février); du Sénégal (10 juin); de la ville de Santo-Domingo , que possédaient les Français (6 juillet); de la Guadeloupe (3 février 1810), et de Saint-Eustache et de Saint-Martin (21 février). Dans l'Inde , prise de l'île Bourbon (7 juillet) , et de l'île de France (2 décembre). Celle d'Amboine , aux îles Moluques , ne fut que le prélude de la conquête de Batavia , qui n'avait encore jamais été prise , et de l'île de Java avec ses dépendances (18 septembre 1811); et , jusque sous le pôle , prise de possession de l'Islande (juillet 1809).

53. Mais ce n'était pas seulement sur la mer que se signalait l'assistance des Anglais : l'Espagne , où devait enfin apparaître le Marlborough du dix-neuvième siècle , devint aussi le théâtre de leurs efforts. Quoique la lutte n'y eût jamais été interrompue, elle ne fut en pleine activité que lorsque la paix de Vienne , ayant rendu au despote la disposition de toutes les forces de la France, lui permit d'en menacer toute la Péninsule. La jonction des peuples de cette contrée avec l'armée anglaise rendait la balance égale , bien que la jalousie des Espagnols et le défaut d'har-

monie semassent la route d'obstacles, dont il fut presque aussi glorieux au héros britannique d'avoir triomphé que de la puissance de l'ennemi.

Le duc de Wellington, auparavant sir Arthur Wellesley, troisième fils de Colley, comte de Mornington, vicomte Wellesley, prend, en Portugal (22 avril 1809), le commandement suprême de l'armée anglo-germanique, dont formait une partie considérable la légion allemande, composée de Hanovriens. Formation d'une armée portugaise, ayant pour chef le général Beresford, mais subordonné à Wellington, et de plusieurs corps d'armée espagnols sous les ordres de Cuesta, etc. Ils avaient pour adversaires les généraux français Soult, Ney, Victor, Mortier, Gouvion-Saint-Cyr, Augereau, etc.; et ensuite Suchet, Marmont, Macdonald, Jourdan, etc. Parmi les innombrables combats, en 1809, les plus remarquables sont la bataille de Talavera (27 et 28 juillet), le siége et la défense héroïques de Saragosse (novembre 1808 à février 1809), qui rappellent les souvenirs de Numance et de Sagonte, et celui de Girone (juin à décembre). En 1810, déploiement de toute la puissance de Napoléon : la Péninsule est inondée de troupes françaises, italiennes, polonaises et de la confédération du Rhin. L'Andalousie est envahie par Victor, Mortier, etc.; mais, malgré d'incroyables efforts pour prendre Cadix, où, chassée de l'intérieur, la junte centrale s'était réfugiée, cette place est assiégée sans succès. Dans le même temps, campagne remarquable de Wellington en Portugal. Masséna, vaincu sans combattre (mars 1811), y perd sa réputation militaire. Siége et résistance glorieuse de Tarragone (1811), et de Valence (1812), contre Suchet. — Nouveaux progrès de Wellington en Espagne (1812). Prise de Ciudad-Rodrigo (19 janvier), et de Badajoz (6 avril). Bataille de Salamanque (22 juillet), et reddition de cette ville. Par suite de ces événements, le siége de Cadix est levé, l'Espagne méridionale évacuée, et le roi Joseph contraint de fuir de sa capitale. Wellington y entre le 12 août. Les Cortès se rassemblent, un gouvernement de cinq membres est institué, et nomme Wellington généralissime des armées espagnoles. Néanmoins, dans le cours de la même année, Madrid est de nouveau occupé par les Français, après la levée du siége de Burgos et la retraite sur le Douro (octobre); mais la reprise de la capitale ne fut pas plus importante que celle d'un village, car on n'y gagnait que l'espace qu'elle occupe.

54. Quoique la guerre d'Espagne absorbât la plus grande et la meilleure partie des forces de l'empire français, le noir génie de

son souverain couvait de nouveaux desseins plus grands et plus formidables. « Il ne peut y avoir deux soleils dans le ciel, » répondit autrefois un conquérant, lorsqu'on lui proposa de diviser la puissance et l'empire. Napoléon, s'il avait eu la même franchise, aurait-il fait une autre réponse ? La puissance n'admet point de partage ; et l'ambition de la monarchie universelle engendra le projet d'une nouvelle guerre contre la Russie, car il ne restait plus rien à craindre ni à conquérir en deçà de cet empire ; et, en comptant pour rien les hommes, l'agresseur calculait que, dans la chance la moins favorable, il y avait pour lui peu de chose à risquer. On pourrait néanmoins s'étonner de l'aveuglement qui lui faisait choisir le moment où la lutte en Espagne était encore indécise, si en général le caractère distinctif du temps n'avait pas été la précipitation. Que son ambition vît en perspective, derrière la Russie, la Porte, l'Asie, peut-être même l'Inde, c'est ce que rendent vraisemblable le caractère de l'homme et plusieurs de ses dispositions, quelles que soient les objections qu'une politique raisonnable puisse opposer à cette opinion. Quoi qu'il en soit, l'exécution de ses desseins était hâtée par le système continental. Ce système ne pouvait que mettre la Russie en opposition avec lui, puisque la cessation des exportations de cet empire portait le coup le plus funeste à ses finances. Le désir de s'y soustraire occasionna un refroidissement qui se manifesta par des plaintes et par des actes; et là où l'amitié exige l'asservissement, la froideur est bientôt suivie de rupture.

L'ukase du 31 octobre 1810, pour un nouveau tarif des douanes qui prohibait ou chargeait de nouveaux droits l'introduction des marchandises françaises, et permettait l'entrée des denrées coloniales sous pavillon neutre, indiquait assez la renonciation tacite de la Russie au système continental. — D'un autre côté, l'occupation d'Oldenbourg, survenue dans le même temps, prouvait qu'on se mettait peu en peine d'offenser la Russie ; et l'agrandissement du duché de Varsovie, et la prolongation de l'occupation de Dantzick, annonçaient l'intention de la troubler. Il y eut dans le cours de 1811 peu de négociations, du moins connues, jusqu'à celle où, sur les réponses évasives faites à ses notes, le prince Kourakin fut obligé de quitter Paris (avril 1812). Depuis cette époque, la guerre devint indubitable, quoiqu'on n'eût pas entièrement jeté le masque.

55. La lutte qui se préparait semblait devoir décider du destin de l'Europe : elle allait embraser cette partie du monde tout entière. Quelle en était la situation ? Dans quelles circonstances se trouvait chaque État isolément, particulièrement l'Allemagne, les puissances du Nord et la Porte ? La ressource ordinaire des faibles, la neutralité, ne pouvait plus être d'aucun secours ; et ils avaient compris qu'elle est, dans le conflit des grands États, la cause la plus sûre de la ruine des petits.

56. Mais l'ascendant de la politique jusqu'alors dominante en avait préparé un grand nombre à une agression contre la Russie. Le chemin était ouvert jusqu'à sa frontière; la chaîne des alliances et des places fortes conduisait jusque-là : on y trouvait dans les Polonais d'utiles auxiliaires, et la guerre qu'on avait eu l'art d'allumer entre la Porte et la Russie privait cette dernière d'une partie considérable de ses forces; mais elle sut à temps, et même avec avantage pour elle, mettre fin à cette querelle, et elle enleva ainsi à la France une assistance qui, dans la conjoncture, aurait pu devenir très-dangereuse.

La guerre avec la Porte éclata peu après l'entrevue d'Erfurt, et fut l'exécution des conventions verbales qu'on y avait arrêtées relativement à la Moldavie et à la Valachie. Les hostilités commencent après la rupture des courtes négociations d'Iassy (avril 1809), et ces provinces sont envahies. Passage du Danube par les Russes (août); mais la chaîne de l'Hémus formait une ligne de défense plus sûre que celle du fleuve et de ses forteresses, Position inexpugnable du grand-visir à Schiumla dans la Bulgarie, et campagne meurtrière de 1810, pendant laquelle se renouvelle l'insurrection des Serviens comme alliés des Russes (juin). Prise de Silistrie (23 juin). Le grand-visir est attaqué sans succès (5 et 6 juillet). Il bat la moitié de l'armée (4 août), tandis que l'autre moitié assiége Rutschuk (16 août); mais, dans son mouvement pour secourir cette place, il est battu par les Russes (19 septembre). L'année suivante (1811), commandés par Kutusow, ils se retirent sur le Danube : les Turcs les y suivent, mais pour leur perte. Déjà la moitié de leur armée avait passé sur la rive gauche;

productif. La compagnie des Indes, devenue puissance politique, acquit chaque jour de nouvelles forces : le traité qu'elle avait conclu avec les Anglais, en 1619, se trouva rompu, quatre ans après, par les massacres d'Amboine, et les Anglais furent obligés de se retirer des Moluques. Indifférente sur le choix des moyens qui pouvaient servir son ambition, la compagnie employait tous ses efforts pour conquérir partout le monopole; dans les pays où elle s'établissait, des traités de commerce ou des guerres toujours heureuses contre les indigènes lui assuraient l'exploitation de tous les produits; car il est à remarquer que les Hollandais, contents dans leur patrie, et n'ayant aucune raison d'en émigrer, ne colonisèrent jamais par des nationaux.

4. Dès que la ville de Batavia fut fondée, elle devint le centre du gouvernement et du commerce hollandais dans les Indes. Les expéditions militaires qui partirent de ce point assurèrent la domination de la métropole sur les côtes du Malabar et de Coromandel, à Ceylan et dans d'autres îles; et ce fut aussi par les relations commerciales que ce pays entretenait avec la Chine et le Japon, que la compagnie des Indes parvint à étendre jusque-là ses opérations.

Les Portugais perdirent presque tous leurs établissements dans les Indes, par suite des conquêtes de la compagnie hollandaise : en 1615, elle leur ravit Paliacata, sur la côte de Coromandel, et, dans la suite (en 1658), elle établit le siége de son commerce à Negapatam : dans le Malabar, elle s'empara de Calicut en 1658, de Cochin et de Canabor en 1661, et devint ainsi maîtresse de tout le commerce du poivre dans ce pays : les comptoirs qu'elle établissait en même temps sur les deux côtes se prolongeaient jusqu'au Bengale. A Ceylan, les Hollandais s'allièrent d'abord (en 1638) avec le roi de Candie contre les Portugais; ils prirent Colombo, la capitale, en 1656; Mannaar et Jaffanapatam en 1658. Peu de temps après, ils se mirent eux-mêmes en guerre avec le roi de ce pays, qui leur opposa une résistance longue et quelquefois heureuse. Plus loin, ils s'emparèrent de Malacca en 1640, et pénétrèrent jusqu'à Pégu et à Siam. Ils se répandirent aussi dans les îles de la Sonde, se rendirent complétement maîtres de Java, et firent de nouveaux établissements, tantôt en bâtissant des forts, tantôt en fondant des comptoirs, à Célèbes en 1660, à Sumatra, et dans d'autres îles. La révolution qui eut lieu dans le Japon en 1639 leur aida à en expulser les Portugais, et, par le consentement qu'ils donnèrent à toutes les restrictions qui leur furent imposées, ils parvinrent à se ménager quelques relations avec ce pays. Leur commerce dans la Chine perdit beaucoup de son importance, lorsqu'en 1661 ils furent obligés d'abandonner l'île Formose. La compagnie établit cinq gouvernements dans cette vaste étendue de pays : ils étaient situés à Java, à Amboine, à Ternate, à Ceylan et à Macassar, et se rattachaient tous au gouvernement central de Batavia, qui avait encore sous son autorité un grand nombre de directoires et de commanderies.

5. Ce fut surtout l'établissement qu'ils fondèrent au cap de Bonne-Espérance en 1653, qui devint le plus ferme boulevard de leurs possessions dans les Indes. Ils en firent avec intention une colonie agricole ; sous ce rapport la richesse du sol et la facilité de l'exploitation auraient pu la rendre beaucoup plus florissante encore, si la compagnie ne s'était bornée à la considérer comme un pied-à-terre pour les vaisseaux qu'elle expédiait aux grandes Indes et pour ceux qui en revenaient : le cap de Bonne-Espérance devint le sixième gouvernement.

Kolbe, Beschreibung des Vorgebirges der guten Hoffnung, etc. — *Description du cap de Bonne-Espérance*, 1719. — Traduit en français.

Sparrmann, Reise nach dem Vorgebirge, etc. — *Voyage au cap de Bonne-Espérance*, par Sparrmann (trad. du suédois). Berlin, 1784, 1 vol. in-8°. — Traduit en français.

Beschreibung der Vorgebirges, etc. — *Description du cap de Bonne-Espérance*, par Montzel Glogau, 1785, 2 vol.

Barrow's travels in Southern Africa. — *Voyages de Barrow dans l'Afrique méridionale.* Lond. vol. 1 en 1801, vol. 2 en 1804. — Traduit en français.

6. Les succès de cette compagnie firent naître celle des Indes occidentales, qui reçut son privilège peu de temps après que la guerre eut recommencé entre la Hollande et l'Espagne : elle se constitua sur le même modèle, et dirigea ses premières tentatives d'invasion sur le Brésil ; mais bientôt elle eut occasion de reconnaître que la piraterie et les guerres sont des moyens peu solides pour la fondation des grands établissements commerciaux.

Plénipotentiaires à Orebro : Ed. Thornton, Engstrom et de Wetterstedt.

59. La Russie n'en était pas moins seule contre ses ennemis. Malgré le rétablissement de la paix avec l'Angleterre, et quoique une alliance eût été formée même avec l'Espagne, les Russes ne pouvaient compter sur aucun secours de ce côté que par une puissante diversion dans la Péninsule. Mais avoir soutenu seule la lutte, et même sans subsides de l'Angleterre, quel triomphe pour la Russie !

Conclusion de la paix avec l'Angleterre, à Orebro (12 juillet 1812). Négociateurs : Suchtelen et Thornton. Traité avec l'Espagne (la junte de Cadix au nom de Ferdinand VII) à Welsky Luky (20 juillet). Plénipotentiaires : Bermudez et Romanzow. Dans ces deux transactions, on se promet amitié et assistance réciproques, sans conventions plus précises.

60. De l'autre côté se rassemblaient sous les enseignes de l'usurpateur une multitude de peuples, telle que n'en rappelle point l'histoire depuis les expéditions de Xercès et d'Attila. Quel pouvait être son but ? demande la sage politique. Il ne devait pas se promettre, même dans la supposition la plus favorable, de détruire l'empire russe : l'exclure de l'Europe et le repousser en Asie était déjà, du temps de Pierre Ier, une idée chimérique. Une prompte paix, qui, achevant l'œuvre de Tilsitt, aurait totalement rétabli la Pologne, pouvait-elle être autre chose qu'une trève ? Mais à l'égard même de la Pologne, qui cependant était la principale base des projets futurs, on ne prit, par ménagement pour l'Autriche, que des demi-mesures. Les Polonais ne purent jamais obtenir une déclaration formelle de leur entière restauration.

D'après le calcul le plus probable, 500,000 soldats, la fleur des peuples de l'Europe, Français, Italiens, Napolitains, Suisses, Belges, Autrichiens, Hongrois, Bavarois, Würtembergeois, Badois, Saxons, Westphaliens, avec les contingents des plus petites provinces de la confédération rhénane, Prussiens, Polonais, Illyriens, même quelques débris des troupes portugaises et du corps des mamelucks, furent arrachés de leurs demeures pour être conduits à leur perte. Les Autrichiens et les Prussiens formaient des corps d'armée séparés, l'un à l'extrémité de l'aile droite dans la Volhynie, l'autre à l'aile gauche, en Courlande. Il ne manquait à l'armée qu'un nouveau Démarate ; mais le nouveau Xercès n'eût ni demandé, ni écouté ses conseils. — La Russie n'aurait pas réuni un moindre nombre de nations, si elle avait eu le temps de les appeler des montagnes et des déserts de l'Asie. Ses troupes rassemblées, divisées en trois armées, n'étaient pas, à beaucoup près, aussi nombreuses que celles de l'ennemi.

61. La campagne s'ouvre par le passage du Niémen et par une mutuelle déclaration de guerre. Pénétrer dans le cœur de la Russie jusqu'à l'ancienne capitale de l'empire, semblait le moyen infaillible de la terminer promptement ; mais cette espérance dut s'affaiblir par le soin de la part des Russes, en reculant toujours, d'éviter une bataille décisive, et par la déclaration d'Alexandre, qu'il ne consentirait jamais à la paix, tant que l'ennemi aurait un pied dans ses Etats. L'incendie et le pillage signalaient la marche des amis et des ennemis, et rendaient le retour impossible. Il était conforme aux règles de l'art de la guerre de s'avancer jusqu'à Smolensko, où les deux ailes et les magasins étaient encore couverts par les armées de France. Mais la résolution de se porter de là rapidement sur la capitale, mouvement par lequel les ailes cessaient d'être protégées, fut jugée par les tacticiens une grande témérité, et l'événement a justifié cette opinion.

Passage du Niémen à Kowno (23-25 juin). A la même date, manifeste des Russes. Occupation de Wilna (28 juin); combats fréquents dans la marche sur Witespk et Smolensko, où les deux armées russes font leur jonction (6 août). Le corps d'armée prussien assiégeait en même temps Riga, et celui des Autrichiens agissait dans la Volhynie. — Assaut et destruction de Smolensko (18 août). Kutusow prend le commandement. — Retraite des Russes de Borodino à la Moskova. Bataille de Borodino et de Mosaïsk (7 septembre). Les Russes ne fuient pas, mais se retirent à travers Moskow, dont le chemin reste ouvert. Occupation de la ville déserte (15 et 16 septembre). Le conquérant établit son quartier général dans le Kremlin, antique résidence des czars, dernière limite de son expédition, et tombeau de sa grandeur.

62. L'armée, fatiguée et affaiblie, espère trouver ici quelque soulagement et quelque repos : tout-à-coup des flammes s'élèvent de toutes parts, annoncent un embrasement général, et cette immense capitale n'offre bientôt plus qu'un océan de feu. Elle tomba, offerte en victime pour le salut de l'empire (une telle tragédie exigeait une semblable catastrophe); mais l'Europe enchaînée put du moins, à la clarté de ce vaste incendie, apercevoir dans un horizon lointain la liberté renaissante. Au lieu de Capou, l'armée ne trouva qu'un désert. « Que la campagne finisse maintenant, » était la proposition de Napoléon. « Qu'elle commence en ce moment, » répondait Kutusow. Une prompte retraite avant l'hiver eût peut-être sauvé l'armée; mais l'orgueil du vainqueur dédaigna ce parti, jusqu'à ce qu'il fut trop tard pour le prendre.

Incendie de Moskow (les quatre cinquièmes de la ville) par le gouverneur Rotopschin, d'après l'ordre de Kutusow (1) qui avait des pouvoirs illimités. Pillage général parmi les débris et les ruines. Napoléon demande un armistice, et offre de se retirer à Wiasma (5 octobre). Réponse retardée à dessein et refus des Russes. Depuis la paix de Tilsitt, on avait appris à le connaître.

63. Il ne restait d'autre parti que celui de la retraite, d'une retraite de cent cinquante lieues, avec une armée affaiblie, enveloppée, battue à chaque pas par un ennemi toujours croissant en nombre, à travers des contrées que soi-même on avait rendues désertes, et des débris fumants, sans abris et sans magasins, et bientôt aggravée par la fatalité vengeresse d'un froid tel, que ni les hommes ni les animaux ne pouvaient le supporter, et qui les faisait périr par milliers. L'histoire répugne à décrire des scènes que l'imagination a peine à se figurer. Il lui suffit de dire : des centaines de mille guerriers qui avaient passé le Niémen, il n'en revint guère que la centième partie; et combien peu, dans ce nombre, en état de reprendre les armes ! L'armée du despote, dont la moitié avait péri et l'autre moitié était prisonnière,

(1) Ce fait est attesté par des relations verbales dignes de foi.

n'existait plus ; lui-même se sauva furtivement dans un misérable traîneau ; et, échappant à la mort, mais non pas à la honte,
il alla porter à sa capitale la première nouvelle de sa défaite.
Il se consolait en disant : Il n'y a qu'un pas du sublime au
ridicule.

Départ des ruines de Moskow (le Kremlin avait sauté en l'air) 19 octobre. La veille, Bennigsen était tombé sur la cavalerie à Tarutina. Retraite,
après quelques détours, par le chemin de Smolensko, suivie par l'armée
principale de Kutusow et d'innombrables hordes de Cosaques, tandis
qu'arrivent, en grande hâte, au nord, Wittgenstein, de la Duina ; au midi,
Tschitschakow, de la Moldavie, après la paix conclue à propos avec la
Porte. Défaite d'un corps d'armée isolé à Jaroslawez (24 octobre); à Wiasma (8 novembre). Commencement du froid (6 novembre). Expulsion de
Smolensko (14 novembre). Défaite à Krasnoï (17 et 18 novembre). Arrivée
des corps d'armée, encore en bon état, de Victor et d'Oudinot; mais ils
partagent bientôt le malheureux sort des autres, après le combat de Bori-
sow (25 novembre), et le passage de la Bérésina à Studzianka (26 et 28 novembre), des scènes d'horreur la plus horrible. De là jusqu'à Wilna fuite et
débandade du reste de l'armée. Déjà (4 décembre) le souverain lui-même,
précédé de son vingt-neuvième bulletin, avait fui vers Paris, dans un
simple traîneau, en passant par Varsovie et Dresde, théâtres de sa gloire,
où, cinq mois auparavant, il s'enivrait des hommages des princes et des rois.
— Avant la fin de 1812 la Russie fut entièrement délivrée des ennemis. Le
vice-roi ne put pas rassembler derrière la Vistule mille hommes en état de
porter les armes ; il ne restait que quelques réserves, les garnisons des
places fortes, et les armées séparées d'Autriche et de Prusse, qui bientôt
cessèrent d'obéir à Napoléon. Deux cent quarante mille cadavres furent
brûlés en Russie.

Relation circonstanciée de la campagne de la Russie, par EUGÈNE LA-
BAUME, capitaine, etc. Paris, 1814. — Cette relation d'un Français, témoin
oculaire, réfute l'accusation d'exagération des récits publiés par les Russes.
Le 4e corps de 48,000 hommes, auquel appartenait l'auteur, fut réduit au
point qu'une seule chambre suffit pour les loger (1).

(1) On trouvera des détails plus exacts et plus authentiques dans les *Mé-*
moires pour servir à l'Histoire de la guerre entre la France et la Russie
en 1812, par le général Guillaume de Vadoncourt. Paris 1817 ; 2 vol. in-4°.
(*Note du Traducteur.*)

64. La nouvelle de ces événements produisit d'abord en Europe plutôt un morne étonnement qu'un grand éclat de joie. Ce dernier sentiment fut troublé par les plaintes des pères, des mères, des épouses et des orphelins : il n'y avait pas un seul village qui n'eût des pertes à déplorer. D'ailleurs le résultat inévitable de l'état actuel des choses n'était pas encore aperçu par les yeux peu exercés. La possession des forteresses et des territoires, la situation des souverains, et la certitude que l'oppresseur était sauvé, tout s'opposait à une explosion soudaine. Il fallait encore l'impulsion d'une main toute-puissante. La Russie la donna : Alexandre poursuivit l'ennemi jusqu'aux frontières de son empire, et ce fut le signal de la délivrance de l'Europe ; de ce moment l'orient de cette partie du monde, qui venait d'être ravagé par le torrent des peuples de l'occident, devait à son tour l'inonder des flots dévastateurs des siens.

Arrivée de l'empereur Alexandre à Wilna (17 décembre). Marche de l'armée russe en cinq colonnes, ayant Kutusow à sa tête : l'empereur l'accompagne lui-même jusqu'à Kalisck. Elle entre en Prusse et fait un appel à la nation. Siége de Dantzick (janvier 1813). Passage de la Vistule, et bientôt après de l'Oder (février). Les Cosaques se montrent à Berlin (4 mars). Occupation de cette ville par Wittgenstein (11 mars). Le vice-roi, ayant rallié un corps d'armée, se retire derrière l'Elbe et la Saal.

65. Ainsi s'ouvrit l'année sanglante et mémorable où devait tomber la puissance du dominateur universel et renaître la liberté des princes et des peuples. La guerre était devenue populaire en Russie ; elle ne pouvait que prendre le même caractère en Allemagne. La Prusse en donna l'exemple ; en brisant de honteuses chaînes, le roi appela son peuple aux armes, et le peuple se leva tout entier ; Mecklembourg, Hambourg l'imitèrent. La Suède promit une assistance active ; et si en deçà de l'Elbe le soulèvement ne fut pas entier, c'est que l'autorité l'empêcha. Le Danemarck, au contraire, toujours en guerre avec les Anglais, et restant uni à la France, rassembla ses troupes dans le Holstein.

Le roi de Prusse, accompagné du chancelier d'Etat Hardenberg, etc., quitte Berlin, et se rend à Breslau (22 janvier). Edit (3 février) pour la formation d'un corps franc de chasseurs, et pour presser le rassemblement de la jeunesse. Ensuite, appel à toute la nation (17 mars), et levée et organisation de la *landwehr* et de la *landsturm*. L'armée est aussi excitée, et déjà (30 décembre) le corps aux ordres du général Yorck, cessant d'obéir au maréchal Macdonald, était entré en pourparlers avec les Russes. Grâces à l'activité silencieuse du zèle de Scharnhorst et de Gneisenau, une armée de cent mille hommes bien équipés se trouva soudainement prête et bientôt renforcée par une *landwehr* encore plus considérable. La croix de fer, récompense de la bravoure, fut offerte aux individus, et des drapeaux furent donnés aux masses. Soulèvement à Hambourg à l'arrivée de Tettenborn (24 mars) (nulle part l'enthousiasme ne fut porté plus loin), et rétablissement de l'ancien gouvernement; dans le Mecklembourg, à Lünebourg, les princes s'affranchissent les premiers des liens de la confédération, et le mouvement se propage jusque sur le Rhin.

66. De nouvelles alliances étaient la suite naturelle de ces changements. Celle de la Prusse avec la Russie fut la première; vint après celle de la Suède avec l'Angleterre, qui, plus tard, fit aussi des traités avec la Prusse et avec la Russie.

Traité entre la Russie et la Prusse, à Kalisch (28 février) : 1o alliance offensive et défensive, avec la condition réciproque de s'assister d'une armée auxiliaire; 2o rétablissement de la monarchie prussienne dans son ancien état; 3o démarches en commun pour obtenir l'adhésion de l'Angleterre et de l'Autriche. — Négociateurs : Kutusow et Hardenberg. — Convention de l'Angleterre avec la Suède (3 mars) : 1o la Suède s'oblige à fournir sur le Continent une armée de trente mille hommes, commandée par le prince héréditaire; 2o l'Angleterre s'engage à un subside annuel d'un million sterling; 3o elle ne s'opposera pas à la réunion de la Norwége, et promet, au contraire, d'aider de tout son pouvoir à l'opérer, si le Danemarck refuse d'entrer dans la coalition du nord; 4o promesse (non exécutée) de la cession de la Guadeloupe; 5o avantages commerciaux pour l'Angleterre, à Gothenbourg et à Stralsund. Ministres plénipotentiaires : Thornton et Wetterstedt. — Alliance de l'Angleterre avec la Prusse, à Reichenbach (15 janvier) : 1o rétablissement de la monarchie prussienne dans son ancien état, à l'exception de Hildesheim, qui reste au Hanovre; 2o convention pour les subsides. — Le traité avec la Russie fut conclu à la même époque et dans le même lieu.

67. Mais il restait encore bien des obstacles à surmonter. Qu'importait la perte d'une armée à celui qui ne comptait pour rien les sacrifices d'hommes, tant qu'il lui restait les moyens de les remplacer ? Les premières mesures du vaincu après sa retraite prouvèrent qu'il n'avait renoncé à aucun de ses projets ; et ni dans le sénat, ni dans le Corps législatif, il ne s'éleva une seule voix pour s'y opposer. On a voulu ériger en grandeur et en courage le dévoûment de la nation dans cette circonstance, et c'eût été avec raison s'il se fût agi de défendre le territoire ; mais comment peut-on accorder un nom si honorable à tant de condescendance pour des desseins ambitieux ! La tyrannie a, dans tous les temps, faussé les notions de la morale : il n'est pas inutile de les rappeler à leur véritable sens.

Sénatus-consulte (10 janvier 1813) qui, allant au delà de la demande de l'empereur, met à sa disposition deux cent cinquante mille conscrits. — Enivré de ce nouveau miracle de son mauvais génie, il déclarait dans le *Moniteur* (30 mars 1813) que, quand même l'ennemi serait sur les hauteurs de Montmartre, il ne céderait pas un seul village de l'empire ; et le 30 mars 1814, Montmartre était emporté, et l'empire détruit.

68. Les premiers mois de l'année furent employés de part et d'autre aux préparatifs les plus formidables. L'Allemagne était encore destinée à se voir le théâtre de la guerre. L'Elbe, depuis son embouchure jusqu'aux frontières de la Bohême, formait la ligne de démarcation entre les puissances belligérantes : toutefois, les trois places fortes prussiennes situées en delà et Dantzick étaient encore au pouvoir des Français. Tandis que les Prussiens et les Russes rassemblaient leurs armées, dont les souverains ne se séparèrent plus, la Suède, déterminée par les subsides de l'Angleterre et par la promesse de la Norwége, se disposait à prendre une part effective à la guerre. De son côté, Napoléon ne se bornait pas à hâter la réunion des contingents des princes de la confédération ; il trouva aussi dans le Danemarck un allié qui rompit les négociations relatives à la Norwége. La situation des villes et des lieux placés entre les armées était pénible ; mais pour

aucun, autant que pour Hambourg. Livrée à la rage de Napoléon, cette ville infortunée devait épuiser jusqu'à la dernière goutte la coupe du malheur. Mais la Saxe, dont le roi n'avait pas voulu séparer ses intérêts de ceux de l'empereur des Français, devint bientôt le grand champ de bataille.

Occupation de Dresde par les Russes et par les Prussiens, sous les ordres de Wittgenstein et de Blücher (27 mars), après la défaite du maréchal Davoust, et marche sur Leipzig, tandis que l'armée française se rassemblait sur l'Elbe et dans la Thuringe. La guerre de délivrance s'ouvre par la bataille de Lutzen (2 mai). Les alliés ne furent pas mis en fuite; ils se retirèrent en bon ordre sur l'Elbe. Inférieurs en force (1), ils avaient tenu ferme devant l'ennemi, et lui présentaient de nouveau le front dans la Lusace. Bataille de Bautzen (21 mai), Barclay de Tolly commandant les Russes après la mort de Kutusow (28 avril), et Blücher les Prussiens. Même résultat et retraite glorieuse sur la Silésie. Proposition mutuelle d'armistice (les deux partis étaient épuisés et attendaient des renforts): il est conclu à Poischwitz, et sa durée est fixée du 4 juin au 26 juillet; il est ensuite prolongé jusqu'au 10 août. Dans ces entrefaites, reprise des négociations avec la Suède, et, par suite des conventions de cette puissance avec l'Angleterre, débarquement du prince héréditaire en Poméranie à la tête des troupes suédoises (18 mai). — Formation d'un corps auxiliaire d'Allemands à la solde de l'Angleterre, sous les ordres de Walmoden; mais à la même époque, les Russes s'étant retirés, Lubeck et Hambourg se rendent (8 mai) au maréchal Davoust. Violente transformation de Hambourg en place forte. Dévastation, régime de terreur, et pillage méthodique: quand il n'y eut plus rien à prendre ailleurs, on s'empara enfin de la banque (2). — Vaines négociations de la Suède et de l'Angleterre avec le Danemarck (avril). Il se rapproche de la France, et conclut avec elle, à Dresde, un traité d'alliance (10 juillet), qui lui impose l'obligation de déclarer la guerre à la Russie, à la Prusse et à la Suède.

Darstellung des Feldzugs der Verbündten gegen Napoleon, in Jahr, 1813, in zwey Theilen, 1817. — *Exposition du plan de campagne des alliés contre Napoléon, en 1813 et 1814*, 2 vol.

(1) L'armée des alliés était forte d'environ 160,000 hommes, et l'armée française d'environ 150,000. Voyez *Histoire de la guerre soutenue par les français en Allemagne en* 1813, par le général Guillaume de Vaudoncourt; 2 vol. in-4°, pag. 92. (*Note du Traducteur.*)

(2) Voyez *Mémoire justificatif du prince d'Ekmulh.* (*Note du Traducteur.*)

Der Krieg in Deutschland und Frankreich in den Jahren, 1813, und 1814 ; von v. PLOTHO, 3 Th. Berlin 1817. — *La guerre en Allemagne et en France*, par de PLOTHO, 3 vol.

69. Jamais une trève de deux mois n'avait été d'une plus haute importance. Ce fut aussi une époque de négociations et de préparatifs. Ce n'était pas sans raison qu'on redoutait la paix : qu'aurait-elle pu produire que ce malheureux état intermédiaire qu'une funeste expérience avait fait abhorrer peut-être plus que la guerre même? Il ne fallait pas songer à proposer de réduire la France à ses anciennes limites ; encore moins le rétablissement de l'ancienne dynastie. Que de coups il eût encore fallu porter avant de ramener l'Europe à son ancien système politique ! Mais un grand motif d'espérance naquit pendant l'armistice, et ne fut point trompeur : c'était l'accession de l'empereur d'Autriche ; et quand on voulut sérieusement en finir, c'est à lui qu'il était réservé de décider du dénoûment.

L'Autriche, ayant suspendu son traité d'alliance avec la France, intervint pendant l'armistice en qualité de médiatrice. Elle en avait déjà pris le rôle sans succès auprès de Napoléon. — Convocation d'un congrès à Prague, où l'empereur François se rendit en personne (5 juillet). Les retards des plénipotentiaires français ne permirent de l'ouvrir que le 28. Celui des réponses de Napoléon jusqu'au 6 août, et plus encore leur ton offensant, dénotaient clairement ses vues. Il ne pouvait pas lui échapper que les alliés, sûrs de l'Autriche, ne pensaient plus à faire la paix. Après de vains échanges de notes, ils déclarent le congrès rompu (11 août), et dès le lendemain l'Autriche déclare la guerre à la France.

Plénipotentiaires : à Prague, le prince de Metternich, comme médiateur; MM. d'Amstett et de Humboldt pour les alliés, et de Caulaincourt et de Narbonne pour la France.

70. Ce dénoûment des négociations amena d'autres alliances. On chercha vainement à y faire entrer la Saxe ; mais les liens les plus étroits unirent l'Autriche, l'Angleterre et la Suède. Une lutte s'engageait, où il allait d'être ou de n'être pas, et le terme de la décision ne pouvait être éloigné. Mais la politique ne devait pas seule former ces nœuds : ils furent principalement resserrés

par l'amitié personnelle et réciproque des souverains. Ils allaient, désormais inséparables, ainsi que leurs armées, partager toutes les fatigues, tous les dangers, tous les soins, toutes les espérances, et ensuite la reconnaissance des peuples et les honneurs de la victoire. Les armées se confondirent aussi : il n'y avait plus ni Russes, ni Autrichiens, ni Prussiens ; ils s'étaient tous identifiés, et les chefs des uns et des autres commandaient également à tous : seulement l'honneur du commandement suprême fut déféré aux Autrichiens. Ainsi se turent devant les plus grands intérêts les petites passions ; et quand l'histoire célèbre en même temps que les noms des monarques vainqueurs ceux des Schwartzenberg, des Blücher, des Barclay de Tolly, etc., elle ne doit pas oublier de dire que leur union ne fut pas moins fatale à l'ennemi que leurs armes. Elle n'eut jamais à citer un semblable exemple.

Déjà, pendant l'armistice, l'Autriche était convenue d'une alliance éventuelle avec la Russie et la Prusse ; traité d'autant plus solide qu'il avait été moins formel, qui s'accomplit de lui-même à la déclaration de guerre, et qui ensuite fut authentiquement réglé à Tœplitz (9 septembre 1813) : 1° étroite union et garantie réciproque de leurs États ; 2° assistance mutuelle avec au moins 60,000 hommes, et un plus grand nombre au besoin, pour le rétablissement et le maintien de la paix en Europe ; 3° point de paix ni de trèves séparées. Les articles secrets, autant qu'on a pu les connaître, stipulaient la restauration des monarchies autrichienne et prussienne sur le même pied qu'en 1805. Négociateurs à Tœplitz : les comtes de Metternich, de Nesselrode et de Hardenberg. — L'Angleterre conclut à Reichenbach (14 et 15 juin) un traité de subsides avec la Russie et la Prusse. Elle garantit, en outre, jusqu'à concurrence de 5 millions sterlings, un papier-monnaie créé sous le nom d'*argent fédératif*. Le 3 octobre, l'Angleterre signa aussi un traité d'alliance avec l'Autriche. Les parties contractantes s'y obligent à une mutuelle assistance avec toutes leurs forces. Négociateurs : le comte de Metternich et lord Aberdeen. Il a déjà été fait mention des négociations avec la Suède, page 127.

71. Ainsi combattait l'une contre l'autre la majeure partie de l'Europe occidentale et de l'Europe orientale. D'un côté, l'Autriche, la Prusse, la Suède et la Grande-Bretage ; de l'autre, la

France, l'Italie, la Confédération du Rhin, dont la moitié marchait par force, et le Danemarck; et la lutte de l'Espagne continuait toujours plus sanglante. La guerre devenait chaque jour davantage la guerre des peuples, et les puissants efforts des deux partis créèrent des ressources militaires, telles que n'en avait pas vu l'Europe depuis l'établissement des armées permanentes.

Les armées de Bohême, sous le prince de Schwartzenberg; de Silésie, commandée par Blücher, et du Nord, aux ordres du prince royal de Suède, qui avait appelé d'Amérique son ami Moreau; le corps autrichien de Hiller, en Italie et sur la frontière de la Bavière; l'armée de réserve de Russie et d'Autriche, en Autriche et en Pologne; celles de siége devant Dantzick et les trois places fortes de l'Oder, s'élevaient ensemble de 7 à 800,000 hommes; et, en y comprenant les armées anglaise, espagnole et portugaise, soumises à Wellington, dans la Péninsule, les forces des alliés formaient en totalité près d'un million d'hommes. Outre les 250,000 conscrits accordés à Napoléon par le sénatus-consulte du 3 avril, il en fut levé, après la déclaration de guerre de la Prusse, encore 180,000 et 10,000 gardes d'honneur, l'élite des familles les plus opulentes. Ses forces étaient donc de moitié moindres que celles de ses adversaires; mais, distribuées en quinze corps en Allemagne, et un en Italie, elles étaient plus concentrées, et il tenait de plus toutes les places fortes jusqu'à l'Oder et à Dantzick. Dresde était son quartier général.

72. La Saxe, ce pays qui avait eu si souvent la gloire d'être appelé la terre classique, le sol fondamental de l'Allemagne, était encore cette fois destiné à l'être. Bien que le roi restât attaché à Napoléon, son peuple était toujours allemand, et c'était dans les plaines de la Saxe que devait s'opérer le dénoûment; mais que d'événements à subir avant que d'atteindre au dernier! Jamais le combat décisif n'avait été précédé d'une si longue série de combats dans un si court espace de temps; et le sort voulait que l'échec éprouvé à l'attaque de Dresde devînt la cause du salut.

Attaque imprévue de Dresde (fut-ce d'après le plan de Moreau?) par la grande armée, tandis que Napoléon était attiré en Silésie. Des retards et le rapide retour de ce prince (26 et 27 octobre 1813) firent manquer le coup. Cette entreprise coûta la vie à Moreau; mais en voulant couper à l'ennemi la retraite sur la Bohême, Vandamme fut battu et pris par Kleist à l'affaire de Culm et de Nollendorff (29 et 30 août). Le héros de l'Allemagne, vieillard encore animé de tout le feu de la jeunesse, avait déjà commencé en Silésie le cours de ses succès, qui, grâces à sa prudence et à son activité, devaient le conduire des bords de la Katzbach à ceux de la Seine. Victoire de Blücher sur Macdonald, dont il détruit l'armée près de la Katzbach (29 août). Dans le Nord, où le plus vif désir de vengeance faisait surtout ambitionner la prise de Berlin, la fortune ne se montrait pas plus favorable aux Français; le prince royal de Suède remporta à Gross-Beeren un avantage considérable sur Oudinot (23 août), et au moment où devait s'effectuer le plan favori, Ney fut entièrement défait, et son armée détruite par Bulow et le prince royal à la bataille de Dennewitz (6 septembre). Walmoden battit aussi le général Pecheux à Goehrde, sur l'Elbe-Inférieure (16 septembre). Les innombrables petits combats dans lesquels se choquaient des masses toujours croissantes, ne peuvent être spécifiés que dans une histoire particulièrement militaire.

73. Ainsi se resserrait de plus en plus le cercle des alliés autour de leur redoutable ennemi. En vain il tâcha de l'élargir du côté de Berlin et de la Bohême, toutes ses mesures furent déjouées par le soin d'éviter le combat de son côté fort, et de se montrer en force de son côté faible. Ses derrières même étaient perpétuellement inquiétés par des essaims de troupes légères ; et le chef du plus hardi et du plus rapide de ces corps chassa avec ses Cosaques le roi de Westphalie du trône, et déclara son règne fini. Il était impossible de rester plus longtemps à Dresde sans y périr par la famine, et la résolution fut prise de se retirer sur Leipzig : c'était aller au devant de sa destinée.

Prise de Cassel par Czernisceff (30 septembre), et proclamation de l'anéantissement du royaume de Westphalie (1er octobre). Le retour même du roi ne raffermit pas le trône ébranlé : la bataille de Leipzig le renversa bientôt pour jamais. Napoléon quitte Dresde, emmenant avec lui le roi de Saxe, et se porte sur Leipzig, où ne trouvant qu'un seul adversaire, qui, reculant devant lui, ne se laisse pas atteindre, il rassemble le reste de ses forces divisées en neuf corps d'armée, outre la garde et la cavalerie, et formant environ 170,000 hommes. Sous lui commandaient le roi de Naples, les maréchaux Berthier, Ney, Mortier, Victor, Marmont, Macdonald,

Augereau, Poniatowsky, et les généraux Bertrand, Lauriston, Regnier, Souham; et, pour la cavalerie, Latour-Maubourg, Sébastiani, Arighi, Kellermann et Milhaud. Dresde resta sous la garde du maréchal Gouvion-Saint-Cyr.

74. La bataille décisive de Leipzig dura trois jours; elle brisa les fers de l'Allemagne, et détruisit jusqu'en ses fondements l'édifice déjà chancelant de la toute-puissance d'un seul; il n'en subsista de débris dans le sol de l'Allemagne que dans les forteresses de Hambourg, de Magdebourg, etc., seules encore au pouvoir de l'ennemi. Près de 500,000 hommes avaient été ici opposés les uns aux autres : si une telle masse figure pour la première fois dans l'histoire, il y a plus encore à s'étonner des suites de l'action à laquelle elle prit part. Après une retraite à peu près semblable à celle de Moskow, seulement quelques débris de l'armée battue atteignirent les bords du Rhin, et y arrivèrent infectés d'une maladie contagieuse qui enlevait les hommes par milliers.

Bataille de Leipzig (16, 18 et 19 octobre). Le 16, combat de Wachau, sans résultat, entre la grande armée et la cavalerie; mais Blücher obtient l'avantage à Mockern. Le 17, repos; mais le soir réunion des quatre armées des alliés, savoir : la grande armée avec celle du Nord, à laquelle s'était déjà jointe celle de Silésie après la marche à jamais mémorable de Blücher, et l'armée de réserve de Russie, que Beningsen emmenait de Dresde en toute hâte; ensemble, 300,000 hommes disposés en un vaste demi-cercle. L'histoire militaire n'offre pas un second exemple d'une telle armée de coalisés. Le 18, attaque générale, et, après neuf heures de combat, la journée devient enfin décisive. Le soir, retraite de l'armée française jusqu'aux portes de Leipzig, et défection du corps des Saxons. Le 19, Leipzig est emporté, et le roi de Saxe est fait prisonnier, tandis que Napoléon se retire avec les débris de son armée, par Erfurt et Fulde, jusqu'au Rhin, où il est suivi par Blücher. Il avait été attaqué en chemin, près d'Hanau (30 octobre), par Wrède, à la tête d'une armée de Bavarois et d'Autrichiens, qu'il battit. Il porta environ 70,000 hommes sur Mayence, afin d'évacuer les hôpitaux.

75. La victoire de Leipzig acheva d'imprimer en Allemagne un caractère populaire à la guerre. Les princes, et avec eux les

peuples , suivant la coutume des Germains , brisant le joug de la confédération du Rhin , se levèrent de toutes parts. Déjà , même avant la victoire, la Bavière en avait donné l'exemple. Wurtemberg, Bade et les autres, s'empressèrent de l'imiter. Quiconque put porter les armes les saisit ; la charrue et les ateliers furent abandonnés ; les auditoires et les écoles restèrent déserts ; les jeunes filles mêmes, reniant en quelque sorte leur sexe , accouraient dans les rangs des combattants , tandis que les femmes , bravant la contagion et la mort, se réunissaient pour soigner les malades et les blessés. Le génie des anciens Germains semblait revivre , et les jours de souffrance de l'Allemagne furent ceux de sa gloire. Que leur souvenir vive à jamais dans l'histoire de notre peuple pour l'exemple des générations futures !

Renonciations des Bavarois à la confédération du Rhin , et leur alliance avec l'Autriche (8 octobre). Déclaration de guerre à la France , et réunion de leur armée avec un corps autrichien, sous le commandement du général Wrède. Marche rapide sur le Mein contre l'armée française en retraite, et bataille d'Hanau (30 et 31 octobre). Wurtemberg et Hesse–Darmstadt (2 novembre); Bade (5 novembre); et les autres princes, dans le cours du même mois , accèdent à la grande alliance, en partie à des conditions relatives à la future réorganisation de l'Allemagne. Dans la Hesse électorale, à Hanovre, à Oldenbourg, à Brunswick , rétablissement des gouvernements légitimes , après la fuite du roi de Westphalie. Délivrance de Brême (14 octobre), et de Francfort (1er novembre); Dresde (11 novembre), Stettin (21 novembre), Zamosk (22 novembre), Modlin (25 novembre), Dantzig (30 novembre), Lubeck (8 décembre), Torgau (26 décembre), tombèrent aussi avant la fin de l'année. Wittenberg, à moitié détruit, se rendit le 23 janvier ; Gustrin, le 7 mars , et Glognau, le 10 avril 1814. Il ne resta dans les mains de l'ennemi que Hambourg, condamné aux plus grands malheurs depuis que Davoust s'y était retiré de Lauenbourg, et que Magdebourg, avec les citadelles de Vürtsbourg et d'Erfurt.

76. L'insurrection se propageait aussi en Hollande. Elle éclata dans la ville d'Amsterdam aussitôt que les armées des alliés s'approchèrent des frontières, et la voix de la nation, fidèle à son ancienne renommée , rappela ses anciens princes. Au lieu du précédent mode de gouvernement , si défectueux , il fut posé

les fondements d'une monarchie constitutionnelle. Le prince
d'Orange fut reconnu pour souverain sous le titre de roi de
Pays-Bas. Ainsi tomba, parce qu'elle n'était pas fondée sur le
consentement des peuples, une des portions de la domination
universelle formée de pièces de rapport.

Soulèvement à Amsterdam (15 novembre), et, après la fuite des auto-
rités françaises, création d'une commission de gouvernement, sur l'invitation de laquelle le prince d'Orange revient d'Angleterre (1er décembre)
Entrée d'une partie de l'armée du Nord, sous les ordres de Bulow (décembre). Prise de Breda, de Herzogenbusch, etc.; avant la fin de l'année
la Hollande était entièrement délivrée, et rien ne fermait plus le chemin de
la Belgique.

*H. Bosscha, Geschiedenis der Staaten-Omwenteling in Nederland, in
1813. Amsterd., 1814. — Histoire de la révolution politique des Pays-Bas
en 1813. Amsterdam, 1814.*

77. La Suède ne recueillit pas moins promptement les fruits
de la victoire. La déclaration de guerre du Danemarck facilita
l'exécution du plan de conquête de la Norwége, dès longtemps
préparé par des traités. Mais l'invasion ne se borna pas à la Nor-
vége ; elle s'étendit aussi sur le Holstein : le prince royal y entra
avec la grande moitié de l'armée du Nord ; une courte campagne
lui suffit pour forcer le Danemarck, mal préparé et abandonné
de son allié, à l'échange de la Norwége contre la Poméranie
suédoise.

Invasion du Holstein par le prince royal de Suède, soutenu des Russes
(décembre), tandis que Davoust était bloqué dans Hambourg. Combat de
Schestedt contre Walmoden (10 décembre), et retraite des Danois sur
Rendsbourg. — Armistice (15 décembre), et, après quelques négociations,
traité de paix à Kiel (14 janvier 1814) : 1o le Danemarck renonce à
la possession de la Norwége jusqu'aux frontières de la Russie ; 2o la Suède
assure à la Norwége la conservation de tous ses droits et de toutes ses libertés ; 3o la Suède cède en échange au Danemarck la Poméranie et l'île de
Rugen, et promet son intervention pour lui obtenir de plus amples indemnités. Mais, cette transaction se faisant sans l'aveu des Norwégiens,
il fallut employer des moyens de contrainte pour les faire passer sous la
nouvelle domination. — En même temps, paix du Danemarck avec l'Angle-

terre : 1° restitution des conquêtes, à l'exception de l'île d'Héligoland ;
2° l'Angleterre promet aussi d'intervenir pour les indemnités. — La paix
avec la Russie et avec la Prusse fut conclue, la première, à Hanovre (8 février 1814); la seconde, à Paris (1er juin.) Rétablissement des anciennes
relations , et promesse d'interposition pour des dédommagements.

78. Les affaires suivaient un autre cours en Illyrie et en Italie.
Après la retraite du vice-roi, les provinces illyriennes furent entièrement délivrées, et la moitié de la Lombardie, ainsi que le
Tyrol italien, repris. Mais tandis que le prince Eugène, comme
l'exigeaient ses rapports, restait fidèle à son père adoptif, Murat,
sans égard pour de semblables liens de parenté, traita ou plutôt
chercha à traiter avec les alliés, et éprouva bientôt que dans de
telles vicissitudes une conduite équivoque mène toujours à une
perte certaine.

Combats, avec des succès divers, dans les provinces illyriennes, entre le
prince Eugène et Hiller, remplacé ensuite par Bellegarde (août et septembre 1813). Mais après la défection de la Bavière, retraite du vice-roi
sur l'Adige et jusque sur le Mincio (novembre et décembre), et nouveaux
combats heureux (février et mars 1814). Au milieu des circonstances les
plus difficiles jusqu'à la conclusion de l'armistice avec l'Autriche (16 avril),
et à la démission de son commandement (17 avril), la gloire militaire du
prince Eugène ne souffrit aucune atteinte : il emporta l'estime de l'Italie. —
Négociations de Murat, et conclusion à Naples (11 janvier) d'un traité
d'alliance avec l'Autriche, et seulement d'un armistice avec l'Angleterre
(3 février): conventions d'après lesquelles, sans se déclarer, il laissa oc-
cuper Rome et Florence. Lorsqu'on s'aperçut qu'il ne voulait que gagner du
temps, il perdit la confiance de tout le monde.

79. Dans le courant de la même année, la domination française, chancelante aussitôt qu'établie en Espagne, y fut totalement anéantie. Wellington marchait sans s'arrêter dans le chemin de la victoire. Tandis que pendant l'armistice on se préparait
pour la première fois en Allemagne à un coup décisif, la journée
de Vittoria avait pour jamais tranché la question au delà des
Pyrénées. Avant la fin de l'année, l'armée victorieuse était déjà
sur le territoire français ; et Napoléon lui-même, abandonnant

toute espérance, avait par un traité avec Ferdinand reconnu ce prince pour roi d'Espagne.

La guerre d'Espagne devint de plus en plus nationale, et se fit non-seulement avec des troupes réglées, mais aussi avec des bandes de partisans (*guerillas*), d'autant plus redoutables qu'on en rencontrait sur tous les points. Affaiblissement des forces françaises par le départ de Soult, avec un grand nombre de troupes, pour l'Allemagne (février 1813.) Jourdan lui succède, sous les ordres du roi Joseph, et Suchet se maintient à Valence. Wellington, à la tête d'une armée d'Anglais, d'Espagnols et de Portugais, se porte des frontières du Portugal sur l'Èbre contre Joseph et Jourdan. Bataille de Vittoria (21 juin). Défaite totale de l'armée française et perte de toute son artillerie. Fuite vers Pampelune; le roi Joseph repasse en France. Pampelune est assiégée par les Espagnols, et se rend (31 octobre). Sur ces entrefaites, retour de Soult avec des renforts (23 juillet); il est battu dans les Pyrénées (28 et 29 juillet) en voulant secourir Pampelune. Retraite en France derrière la Bidassoa, et reddition de Saragosse (30 juillet) et de Saint-Sébastien (30 août). Suchet se retire aussi de Valence (juillet) jusqu'à Barcelonne après la levée du siége et la destruction de Tortose (19 août). La chute de Pampelune facilite les progrès de Wellington; il passe la Bidassoa, et remporte un nouvel avantage sur Soult, qui est obligé de se retirer sur Bayonne. A la fin de 1813, il ne restait plus au pouvoir des Français, dans la Péninsule, que Barcelonne et les forts de Figuière et de Rose. Alors (8 décembre) traité de Valençay avec Ferdinand, et fin de sa captivité et de celle de ses frères. Les cortès ne le confirmèrent pas, « parce que Ferdinand n'avait pas été libre, et qu'on » ne pouvait traiter de la paix sans le concours de l'Angleterre. »

80. Tandis que l'édifice de la domination universelle en Europe croulait au levant et au couchant, la France restait encore intacte. Les armées, accompagnées de leurs souverains, avaient poursuivi leur marche victorieuse jusqu'au Rhin, et s'étendaient sur le bord de ce fleuve, des frontières de la Suisse à son embouchure. Si elles avaient besoin de quelque repos, le temps de la réflexion n'était pas moins nécessaire aux cabinets. Il est rare qu'après de telles victoires on conserve autant de modération. Heureusement pour l'Europe, Napoléon en était incapable ; mais le fantôme de la toute-puissance avait déjà perdu assez de son prestige pour ne plus paraître en effet qu'un fantôme.

Déclaration des alliés à Francfort (1er décembre). « Ils ne combattent
» pas contre la France ; ils n'attaquent que la prépondérance de Napoléon
» au delà de son territoire. Ils offrent la paix à l'empereur , à condition de
» l'indépendance de l'empire français , comme de celle de tous les autres
» Etats de l'Europe. Ils désirent de voir la France grande , forte et heureuse,
» parce que sa puissance est un des fondements de l'édifice social. Ils lais-
» seront à la France une plus grande étendue que sous aucun de ses rois ;
» mais ils veulent aussi être heureux et tranquilles. Ils veulent un état de
» paix qui , par un juste équilibre des forces des nations , les préserve des
» maux qui les accablent depuis vingt ans. Ils ne déposeront pas les armes
» avant d'avoir atteint ce but. » Pouvait-on parler plus noblement et avec
plus de franchise ? Les frontières du Rhin, des Alpes et des Pyrénées,
furent proposées dans les négociations entamées avec M. de Saint-Aignan,
comme bases fondamentales de la paix. Par bonheur , les refus de Napoléon
prouvèrent que ce n'était pas assez pour lui , et les conférences se rompirent.

81. Le sort en était jeté : la dernière catastrophe devait avoir
lieu en France. C'était presque une entreprise téméraire que
de pénétrer au milieu de l'hiver , et en laissant derrière soi plus
de trente forteresses ennemies, dans un pays non encore entamé;
mais l'ennemi était encore moins préparé. On était assez nombreux pour bloquer les places fortes, et pendant que les armées
alliées passaient le Rhin à la fois en Suisse , en Allemagne et dans
les Pays-Bas , Wellington était déjà sur la Garonne. On chercha
néanmoins vainement à persuader à la Suisse , dont le concours,
à cause de sa position , était indispensable aux alliés , de s'unir
activement à eux ; quand tout s'armait pour la liberté , les fils
de Tell gardèrent seuls la neutralité , et se contentèrent enfin de
laisser faire ce qu'ils ne pouvaient pas empêcher. Ce n'est pas la
plus belle époque de leur histoire. Mais la conduite des alliés
à leur égard fournit la première preuve de l'indépendance de
chaque État en Europe (1).

Passage du Rhin par les armées alliées , fortes de 400,000 hommes : la

(1) Une accession ouverte de la part des Suisses à la coalisation eût été plus
honorable pour eux, que leur secrète connivence à la violation de leur territoire. Mais c'est un étrange respect pour leur indépendance que cette prétendue violence faite à leur neutralité. (*Note du Traducteur.*)

grande, sous les ordres de Schwartzenberg, Wrède, etc. ; par la Suisse, dont le corps d'observation se retira (21-25 décembre); celle de Silésie, commandée par Blücher, sur le Rhin intermédiaire (1er janvier 1814), et celle des Pays-Bas, sous Bulow, suivie bientôt d'autres colonnes. Napoléon, quoique le sénat lui eût accordé 300,000 hommes (15 novembre), ne put d'abord opposer qu'un seul corps d'armée, et les paroles courageuses que firent enfin entendre dans le sein du Corps législatif les voix héroïques des Lainé et des Raynouard, ne permettaient plus de douter de sa disgrâce. Réunion des armées alliées en Champagne (25 janvier). Victoire de Blücher près de Brienne (Rothière) (1er février), après laquelle s'avancèrent sur Paris l'armée de Silésie le long de la Marne, et la grande armée le long de la Seine, en même temps qu'elle s'étendait jusqu'à Lyon, où Augereau s'efforçait de rassembler une armée.

82. L'événement des combats n'était pas le plus hasardeux : celui des négociations présentait encore plus de dangers. Incertain d'atteindre le but par la voie des armes, on ouvrit le congrès de Châtillon (1814); quelle paix aurait-il pu produire, si la hauteur et la duplicité du despote n'en avaient amené la rupture? Il en résulta, au lieu de la discorde, une plus étroite union entre les alliés, resserrée à Chaumont par les nœuds d'une quadruple alliance. Déjà on concevait l'espoir de voir replacer par la nation même l'ancienne dynastie sur le trône. Des Bourbons s'empressèrent d'accourir à l'armée des alliés et à celle de Vellington; et depuis la dissolution du congrès, comme auparavant, il devint de plus en plus évident que la vraie régénération de l'Europe n'était possible que par le rappel de cette auguste maison.

Congrès de Châtillon (3 février — 15 mars) sans armistice. Il était encore au pouvoir de Napoléon de conserver le trône et l'empire, s'il eût voulu se contenter de l'ancienne France. Mais il prétendait que le Rhin et les Alpes, avec tous leurs points d'attaque, restassent ses frontières; que l'Italie appartînt à son beau-fils, et que ses frères fussent indemnisés. Quel bonheur qu'il se montrât si exigeant! Durant le congrès, l'Angleterre, la Russie, l'Autriche et la Prusse contractent à Chaumont (1er mars 1814) une quadruple alliance pour vingt années : 1° chaque puissance s'oblige à fournir 150,000 hommes pour la continuation de la guerre; 2° l'Angleterre promet un subside de 5 millions sterlings; 3° interdiction de tout traité séparé.

Ainsi on veillait non-seulement aux intérêts présents, mais encore à ceux de l'avenir.

Plénipotentiaires : à Châtillon, le duc de Vicence, et, pour les alliés, lord Cathcart, le comte de Rasumowsky, le comte de Stadion et de Humboldt ; — à Chaumont, lord Castlereagh (c'était la première fois qu'on voyait en personne, sur le Continent, un secrétaire d'État des affaires étrangères d'Angleterre), le prince de Metternich, de Hardenberg et de Nesselrode.

83. La guerre cependant continuait avec des succès divers. Les forces de Napoléon s'augmentaient au lieu de diminuer, et il lui était facile de les concentrer sur un seul point et d'y obtenir des avantages. Déjà même la retraite de la grande armée était commencée, quand l'épée de Blücher fit triompher à Laon la cause des alliés. La capitale de la France devint dès ce moment le but de tous les efforts, et Napoléon lui-même, égaré par son mauvais génie, en fraya le chemin. Une bataille à ses portes était cependant encore nécessaire ; et pour la première fois on y entendit le bruit de l'artillerie ennemie. Ainsi tomba Paris, et il eut ensuite au milieu de ses remparts, avec les armées victorieuses, les monarques triomphants, et bientôt après son roi légitime.

Après la séparation des deux armées, à la suite de la bataille de Brienne, divers combats le long de la Marne, et célèbre retraite de Vauchamp et de Montmirail par Blücher avec son armée enveloppée (14 février). La grande armée s'avance le long de la Seine jusqu'à Fontainebleau ; mais après la défaite du prince royal de Wurtemberg, à Montereau (18 février), malgré son héroïque résistance, retraite sur Troyes, et vaines négociations pour un armistice. Le sort de l'Europe était encore une fois en balance. Sur ces entrefaites, Blücher, déjà replié jusqu'à Laon, y est rejoint par un corps de l'armée du Nord, y donne bataille, et remporte une victoire signalée (9 et 10 mars). La grande armée se rallie et revient sur ses pas (18 mars). Bataille d'Arcis-sur-Aube (20 mars), après laquelle Napoléon prend la résolution de manœuvrer sur les derrières de l'ennemi, et lui ouvre par là le chemin de sa capitale. Marmont et Mortier sont battus à Lafère-Champenoise (25 mars). Marche des alliés sur Paris. Bataille sous ses remparts. Prise des hauteurs de Montmartre, et capitulation (30 mars). Entrée des alliés le lendemain, tandis que des cris de victoire retentissaient dans toute l'Europe. La campagne avait duré un an , cinq mois et onze jours depuis Moskow, et sept mois et cinq jours de la Silésie à Paris. — Dans le même temps , Wellington , non moins favorisé par la fortune, poursuivait Soult jusqu'à la Garonne. Il occupe Bordeaux (12 mars); et c'est dans cette ville, la première, que flotte l'étendard royal; il s'empare de Toulouse (10 avril), après, hélas ! que de nouveaux flots de sang eurent été répandus (on avait retenu les courriers de Paris). Les alliés s'étaient déjà rendus maîtres de Lyon (19 mars), et maintenant les armées de la Moskówa et du Tage pouvaient se donner la main.

84. Avec la capitale, la France entière était prise, car ici la capitale est tout. La sage modération des vainqueurs, flattant la vanité nationale, fit le reste. La déclaration qu'il ne serait plus traité avec Napoléon, ni avec personne de sa famille (il avait nommé son épouse régente), était décisive et montrait à la nation, sans qu'il fût besoin de l'exprimer, ce qu'elle avait à faire. Le sénat, hier encore esclave de Bonaparte, prononça sa déchéance, et nomma un gouvernement provisoire. Le conseil général du département vota pour le rétablissement de Louis XVIII sur le trône.

Déclaration d'Alexandre et des alliés (31 mars). Proclamation de la déchéance de Napoléon par le sénat (1er avril). Il était important de la faire prononcer par une autorité compétente. Gouvernement provisoire de cinq membres, dont Talleyrand est le chef. Le conseil général du département de la Seine fut le premier à demander le rétablissement des Bourbons (2 avril).

85. On ne crut pas que la déchéance suffît ; on désira d'obtenir une abdication. Convaincu de l'impossibilité de reprendre Paris, au secours duquel il était trop tard accouru, de plus en plus abandonné par l'armée et par les maréchaux, Napoléon consentit enfin à se démettre, après d'inutiles tentatives en faveur de son fils et de vaines réserves pour lui-même et pour sa famille. C'est ainsi qu'il descendit de son trône brisé, à des conditions dans lesquelles la magnanimité des alliés l'emporta sur les conseils de la politique.

Rapide marche rétrograde de Napoléon, de Troyes sur Paris, jusqu'à

Fontainebleau (30 mars). A la nouvelle de sa déchéance, défection de Marmont et de son corps d'armée (3 avril). Négociation par l'intermédiaire de Ney et de Macdonald, et abdication, sans condition, pour lui et pour ses héritiers (10 avril). Mais le lendemain (11 avril), traité par lequel 1° il confirme sa renonciation pour lui et pour les siens à toute souveraineté et domination sur la France ; 2° il reçoit l'île d'Elbe en toute souveraineté, avec deux millions et demi de rente payables par la France ; 3° il conserve une garde de 400 hommes ; 4° son épouse obtient, en pleine souveraineté héréditaire, pour elle et pour ses descendants, les duchés de Parme, de Plaisance et de Guastalla : ils gardent le titre, l'un, d'empereur ; l'autre, d'impératrice ; 5° il est, en outre, assigné un revenu à la famille Bonaparte et un établissement au prince Eugène. — Départ de Bonaparte, et son arrivée à l'île d'Elbe (4 mai).

86. Sur le terrain ainsi aplani fut relevé le trône des Bourbons. Ce n'était pas la différence d'un trône royal avec un trône impérial qui promettait un autre avenir à l'Europe : il lui était garanti par la différence des souverains qui y siégeaient, par leur position, et surtout par leurs sentiments et leur caractère. Une paix avec Napoléon, quelque restreinte qu'eût pu être l'étendue de l'empire, n'eût jamais été qu'une trève, pendant laquelle on n'aurait pu un seul moment poser les armes.

Arrivée du comte d'Artois (12 avril), envoyé par le roi en qualité de lieutenant général du royaume, et ensuite accord avec les alliés pour la cessation de toute hostilité et pour l'évacuation des places fortes hors du territoire de l'ancienne France, exécuté pour Mayence (4 mai) ; pour Wesel, (8 mai) ; pour Magdebourg (14 mai) ; pour Hambourg (25 mai), et pour d'autres, dans le courant du même mois. — Débarquement de Louis XVIII à Calais (25 avril), après être resté éloigné pendant 23 ans de son royaume. Il avait successivement résidé en Italie, en Allemagne, en Russie et, en dernier lieu, en Angleterre. Il entre à Paris (3 mai), après avoir rejeté la constitution du sénat, mais en promettant une charte.

87. Rendre la paix à la France et à l'Europe fut le soin bienfaisant dont s'occupa d'abord le monarque rétabli dans ses droits. La négociation n'était pas difficile avec un prince dans lequel les autres souverains voyaient leur égal, et leur présence la rendit plus prompte. D'un côté, on renonça à la chimère de

la domination universelle, et de l'autre on se montra fidèle à la promesse de laisser la France grande et puissante. Le resserrement de la France dans ses anciennes limites fut la base fondamentale du traité.

Conclusions de la première paix de Paris (30 mai 1814.) : 1° la France conserve l'intégrité de ses limites, telles qu'au 1er janvier 1792, avec quelques additions à ses frontières de l'est et en Savoie, et elle est maintenue dans la possession d'Avignon; 2° la France reconnaît l'indépendance de la Hollande avec ses agrandissements éventuels, de tous les États d'Allemagne qui pourront s'unir par un lien fédératif, de la Suisse et de l'Italie ; 3° l'Angleterre restitue à la France ses colonies, même la Guadeloupe, à laquelle renonce la Suède, excepté néanmoins, Tabago, Sainte-Lucie et l'île de France avec ses dépendances ; la France, de son côté, se soumet à ne pas fortifier ses places dans les Indes orientales et à n'y tenir des troupes que pour la police; 4° Malte reste à l'Angleterre; 5° le Portugal rend la Guyane française, dont il est fait une nouvelle démarcation ; 6° les deux tiers des vaisseaux de guerre et des approvisionnements de marine dans les ports abandonnés par la France lui sont attribués; 7° les alliés renoncent à toute répétition des sommes qu'ils pouvaient avoir à prétendre de la France, pour marchés, fournitures et avances (1); 8° la France s'oblige à payer les créances de cette nature dues à des particuliers ; 9° la France s'engage envers l'Angleterre à abolir le commerce des esclaves dans le délai de cinq ans.

Plénipotentiaires : Talleyrand, et, du côté des alliés, lord Castlereagh, Rasumowsky, Metternich et Hardenberg.

88. Le même mois qui rendit son roi à la France vit aussi trois rois expulsés de leur trône y remonter. Pie VII rentra dans Rome, Ferdinand VII dans Madrid, et Victor-Emmanuel dans Turin. En vain Napoléon, tandis qu'il tenait le pape prisonnier à Fontainebleau, avait-il essayé de l'effrayer par des menaces ; en vain avait-il voulu abuser le monde par un faux concordat : le retour du pontife rendit la tranquillité à ses États. Il en fut autrement en Espagne : après le rejet de la constitution presque républicaine des cortès, il s'éleva entre le pouvoir

_____

(1) Ici l'auteur s'écrie : *quelle générosité! (Note du Traducteur.)*

absolu et la liberté un terrible conflit qui n'a pas eu encore de résultat définitif (1).

Séjour du pape captif à Fontainebleau (juin 1812 à juin 1813). Au retour de Moskow (23 janvier), publication d'un concordat comme conclu, quoique Pie VII n'en eût adopté que provisoirement et qu'à de certaines conditions les dispositions fondamentales. Protestation du pape contre cet acte. Il est ramené à Savone (24 janvier), et ensuite remis aux Autrichiens (31 mars). Il fait son entrée solennelle à Rome (24 mai). — Celle de Ferdinand à Madrid avait eu lieu le 14 mai, et le retour de Victor-Emmanuel à Turin s'effectua vers la même époque.

89. Quoiqu'on préparât ainsi de toutes parts les matériaux destinés à reconstruire l'édifice détruit du système politique de l'Europe, personne ne pouvait se dissimuler combien il en manquait encore pour sa restauration. Les souverains, unis dans la paix comme dans la guerre, y pourvurent dans un congrès général à Vienne. Tandis qu'on s'occupait de cet important ouvrage, ils resserraient personnellement les nœuds de l'amitié qu'ils s'étaient réciproquement vouée, et qui embrassaient aussi la maison royale et le prince régent d'Angleterre. Du sein des orages de cette époque, apparut un des plus beaux phénomènes : la politique se confondant de plus en plus avec l'humanité.

Visite à Londres (7-22 juin 1814) de l'empereur Alexandre et du roi Frédéric-Guillaume, accompagnés de leurs généraux, Blücher, Platow, etc. Ils sont reçus par la nation anglaise avec enthousiasme.

90. Congrès de Vienne. Aucun autre, sans même en excepter celui de Westphalie, n'avait eu à régler autant et de si grands intérêts : il s'agissait de ceux de toute l'Europe, et de l'Europe bouleversée plus qu'elle ne l'avait jamais été. Quelle issue des délibérations de cette assemblée, et, dans tous les cas, quelle durée de ses résolutions pouvait-on se promettre ? Heureusement il existait deux circonstances favorables : en premier lieu, l'accord par avance sur la plupart des points principaux, personne

(1) Le pouvoir absolu a depuis lors perdu sa cause ; la liberté a-t-elle irrévocablement gagné la sienne ? *(Note du Traducteur.)*

ne doutait de la nécessité de maintenir la monarchie française dans l'intégrité de son état actuel, ni de celle de rétablir l'Autriche et la Prusse sur leur ancien pied, ainsi qu'il avait été déjà convenu par des traités ; secondement, la présence personnelle, le caractère et l'amitié réciproque des souverains : leur présence abrégeait, leurs sentiments facilitaient tout. Toutefois, il ne pouvait manquer de pierres d'achoppement ; les plus considérables consistaient dans les difficultés relatives au sort de la Pologne et de la Saxe, et à l'organisation politique et territoriale de l'Allemagne. Ce n'était pas sans quelque fondement que l'on craignait la rupture des conférences. On parvint cependant à une conclusion : elle fut soudainement amenée par un événement extraordinaire et imprévu, qui fit taire tous les intérêts particuliers : *l'homme du destin* devait encore se relever, mais pour affermir lui-même ce qu'il avait voulu renverser, et afin que les princes et les peuples apprissent ce que c'est que la nécessité.

Ouverture en forme du congrès de Vienne, après quelques négociations préliminaires (1er novembre 1814). Il dura jusqu'au 25 mai 1815. Les résultats en sont indiqués dans la dernière section ci-après.

Il s'y trouvait en personne : les empereurs d'Autriche et de Russie ; les rois de Prusse, de Danemarck, de Bavière et de Wurtemberg ; l'électeur de Hesse, le grand-duc de Bade ; les ducs de Saxe-Weimar, de Brunswick, de Nassau, de Cobourg, et un grand nombre d'autres princes. — Les principaux ministres et envoyés étaient : pour le pape, le cardinal Consalvi ; pour l'Autriche, le prince de Metternich ; pour la Russie, le prince Rasumousky et les comtes de Stackelberg et de Nesselrode ; pour la Prusse, le prince de Hardenberg et M. de Humbold ; pour la France, le prince de Talleyrand et le duc de Dalberg ; pour l'Espagne, les comtes de Palmella et Lobo de Sylveira ; pour les Pays-Bas et Nassau, MM. de Spoen et de Gagern ; pour le Danemarck, le comte de Bernstorff ; pour la Sardaigne, le marquis de Saint-Marsan ; pour la Bavière, le prince de Wrède et le comte de Rechberg ; pour Wurtemberg, le comte de Wintzingerode ; pour le Hanovre, le comte de Munster et le comte de Hardenberg ; pour la Saxe, le comte de Schulembourg, etc., etc.

91. Retour de Napoléon de l'île d'Elbe en France, et renversement momentané du trône royal encore mal affermi. Com-

ment aurait-il pu l'être, quand la nation connaissait à peine son roi, quand l'armée n'était pas encore réorganisée, quand les yeux de l'une et de l'autre étaient encore fascinés par l'éclat d'une prétendue gloire ? On s'aperçut bientôt néanmoins que le trône impérial relevé avait peu de solidité, et pour fondement, non le vœu de la nation qui en souffrit le rétablissement, mais seulement celui de l'armée. Et quelle perspective que celle d'une armée donnant des lois à l'empire et à l'Europe !

Débarquement de Napoléon à Cannes (1er mars 1815), avec environ 1,500 hommes, et marche rapide sur Paris, sans gloire, puisqu'elle fut sans obstacles. La conspiration pour son retour paraît ne s'être pas étendue bien loin, parce qu'on pouvait et qu'on devait compter sur le concours des troupes et de leurs chefs à son apparition. Il entre à Paris (20 mars). Le roi s'était retiré, d'abord à Lille, ensuite à Gand. Cependant, en reprenant son ancien titre, l'usurpateur n'avait pas recouvré son ancienne puissance ; les partis que jadis il dominait exerçaient maintenant sur lui leur empire, et la cérémonie du Champ de Mai (1er juin) ne fut que la parodie de Charlemagne. Les préparatifs de la guerre n'en étaient que plus accélérés, car il comprit facilement que toutes ses propositions de paix ne la lui procureraient pas.

92. La nouvelle du retour de Bonaparte trouva heureusement le congrès encore assemblé. On y prit les mesures les plus promptes et les plus décisives. L'usurpateur fut déclaré, par un acte exprès, l'ennemi des peuples, et mis hors de la loi des nations, et une étroite alliance réunit également contre lui les petites et les grandes puissances. Les chances de la guerre pouvaient être incertaines ; mais une issue définitivement favorable pour lui semblait impossible, car les souverains étaient désormais sûrs de leurs peuples.

Déclaration contre Napoléon signée (13 mars) par l'Autriche, la Russie, l'Angleterre et la Prusse, comme par la France, l'Espagne, le Portugal et la Suède, et suivie d'une alliance entre les quatre grandes puissances (Vienne 25 mars) : 1° confirmation de l'alliance de Chaumont, pour le repos et l'indépendance de l'Europe, contre Napoléon et ses adhérents ; 2° le contingent de chaque puissance est fixé à 180,000 hommes ; 3° toutes les puissances de l'Europe sont invitées à entrer dans cette coalition. — *Toutes* excepté la Suède, occupée en Norwége, tous les États de l'Allemagne et la Suisse, y accédèrent, l'Espagne aussi, mais conditionellement, et la plupart firent des traités de subsides avec l'Angleterre. La totalité des contingents ne s'éleva pas à moins de 1,057,400 hommes.

93. Ainsi l'Europe entière était mise encore une fois en mouvement par un seul homme; car le danger eût été grand en effet, si l'on n'y avait pris garde, et l'on put facilement se douter que l'usurpateur ne se laisserait pas prévenir par ses ennemis. On rassembla donc aussi promptement qu'il fut possible, dans les Pays-Bas, une armée anglo-allemande, commandée par Wellington, et une armée prussienne, sous les ordres de Blücher. Leur adversaire ne se laissa pas longtemps attendre; mais la grande journée de Waterloo le précipita une seconde fois dans la poussière, et sauva l'Europe.

Napoléon se porte sur les frontières à la tête de 170,000 hommes (15 juin). Bataille de Ligny, contre Blücher (16 juin). Malgré leur courageuse résistance (le valeureux vieillard lui-même foulé aux pieds des chevaux), les Prussiens sont repoussés jusqu'à Wavres. Le même jour, combat de Ney, aux Quatre-Bras, contre le duc de Brunswick, qui y périt victime d'une bravoure héréditaire. Réunion à Waterloo et à la Belle-Alliance de l'armée de Wellington, composée d'Anglais, de Hanovriens, de Hollandais et de sujets des ducs de Brunswick et de Nassau. Napoléon attaque (18 juin) avec une grande supériorité de forces (1). Après un terrible combat, la victoire flottait, le soir, encore incertaine, lorsque Blücher arriva fort à propos, et décida l'affaire. Défaite, fuite de l'armée française, qui, poursuivie par Gneisenau, est mise dans une complète déroute. Sauvé avec beaucoup de peine, et laissant tout en péril, le chef fugitif alla porter lui-même à Paris la nouvelle de son désastre. Son étoile l'avait pour toujours abandonné.

94. La prise de Paris, pour la seconde fois, fut la suite de

(1) L'armée française sur le champ de bataille à Waterloo était de 68,650 hommes, et l'armée anglo-hollandaise, aux ordres de Wellington, était de 89,500 hommes. L'armée prusso-saxonne, à Wavres, était de 75,000 hommes. — Voyez *Mémoires pour servir à l'histoire de France en 1815,* in-8°. Cet ouvrage forme le livre 9e des *Mémoires de Napoléon.* (*Note du Traducteur.*)

cette victoire. Il n'y eut point de sang répandu ; mais le bouleversement de la France paraissait inévitable. Les restes de l'armée battue se retirèrent, en vertu d'une capitulation, au delà
de la Loire. La plupart des commandants des places fortes refusèrent de les rendre. Point de sécurité sans le licenciement
de l'armée. Le premier pas et le plus important vers ce but était
de décider le chef à une nouvelle abdication. Il y consentit, dans
la crainte d'être destitué par les chambres que lui-même avait
convoquées, et la dissolution de l'armée ne souffrit aucune difficulté (1). Il partit pour Rochefort avec l'intention et l'espérance
de passer en Amérique ; mais dans l'impossibilité d'accomplir
ce dessein, il se rendit aux Anglais.

Abdication de Napoléon en faveur de son fils (22 juin), acceptée le lendemain par les chambres. L'avenir nous apprendra combien peuvent avoir
influé sur cette résolution les conseils de Fouché, alors président du gouvernement provisoire, et qui, longtemps ministre de la police, connaissait
son maître mieux que personne, et n'était pas moins connu de lui. Il part
pour Rochefort (28 juin), et après d'inutiles tentatives pour échapper à la
croisière anglaise, il se rend à l'amiral Hotham, passe sur le vaisseau
anglais le Bellerophon (15 juillet), est conduit en Angleterre, et de là,
sans avoir débarqué, transféré sur le Northumberland, et déporté à Sainte-
Hélène (8 août) d'après le vœu unanime des puissances alliées (31
juillet). Arrivé à sa destination (16 octobre), considéré comme prisonnier
de guerre en vertu d'une convention des alliés (2 août), il est étroitement
gardé, et toute tentative pour sa délivrance est déclarée crime capital par
le parlement d'Angleterre (11 avril 1816). *Quem cursum dederat fortuna
peregit.*

95. Retour du roi dans sa capitale (8 juillet), après une absence de cent jours. Mais que d'efforts les alliés avaient faits, et
que d'expérience ils avaient acquise dans ce court espace de

(1) L'abdication précéda de longtemps la dissolution de l'armée, et n'eut
point pour but de faciliter cette dernière opération, à laquelle ne songeaient
nullement les chambres, qui forcèrent le chef à se démettre. Le licenciement,
accordé au vœu des étrangers par le gouvernement du roi, s'effectua de la
part des troupes avec une résignation douloureuse et avec un ordre qui ne
les honorent pas moins que leurs exploits. (*Note du Traducteur.*)

temps ! Devaient-ils avoir rétabli à leurs dépens le trône royal en France, pour le voir peut-être encore une fois renversé ? Ils *devaient pour leurs sujets, encore plus que pour eux-mêmes, exiger des dédommagements pour le passé et des sûretés pour l'avenir.* Leur générosité avait été payée trop cher par leurs peuples. On ouvrit donc de nouvelles négociations avec le gouvernement royal réintégré, et l'on convint, pour les indemnités, d'une somme d'argent, et, pour les garanties, d'une nouvelle ligne divisoire, de la cession de quatre places fortes, et d'une occupation temporaire des frontières aux frais de la France.

Second traité de Paris, conclu après de longues conférences (20 novembre 1815) : 1° cession, sur les frontières d'Allemagne, de Philippeville, Mariembourg, Saarlouis et Landau et de son district jusqu'à la Lauter, et restitution de la partie de la Savoie restée à la France ; 2° Huningue sera démantelé ; 3° les frontières du nord et de l'est, avec dix-huit places fortes, seront occupées pendant cinq ans par 150,000 hommes des armées alliées, entretenues par la France : après trois ans, on délibérera sur la convenance de l'évacuation de ces troupes ; 4° la France paie à titre d'indemnité, à des époques déterminées, 700 millions, sans préjudice des répétitions des particuliers pour fournitures. Ce dernier objet ainsi que les détails des conditions ci-dessus doivent être réglés par des conventions spéciales. — Les monuments des arts conquis par les Français, et dont ils avaient décoré Paris, cette propriété sacrée des peuples , furent très-justement repris sans convention expresse (1). On ne les avait pas vu sans murmure laisser à Paris lors de la première reddition.

Plénipotentiaires : pour la France, le duc de Richelieu; pour l'Autriche, le prince de Metternich et M. de Wessenberg; *pour l'Angleterre,* lord Castlereagh et le duc de Wellington ; pour la Russie, le prince Rasumousky et le comte Capo d'Istria; pour la Prusse, le prince de Hardenberg et M. de Humbold.

96. A la chute de Napoléon , Murat reçut aussi le prix de la duplicité de sa conduite. Abusé par le succès apparent de l'entreprise de son beau-frère, il s'était de nouveau déclaré en sa

---

(1) Beaucoup le furent contre la foi de traités positifs qui en avaient stipulé la cession; tous contre l'esprit de la capitulation qui les avait évidemment réservés. (*Note du Traducteur.*)

faveur; mais l'Autriche ne lui laissa pas le temps de marcher à son secours. Après une campagne de moins de deux mois , il perdit son royaume, et fut bientôt réduit à errer en fugitif et en criminel sans asile.

Depuis la restauration, les cours de la maison de Bourbon s'étaient déclarées contre Murat (décembre 1814). L'Angleterre avait aussi repoussé toute alliance avec lui. Avant même le débarquement de Napoléon il avait fait des préparatifs, et aussitôt qu'il connut cet événement, il jeta le masque. Tandis qu'il appelait les peuples d'Italie à la liberté (30 mars), l'Autriche lui déclarait la guerre (10 avril), et s'alliait avec Ferdinand de Sicile (29 avril). Combat sur le Pô contre Bianchi et Nugent, bientôt suivi d'une retraite. — Combat de Tolentino (2 et 3 mai), et du Garigliano (16 mai). — Capitulation du général Carascosa (20 mai). — Prise de Naples et rétablissement de Ferdinand. — Murat se sauve d'Ischia en France. Après la défaite de Napoléon, il se réfugie en Corse, passe en Calabre, y débarque à Pizzo, est fait prisonnier, déclaré criminel et passé par les armes (13 octobre).

97. **La destinée du Danemarck s'était aussi fixée. Lorsque après la traité de Kiel la Norwége refusa de reconnaître la cession de ce royaume à la Suède , et proclama le gouverneur pour son roi , il fallut encore une campagne courte et peu meurtrière du prince royal de Suède pour ramener la paix. La promesse de la liberté et d'une existence politique indépendante faite à la Norwége produisit plus d'effet que la force des armes; et ce royaume et la Suède forment deux Etats séparés, soumis au sceptre d'un même roi.**

La publication du traité conclu à Kiel (14 janvier) cause beaucoup d'agitation en Norwége. Son indépendance est proclamée par son gouverneur, le prince Christian Frédéric de Danemarck (9 février). Convocation de la diète (*storthing*) à Eidswold (10 avril), dans laquelle il est déclaré roi constitutionnel (17 mai). Vaine tentative d'accommodement (juillet) par une commission des alliés, qui insiste pour la soumission. Blocus par une escadre anglaise. — Commencement des hostilités (4 août); mais après quelques petits combats et la reddition des places forces qui ouvraient le chemin de Christiania, armistice à Moss (14 août). Le prince Christian Frédéric résigne ses pouvoirs. La diète déclare la réunion de la Norwége à la couronne de Suède, mais comme royaume indépendant , et Charles XIII est proclamé roi de Norwége (4 novembre 1814.)

DEUXIÈME SECTION.

HISTOIRE DES COLONIES, DE 1804 A 1815.

1. Moins il était praticable de soumettre les colonies au joug de la domination universelle, plus les grands bouleversements de l'Europe qui signalèrent cette période durent exercer sur elles une influence immédiate. Ils devaient inévitablement les conduire à l'indépendance, autant du moins que le permettaient leur nature et la puissance maritime de l'Angleterre. Un nouvel ordre de choses s'établit en Amérique : le feu de la révolution se communiqua de l'ancien monde au nouveau, et n'y alluma pas un moindre incendie. Les Indes orientales en étaient garanties par leur situation et par leurs circonstances politiques, et cependant là aussi s'opérèrent de grands changements d'une autre espèce ; il en fut de même en Afrique. La cinquième partie du monde elle-même, son Continent comme ses îles, devint, pour ainsi dire, de plus en plus européenne.

2. Les États-Unis d'Amérique n'éprouvèrent aucune modification dans la forme de leur gouvernement ; mais l'étendue de leur territoire, leur population et leurs revenus furent doublés par l'acquisition de la Louisiane et de la Floride orientale. Le succès de la colonisation de ces pays, surpassant toute espérance, éleva de dix-sept à vingt-deux les États de la confédération, et plusieurs autres arrondissements étaient sur le point d'y être admis.

Les vingt-deux Etats formant actuellement l'Union sont, indépendamment du territoire de Washington, la capitale : 1° Pensylvanie ; 2° New-York ; 3° Maryland ; 4° Delaware ; 5° Rhode-Island ; 6° Connecticut ; 7° Massachusset ; 8° New-Jersey ; 9° Vermot ; 10° New-Hampshire ; 11° Virginie ; 12° Caroline septentrionale ; 13° Caroline méridionale ; 14° Géorgie ; 15° Tenessée ; 16° Kentucky ; 17° Ohio ; 18° Indiana ; 19° Illinois ; 20° Nouvelle-Orléans ou Louisiane ; 21° Mississipi ; 22° Allabama (Géorgie occidentale). Les territoires de Maine, Mitchigan et Missouri ne doivent pas tarder à entrer comme Etats dans l'Union. La Floride occidentale, du Mississipi au

Perdido et à la Mobile, fut réclamée et occupée comme dépendant de la
Louisiane (28 octobre 1810). La population s'est accrue de six à onze millions, et les revenus ont été portés de 12 à 24 millions de dollars, sans augmentation d'impôts.

3. Quoique la constitution soit restée intacte, l'esprit de parti
n'en a pas été moins actif, et, à plus d'une époque, il a menacé
de conséquences fâcheuses. Les démocrates et les fédéralistes,
ceux-là dominant principalement dans les États du midi et de
l'intérieur, et originairement partisans du système agricole ;
ceux-ci, dans les États du nord, et tenant pour le système commercial, trouvèrent de l'aliment dans les querelles de l'Angleterre et de la France. Les premiers formèrent en quelque sorte
le parti français, et les seconds, le parti anglais ; mais l'amour
de la patrie et l'attaque des Anglais contre la capitale les rallliè-
rent, et depuis le retour de la paix en Europe, l'un et l'autre
semblent chaque jour davantage n'exister que de nom.

4. Un pays commerçant comme l'Amérique ne pouvait éviter
d'être impliqué dans les débats qui faisaient de la guerre entre
la France et l'Angleterre une guerre de commerce. Mais les colli-
sions devaient naturellement s'établir avec l'État qui régnait sur
la mer, et la France sut adroitement profiter de cette circonstance pour accroître son influence sur le gouvernement, et le
pousser enfin à la guerre.

Les causes premières de la mésintelligence se développèrent graduellement,
et s'accrurent par l'oppression progressive de la navigation et du commerce.
D'abord (23 avril 1806) *non importation's act* contre l'introduction d'un
grand nombre d'objets de manufactures anglaises. Longues négociations,
et discussions toujours plus vives, provoquées en partie par de nouvelles
vexations sur la mer, et principalement par les ordres du cabinet britannique, et en partie par les décrets français de 1806 et 1807, qui anéantis-
saient le commerce des neutres. Ensuite *embargo act* (22 décembre 1807),
qui défend la sortie de leurs propres vaisseaux. Plus tard (1er mars 1809),
non intercourse act, interdiction de toute relation avec l'Angleterre et
avec la France et leurs colonies, et toute importation des produits de l'une
et de l'autre jusqu'à nouvel ordre. Cette résolution est renouvelée et fortifiée
(1er mai 1810). Alors Napoléon rapporte une partie de ses décrets à l'égard

de l'Amérique (28 avril 1811); et par suite, rapprochement toujours plus sensible de l'Amérique avec la France, et éloignement non moins évident de l'Angleterre, jusqu'à la déclaration de guerre contre cette puissance (18 juin 1812), après qu'un embargo général eût été mis sur tous les vaisseaux, étrangers et nationaux, qui se trouvaient dans les ports américains (4 avril). La déclaration de l'Angleterre (24 juin) annonçant la rétractation des ordres du cabinet arriva trop tard.

5. Cette guerre ne pouvait ressembler à celles de l'Europe : elle se fit avec de petits corps de troupes sur les frontières, particulièrement sur celles du Canada, et avec des bâtiments isolés. La marine américaine naissante s'y couvrit de gloire; il n'en fut pas ainsi des forces de terre; la capitale même tomba au pouvoir des Anglais; et la Nouvelle-Orléans seule fut défendue avec courage et avec succès. Les négociations de Gand rétablirent fort à propos la paix ; elle laissa à l'Angleterre une entière liberté d'intervenir dans la guerre prête à se rallumer en Europe.

La petite guerre sur les frontières et sur les lacs du Canada, à laquelle participèrent aussi les sauvages, réussit, il est vrai, assez mal aux Américains sur terre; mais les Anglais eux-mêmes n'en tirèrent que peu d'avantages. Prise de Washington et incendie de tous les édifices publics par le général Ross (24 août 1814). Cette violence est blâmée en Angleterre même; mais le général Packenham attaque sans succès la Nouvelle-Orléans, vaillamment défendue par le général Jackson (8 janvier 1815). La paix avait été conclue à Gand peu de jours auparavant (24 décembre 1814). Conditions : 1° fixation de la ligne de démarcation du côté du Canada jusqu'au lac des Bois (*Lake of Woods*) et aux îles dans la baie de Passamaquoddy. L'exécution en est renvoyée à des commissaires; 2° restitution de toutes les conquêtes; 3° les deux parties s'engagent à faire tout leur possible pour l'abolition du commerce des esclaves.

Plénipotentiaires : à Gand, pour l'Angleterre, l'amiral Gambier, etc. ; pour l'Amérique, Albert Gallatin, John Adams, etc.

6. Cette guerre, qui révéla le fort et le faible des Etats-Unis, augmenta leur dette publique; mais ils n'en recueillirent pas moins de grands avantages : d'abord l'affermissement de l'Union, principalement depuis l'incendie de Washington, qui confondit dans un même sentiment les opinions divergentes du nord et du midi ; ensuite, par l'effet de l'interruption de tout commerce extérieur, l'établissement de manufactures et de fabriques ; enfin la création d'une marine dont le besoin se fit sentir, et qui devint l'objet principal des soins du gouvernement. L'Angleterre s'était donné elle-même une rivale : lui était-elle donc nécessaire pour le maintien de sa propre grandeur ?

7. La paix étendit sur toutes les mers la navigation et le commerce des Etats-Unis : leur pavillon flotta sur celles des deux Indes et de la Chine, comme sur celles de l'Europe, et ils firent trembler les pirates de la Méditerranée. Leur territoire s'agrandit jusqu'à l'embouchure de la Colombia dans le grand Océan ; le cours du Mississipi et de tous ses affluents leur appartient ; l'acquisition de la Louisiane, où la Nouvelle-Orléans offre déjà une importante place de commerce, est mise au rang des plus grands événements, et si les frontières sont encore trop resserrées par les possessions espagnoles, il ne paraît plus douteux, malgré quelques difficultés du côté du Nouveau-Mexique, que les deux Florides seront incorporées au territoire de la république (1). Le temps viendra où l'on voyagera en poste d'un océan à l'autre.

Jusqu'à présent le droit maritime pratique des Américains, dans leurs traités de commerce et dans leurs ordonnances, a consisté dans une rigoureuse réciprocité. Ainsi la disposition de leur *act of navigation* (1er mars 1817), qui « défend l'introduction en Amérique de toute marchandise » étrangère autrement que par les navires des Etats-Unis, ou que par des » bâtiments appartenant à des sujets ou à des citoyens des pays qui ont » produit les marchandises ou dans lequel elles ont été fabriquées, » ne s'applique pas aux vaisseaux des nations qui n'ont pas un semblable règlement. C'est sur le même principe qu'est fondé l'acte de la même date, par lequel « l'entrée des ports américains est interdite à tout navire anglais » venant des ports des Indes occidentales où les vaisseaux américains ne » sont pas admis. » Le traité de commerce avec l'Angleterre (3 juillet 1815) stipule : 1° réciprocité à l'égard de la liberté de commerce et des droits ; 2° liberté de commerce pour les Américains dans les ports anglais des Indes

_____

(1) Cette réunion s'est en effet opérée. (*Note du Traducteur.*)

orientales, à l'exception du cabotage ; mais sous l'obligation de transporter leurs cargaisons dans un port américain.

A Statistical view of the commerce of the United States of America; its connection with agriculture and manufactures, and an account of the public debt, revenues and expenditures of the United States; accompanied with tables illustrative of the principales and objects of the work; by TIMOTY PITKIN, a member of rhe house of representatives. Hartford, 1816. — *Coup d'œil statistique sur le commerce des États-Unis d'Amérique et sur ses rapports avec l'agriculture et les manufactures, et état de la dette, des revenus et des dépenses publiques, accompagnés de tables explicatives des principaux objets de l'ouvrage;* par THIMOTÉE PITKIN, membre de la chambre des représentants. Hartford, 1816. — *La meilleure et la plus récente* statistique des États-Unis.

8. La fidélité des colonies anglaises du Canada et de la Nouvelle-Ecosse a été éprouvée dans la dernière guerre avec la Grande-Bretagne. Quels motifs auraient eus de s'agiter, pour se procurer l'indépendance, des colonies qui jouissaient déjà d'une constitution libre, n'éprouvaient aucune contrainte religieuse, ne payaient point d'impôts, et voyaient chaque année s'augmenter leur population et leur richesse? Si dans le temps où tous les autres lieux d'approvisionnements étaient fermés, leur importance s'est accrue aux yeux de l'Angleterre par les ressources qu'elles lui ont offertes pour elle-même et pour ses autres possessions des Indes occidentales, en bois de construction, en grains, etc. , elle les a récompensées par une administration plus douce que celle d'aucune autre colonie. Ici, une fois du moins, les leçons de l'histoire n'on pas été tout-à-fait inutiles.

Acte du parlement (1791) qui organise le régime des deux Canada. Il est établi un gouverneur général dans l'inférieur; dans le supérieur, un gouverneur particulier qui ne dépend de l'autre que sous les rapports militaires; dans tous les deux, un conseil (chambre haute) de quinze membres pour le bas Canada , de sept pour le haut , nommés à vie par le gouverneur; et une assemblée (chambre basse) de cinquante, et de seize membres élus tous les quatre ans par les propriétaires. Les bills des conseils et des assemblées n'ont besoin que de la sanction du gouverneur, et ont force de loi lorsque le roi reste deux ans sans les désapprouver. Le parlement d'Angleterre avait

déjà (1788) déterminé le droit fiscal, sous la réserve des règlements commerciaux, et l'acte de Québec (1774) avait précédemmet dérogé à celui
du Test.

*Letters from Canada written during a résidence there in the years,
1806, 1807 and 1808, shewing the present state of Canada, etc.; by* Hugh
Gray. London, 1809. — *Lettres sur l'état présent du Canada, écrites pendant un séjour dans cette contrée, en 1806, 1807 et 1808; par* Hugue
Gray. Londres, 1809. — Ouvrage très-instructif, mais non exempt de préjugés
britanniques.

9. Un État indépendant s'éleva dans le sein de l'Amérique méridionale, par une toute autre voie que celle qu'on avait suivie
dans le nord du même continent. A peu près égal en étendue à
la Russie européenne, mais plus libéralement traité par la nature,
le Brésil, expressément déclaré royaume par son souverain (décembre 1815), dut son existence, sous cette nouvelle forme,
aux bouleversements de la métropole (1807). Il devenait impossible dès lors de le réduire de nouveau à n'être qu'une simple
colonie, quand même la cour serait revenue en Europe (1). Un
autre effet nécessaire de la même cause fut l'ouverture (mars
1808) de tous ses ports aux États neutres et amis; résolution qui
ne tarda pas à influer sur l'amélioration de l'état social. Cependant il n'a pas encore été question ici du perfectionnement de
la constitution et de la limitation des pouvoirs des gouverneurs,
ni de l'abolition du monopole de la couronne. Mais il peut
arriver dans ces pays lointains des choses dont on ne soit pas
promptement informé en Europe. L'attention du gouvernement
a paru se porter moins sur la colonisation que sur le profit des
mines et sur des agrandissements aux dépens de l'Espagne.
L'envahissement de Montevideo (19 janvier 1817) ne permet

(1) Elle y a été rappelée par la révolution qui s'est opérée en Portugal
(1821); mais le prince royal est resté au Brésil en qualité de vice-roi, et jusqu'à présent rien n'indique le projet de subordonner ce nouvel empire à la
métropole. Il cherche, au contraire, à affermir son indépendance en se donnant, à l'imitation de la mère-patrie, un gouvernement représentatif. (*Note
du Traducteur.*)

plus de douter du projet de s'étendre jusqu'aux bords de la Plata.
Quoi qu'il en soit, les progrès de la population et de la richesse
seront une suite naturelle de la liberté de commerce, mais bien
moins prompte que dans le nord de l'Amérique : on ne fait de
grands pas dans cette carrière qu'avec la liberté religieuse et
politique, et l'une et l'autre *sont encore très-retardées au Brésil.*
Il a bien plus le caractère d'une colonie de planteurs que d'une
société agricole, tant par la nature de ses produits, que par le
mode de travail de la terre, qui n'est guère cultivée que par des
nègres esclaves. Leur nombre est, il est vrai, bien moindre ici
que celui des habitants libres ; de plus, ils sont chrétiens, probablement traités avec douceur, disposent pour eux des jours
de fête et peuvent se racheter ; mais ils ne sont pas moins dans
l'esclavage. L'abolition du commerce des esclaves et le perfectionnement graduel du travail libre deviendront le fondement
de la prospérité de cet État, d'autant plus facilement qu'on n'y
trouve pas autant que dans les colonies espagnoles de distinc-
tion de rang entre les blancs et les hommes de couleur. Le
Brésil tient toujours à l'Europe par le Portugal, et ces liens ont
été fortifiés par des mariages, par des alliances et par des traités
de commerce. Ne serait-il pas plus avantageux pour le Brésil de
devenir un État purement américain ?

Traité d'alliance avec l'Angleterre (19 février 1810) : 1° l'Angleterre ne
reconnaît que la maison de Bragance pour légitime possesseur du trône de
Portugal ; 2° elle est autorisée à faire construire des vaisseaux de guerre
au Brésil ; 3° l'inquisition ne doit pas y être introduite, et le Brésil s'engage
à l'abolition de la traite des noirs. — Dans le même, traité de commerce :
1° réciprocité et traitement mutuel sur le pied des nations les plus favorisées ; 2° conventions particulières relatives aux marchandises des deux
Indes ; 3° Goa et Sainte-Catherine sont déclarés ports francs. Ce traité fut
confirmé par celui du 22 janvier 1815. — Mariage du prince royal avec une
archiduchesse d'Autriche (1817). La fille d'un empereur passa les mers pour
monter un jour sur le trône du Brésil.

Dans la disette de sources portugaises, il faut citer les voyages de Coster et
de Mawe, l'un pour les provinces du nord, l'autre pour celles du midi.

10. Les agitations politiques de la mère-patrie amenaient aussi une ère nouvelle pour l'Amérique espagnole, celle de son indépendance et de sa liberté. La lutte fut engagée, non d'abord dans le dessein de se séparer de la couronne d'Espagne, mais seulement par opposition à l'usurpation de Bonaparte et de son frère. Les insurgents américains n'étaient pas plus des rebelles que les Espagnols; mais ils ne voulaient se soumettre ni à la domination des juntes, ni à celle de leur vice-roi et de leurs capitaines généraux dont ils se méfiaient également, et, pour la plupart, non sans raison. A l'imitation des Espagnols, ils créèrent des juntes pendant la captivité de leur roi légitime. Après l'établissement de la régence dans la métropole et le rejet de leurs justes réclamations, ils refusent de la reconnaître, ainsi que l'autorité des cortès qu'elle avait assemblées, et ils sont déclarés rebelles (31 août 1810); c'est ainsi qu'on les contraignit à devenir ce qu'ils ne voulaient pas être; et à la restauration du trône de Ferdinand VII, on était engagé trop avant pour revenir sur ses pas, quand bien même de leur côté la couronne et ses ministres auraient agi avec plus de modération et de droiture. Mais en même temps qu'on ordonnait de poser les armes, Morillo était envoyé avec des desseins hostiles (14 juin 1814). La lutte subsiste encore, mais avec des succès divers, à Caracas, à la Nouvelle-Grenade, au Mexique, à La Plata, au Chili et au Pérou.

Jusqu'au détrônement de la famille royale, il ne s'était manifesté aucun symptôme de soulèvement dans les colonies espagnoles (la tentative de Miranda, à Caracas (1806), où il trouva peu d'assistance, avait été sur-le-champ comprimée). La nouvelle des événements de la métropole, arrivée au mois de juillet 1808, imprima le premier mouvement. Le gouvernement qui se forma demandait : 1° égalité de droits avec les habitants de la métropole ; 2° liberté entière de culture et de manufactures ; 3° liberté d'importation et d'exportation dans tous les ports d'Espagne et des nations amies ; 4° liberté de commerce entre l'Amérique espagnole et les possessions d'Asie ; 5° même liberté de commerce avec les Philippines ; 6° abolition de tout monopole du gouvernement indemnisé par des taxes ; 7° liberté d'exploitation des mines d'argent ; 8° droit d'admission aux emplois et aux dignités ; 9_0 réserve de la moitié des fonctions publiques pour les Espagnols de l'Amérique ; 10º établissement d'une junte dans chaque capitale pour veiller à l'observation de cette dernière disposition ; 11º rétablissement des jésuites pour l'instruction et la conversion des Indiens.

1º Caracas ou Venezuela, six provinces. Pétition des habitants pour la création d'une junte ; mais le gouverneur Las Casas en fit arrêter les signataires. Erection d'une junte suprême pour le maintien des droits de Ferdinand VII, et arrestation des magistrats espagnols (19 avril 1810). Mais après la déclaration de rébellion par le gouvernement espagnol, convocation d'un congrès des Etats-Unis de Venezuela, et proclamation (5 juillet 1811) de l'indépendance de la république, composée des provinces de Caracas, Cumana, Maracaïbo, Guyana, Barinos et l'île Marguerite. Tout semblait prospérer, quand un effroyable tremblement de terre (26 mars 1812) vint tout ruiner. Toutefois, la lutte continua, d'abord sous Miranda, ensuite (depuis 1813) sous Bolivar. Depuis l'arrivée de Morillo (juin 1815) et la prise de Carthagène (5 décembre), les insurgés semblent découragés. Ils se tiennent dans l'intérieur, particulièrement à la Guyane, tandis que les Espagnols occupent les places maritimes. Nulle part la guerre ne s'est faite avec plus de cruauté ; il ne peut guère subsister que des ruines.

2º Nouvelle-Grenade, formée de vingt-deux provinces, y compris Carthagène et Quito. Création d'une junte à Santa-Fé de Bogota, la capitale (20 juillet 1810) ; elle fait arrêter le vice-roi ; mais quelques provinces seulement se réunirent à cette junte. Nulle part plus de scènes d'horreur et de carnage n'exaspérèrent davantage les esprits qu'à Quito : les chefs des patriotes, pris (2 août 1810) par les troupes royales du Pérou, furent massacrés dans les prisons, tandis que la ville était livrée au pillage. Cependant les provinces de la Nouvelle-Grenade ne parvinrent jamais à s'accorder ; la guerre civile s'y alluma même, et la prise de Carthagène ouvrit à Morillo le chemin de la capitale (juin 1816). Depuis lors leur état est incertain.

3_0 Mexique ou Nouvelle-Espagne : la contrée la plus importante. Les troupes espagnoles, qui se trouvaient ici en force, et la fermeté du vice-roi Vénégas, empêchèrent longtemps l'explosion. Le soulèvement commença à Guanaxata (septembre 1810), provoqué par un ecclésiastique. Bientôt, à la tête d'une armée nombreuse, il est excommunié, battu, fait prisonnier et supplicié (21 mars 1811). Moralès lui succède ; il étend l'insurrection jusqu'au nouveau Mexique et à Acapulco ; mais là (15 novembre) il trouve le même sort que son prédécesseur, et remplacé par Mina, celui-ci subit une semblable destinée. Les insurgés ne purent jamais s'emparer de la capitale, et tout dépendait de là. La junte n'avait point de résidence fixe, et l'occupation des côtes rendait impossibles l'abord d'aucun secours étranger et les approvisionnements d'armes. La puissance royale paraît encore prévaloir ici, sans que pourtant la révolte soit entièrement étouffée.

4° Rio de la Plata ou Buenos-Ayres, divisé en vingt provinces. La capitale avait déjà éprouvé sa propre force lors de l'attaque des Anglais en 1806 et 1807. Erection d'une junte, après l'exécution du vice-roi Liniers (21 mai 1810); mais son autorité n'est pas universellement reconnue. Enfin convocation d'une assemblée constituante composée de députés des villes de toutes les provinces de la vice-royauté (31 janvier 1813). Formation d'un gouvernement de trois membres, et bientôt après d'un directeur et d'un conseil de sept membres (31 décembre). Proclamation de l'indépendance (7 juillet 1816). Le nouvel Etat eut à combattre les troupes espagnoles du Pérou dans les provinces supérieures, le partisan Artigas, qui s'était fait chef des indépendants du Paraguai, et les Portugais : il soutint cette triple lutte avec des succès variés, et paraît s'affermir par les événements du Chili et du Pérou.

5° Chili : l'insurrection s'y manifesta dès 1810. Congrès à Saint-Jago. Le capitaine général est contraint à se démettre de ses fonctions; mais des troubles intérieurs éclatent : les frères Carrèra se montrent opposés au congrès, et on crée une junte qui le dissout (décembre 1811). Le despotisme des Carrèra excite la discorde et la guerre civile. Elle facilite le rétablissement de l'autorité espagnole (octobre 1814); mais le général insurgé Saint-Martin (janvier 1817) se porte, à la tête d'un corps de troupes de la Plata, sur les Andes, remporte une victoire (12 février) à Chacabuco; et un nouveau congrès est assemblé. Les Espagnols, commandés par Osorio, ayant formé une nouvelle attaque, leur défaite à Maïpo (5 avril 1818) anéantit totalement leur puissance. L'indépendance du Chili avait déjà été proclamée (1er janvier 1818); il s'est réuni à la république de la Plata.

6° Pérou. La domination espagnole s'est conservée à Lima et dans la majeure partie du Pérou, à l'exception de quelques districts méridionaux, quoiqu'elle y fût menacée par le Chili, et qu'il se fût formé dans le pays même un grand parti contre elle (1).

(1) Quoique plusieurs des colonies espagnoles en Amérique se soient définitivement constituées en États indépendants, et que toutes combattent avec avantage pour leur affranchissement, cette grande révolution ne semble pas toucher encore à sa fin. Des troubles intestins dans quelques-uns des pays insurgés en ont retardé les progrès, et peut-être rendu l'issue douteuse. Le changement survenu dans la métropole peut contribuer à y rattacher ces vastes et riches contrées, et déjà les cortès se sont occupées des moyens de cette réunion; mais il est facile de prévoir qu'elle sera éternellement impos-

Gutline of the revolution in spanish America, or an account of the origin, progress, and actual state of the war, carried on between Spain and spanish America, by a south American. London, 1817. — *Aperçu de la révolution de l'Amérique espagnole, ou Précis de l'origine, des progrès et de l'état actuel de la guerre entre l'Espagne et l'Amérique espagnole dans l'Amérique méridionale*. Londres, 1817. — Cette narration d'événements si altérés par l'esprit de parti est jusqu'à présent la plus] digne de foi.

11. L'issue d'une lutte qui n'est pas terminée n'est point encore du ressort de l'histoire. Le déplorable état des finances et de la marine de l'Espagne et l'anéantissement de son commerce paralysé par les armements en course des insurgés doivent lui rendre les entreprises contre eux de plus en plus difficiles. Si elle perd ses possessions, qu'elle en accuse sa fausse politique, qui a prétendu maintenir un injuste asservissement, et la cruauté et la mauvaise foi de ses généraux. Elle a déjà pu se convaincre, par ses négociations avec les puissances alliées, de l'impossibilité de remettre les choses dans leur ancien état ; et particulièrement l'Angleterre et les Etats-Unis, jusqu'à présent spectateurs neutres, mais non indifférents, souffriraient-ils le retour de l'ancien mode de commerce et leur exclusion ? De quelque manière que doivent, au surplus, se former à l'avenir les rapports politiques de l'Amérique espagnole, on peut déjà regarder sa liberté comme fondée, au moins dans deux grands Etats indépendants, au nord et au midi de cette partie du monde. Mais les insurgés n'ont point de plus dangereux ennemis qu'eux-mêmes ; l'immense étendue de leur territoire rend impossible l'adoption et l'exécution d'un plan général, et les obstacles qui naissent de leur ancienne organisation, si diverse au midi et au nord, la prétention de chaque province, de chaque capitale à la souveraineté, car ici a retenti aussi cette parole magique, tout concourt à fomenter des dissensions intestines, plus utiles aux Espagnols

sible si l'on prétend soumettre ces colonies à n'être que des provinces sujettes. La plus avancée dans sa nouvelle organisation et la plus affermie dans sa liberté est celle de Caracas, etc., aujourd'hui *Colombia*, qui a placé *Bolivar* à la tête du gouvernement. (*Note du Traducteur.*)

que des victoires. D'ailleurs des gouvernements républicains peuvent-ils s'établir parmi des peuples où la diversité de couleur forme des castes séparées? L'indépendance sous des formes monarchiques serait peut-être aussi désirable pour l'Amérique que pour l'Europe.

12. Les autres colonies des Européens dans les Indes occidentales n'éprouvèrent pas de grands changements. Tombées pour la plupart au pouvoir des Anglais, elles furent rendues à la paix, moins les exceptions indiquées (p. 142). L'insurrection américaine ne s'est pas étendue à Cuba et à Porto-Ricco. La Havane, ville si importante, est restée intacte sous les lois de l'Espagne, et les Anglais étaient assez forts pour maintenir la tranquillité dans leurs possessions et dans celles qu'ils avaient conquises ; succès auquel a puissamment contribué, on n'en saurait douter, le traitement plus doux des esclaves, depuis l'abolition de la traite des nègres.

En vertu du traité avec les Pays-Bas (13 août 1814), l'Angleterre a gardé Berbice, Essequebo et Démérary, qui avaient singulièrement prospéré, et elle a acquis par là une propriété sur le continent de l'Amérique méridionale. La restitution de la Guyanne française, occupée par les Portugais, fut stipulée par l'article 107 de l'acte du congrès de Vienne, mais réduite à son ancienne limite de l'Oyapock. A la paix de 1801, Napoléon l'avait reculée jusqu'à l'Arvari.

13. Saint-Domingue ou Haïti offrait un spectacle bien remarquable. Après d'infructueux efforts pour reprendre cette colonie, la France avait renoncé à les renouveler. Dès lors l'indépendance de l'île était assurée ; mais elle se divisa bientôt en deux États : le plus petit, ayant le Port-au-Prince pour chef-lieu, érigé en république sous un président ; le plus grand, monarchique, sous un roi qui résidait au cap Henri (cap Français). L'adoption, dans un Etat de nègres, du mode de culture et des institutions européennes, tant pour le civil que pour le militaire, est un des événements les plus surprenants. Malgré leur haine contre la France, ils durent naturellement y prendre de préférence leurs modèles, et les progrès de la population et de la richesse, grâce

à la liberté des ouvriers qu'attache à la propriété une portion du revenu brut qui leur est dévolue, et par suite la prospérité du commerce extérieur, semblent devoir avancer à grands pas. On ne s'est point plaint de la piraterie qu'on avait d'abord redoutée.

Après la retraite et la capitulation des Français sous l'inhumain Rochambeau, successeur de Leclerc (décembre 1803), et la déclaration de l'indépendance (1er janvier 1804), le général nègre Dessalines, choisi pour gouverneur (mai 1804), se proclame bientôt empereur d'Haïti, sous le nom de Jacques Ier (5 octobre). La constitution fut purement militaire sous le plus sanguinaire des tyrans ; mais renversé et massacré (17 octobre 1806), il eut pour successeur le général Henri-Christophe, nommé par l'armée chef provisoire du gouvernement d'Haïti. Bientôt la guerre éclate entre ce général nègre et le général mulâtre Péthion. Le premier est proclamé roi d'Haïti par le conseil d'État, qui publie en même temps la constitution (4 avril 1811) : 1o le président Henri est reconnu roi héréditaire d'Haïti ; 2o dispositions relatives au grand conseil, au conseil privé, aux grands dignitaires et aux quatre ministres : 3o formule du serment, de la promulgation des lois, etc. Il n'est fait aucune mention de chambres ni de représentation nationale. — Le président Péthion se maintient dans sa portion de l'île ; il a auprès de lui un sénat et une chambre des représentants, calqués sur ceux de l'Amérique septentrionale. A sa mort, il fut remplacé par Boyer (27 mars 1818). Le roi Henri travailla vainement à la réunion ; mais la paix ne fut point troublée. Les limites des deux États ne sont pas bien connues. Le territoire de Henri embrasse le nord, celui de Péthion le midi de l'île (1). Les propositions de Louis XVIII pour la faire restituer à la France sont restées sans effet. Les lieux, le climat et la liberté étant ligués pour rendre impossible tout retour à la France, que peut-il y avoir de plus avantageux à cette puissance qu'un traité de commerce qui reconnaîtrait l'indépendance du nouvel État ?

L'Almanach royal d'Haïti, tout-à-fait sur le modèle de l'Almanach impérial, donne l'idée la plus claire de l'organisation de ce singulier royaume.

Haïtiam papers, a collection of the very interesting proclamations and other official documents of the Kingdom of Haïti, with a preface; by PRINCE SANDERS, *Esq. agent for the haytian governement.* London, 1816.—

(1) Le roi Henri a été massacré par ses propres sujets, et la partie de l'île qui était sous sa domination est maintenant réunie à celle qui avait conservé le gouvernement républicain. Boyer est le chef des deux États confondus en un seul, sous le titre de république d'Haïti. (*Note du Traducteur.*)

Journal d'Haïti, ou *Collection des proclamations les plus importantes et d'autres documents officiels du royaume d'Haïti*, *avec préface*; par PRINCE SANDER, écuyer, agent du gouvernement haïtien. Londres, 1816. —Outre un grand nombre de proclamations et la constitution en 35 articles, on trouve ici, extraite du code Henri, *la loi relative à la culture*, par laquelle sont réglés les rapports des propriétaires avec les planteurs et les ouvriers. Tout y est à l'avantage de ces derniers : ils ont leur juridiction, leur part dans le revenu ; mais ils appartiennent à la plantation sur laquelle ils résident, et leur maître est tenu de prendre soin d'eux dans leur vieillesse. Les circonstances locales et celles du temps assurent l'exacte observation de ces dispositions.

14. En Afrique, le cap de Bonne-Espérance resta dans les mains des Anglais, qui, à quelques intervalles près, le possédaient depuis vingt ans. La colonisation y a fait d'immenses progrès ; il ne reste à cultiver que quelques contrées éloignées, et le zèle des missionnaires anglais et allemands a introduit le christianisme jusque chez les Hottentots, et, ce qui peut devenir d'une plus grande importance, parmi les Cafres. Mais le défaut de rivières navigables et de grands chemins oppose d'invincibles obstacles à une plus grande extension, et la ville du Cap elle-même, visitée presque exclusivement par des vaisseaux anglais, peut être comparée à une hôtellerie qui perd sa vogue. Qui navigue maintenant dans les Indes orientales que les Anglais et les Américains ? et tous ne touchent pas au Cap.

15. Le sort des autres colonies, soit françaises, soit portugaises, sur les côtes de cette partie du monde, était lié en grande partie à la traite des nègres. Il s'agit de savoir maintenant si, cultivées par des mains libres, ainsi qu'il est déjà ordonné à l'égard du Sénégal depuis sa restitution à la France (janvier 1819), elles pourront prospérer. Celle de Sierra-Leone, établie dans ce but, s'élève lentement ; mais les efforts des Européens pour pénétrer dans l'intérieur de l'Afrique ne discontinuent pas, et les Anglais ont un résident à la cour du roi nègre de l'Assianti, sur la Côte-d'Or (1817).

16. L'abolition de la traite des nègres est sans contredit l'événement le plus remarquable dans l'histoire des colonies. Non-

seulement un acte du parlement d'Angleterre (1806) a déclaré crime capital toute participation au commerce des esclaves , mais la suppression de ce trafic est devenue une des clauses en quelque sorte obligées de tous les traités. Le zèle avec lequel le gouvernement britannique la poursuit pourrait étonner, si l'on ne savait combien il importe aux ministres de ne donner à l'opposition aucune prise contre eux dans une affaire que l'opinion a mise au premier rang de celles qui intéressent l'honneur national. Mais il est difficile de soutenir une lutte dans laquelle on a pour adversaires la cupidité et les préjugés.

Le Portugal, l'Espagne et la France sont les puissances les plus intéressées à la destruction de la traite des nègres. Son anéantissement dans le plus court delai possible fut généralement reconnu en principe au congrès de Vienne, sous la réserve, par l'Angleterre, la Russie, l'Autriche, la Prusse, la France, l'Espagne, le Portugal et la Suède, d'en régler, chacune pour soi, l'époque par des conventions particulières. Les conditions suivantes ont été jusqu'à présent arrêtées dans les transactions séparées avec la Grande-Bretagne. — I. Traité avec la France (30 mai 1814) : 1° aucun étranger ne pourra introduire des esclaves dans les colonies françaises; 2° pour les Français eux-mêmes, défense absolue de la traite, à dater du 1er juin 1819. — Ce commerce avait été limité par une ordonnance du roi (8 octobre 1814), sur les côtes d'Afrique, à la partie méridionale du cap Formose. Dès lors il ne put être continué dans la colonie française du Sénégal. — II. Traité avec le Portugal (21 et 22 janvier 1815) : 1° le commerce des nègres est interdit à tout sujet du Portugal au nord de l'équateur; 2° il continue d'être permis au delà de cette ligne jusqu'à nouvelle détermination. — Par une déclaration (6 février), l'époque de la défense absolue est fixée à la fin de la huitième année (21 janvier 1823); 3° l'Angleterre paie au Portugal, à titre d'indemnité, 300,000 piastres. — III. Traité avec l'Espagne (23 septembre 1817) : 1° cessation totale du commerce des noirs dans les possessions espagnoles, à dater du 30 mai 1820; 2° dès ce moment, aucun vaisseau espagnol ne peut continuer la traite en deçà de l'équateur, et au delà, au terme convenu; 3° l'Angleterre paie à l'Espagne 400,000 piastres pour indemniser les sujets de celle-ci des pertes qu'ils pourront éprouver. Rare générosité! — V. Traité avec les Pays-Bas (13 août 1816) : interdiction absolue aux sujets de cette puissance de toute participation au commerce des esclaves. — VI. Traité avec la Suède (3 mars 1813) : même convention. — VII. Le Danemarck avait prévenu l'Angleterre dans ses mesures pour l'abolition. Il les confirma par le traité de Kiel (14 janvier 1814). En Angleterre, après la suppression (1806), un acte du parlement (4 mai 1811) déclara crime capital toute participation à ce trafic. L'esclavage subsiste, il est vrai, dans quelques Etats méridionaux de l'Amérique septentrionale, à partir de la Virginie ; mais il y a défense d'introduire de nouveaux esclaves. L'Angleterre et les Etats-Unis s'obligent réciproquement, par le traité de Gand, à procurer de tout leur pouvoir l'entière destruction de la traite des nègres. Elle fut prohibée, dès le principe, dans le nouvel Etat indépendant de la Plata, et elle est inconnue dans les autres pays insurgés du même continent. Le commerce des esclaves ne subsiste donc plus maintenant qu'au sud de l'équateur, au royaume d'Angola, au Congo, sur la côte de Mozambique, etc., et l'avenir apprendra s'il est possible de l'anéantir totalement. On a prétendu que le secret de la ferveur du zèle de l'Angleterre tenait à l'intérêt de sa politique : les colonies des Indes occidentales déclinant faute de bras, elle a voulu, dit-on, agrandir la culture du coton et du sucre aux Indes orientales, où elle prospère sous des mains libres. Mais 1° l'Angleterre possède les plus importantes de ces colonies, et c'était se frapper soi-même ; 2° l'assertion que les bras y manquent n'est rien moins que prouvée. Puisse l'Angleterre signaler le même dévoûment pour la délivrance des esclaves blancs dans les régences africaines ! — L'attaque d'Alger (25 août 1816) n'a eu que des effets momentanés.

17. Le désir d'extirper l'esclavage avait étroitement uni les sociétés des missionnaires et les sociétés bibliques, qui de l'Angleterre se sont répandues sur toute la surface du globe. La propagation du christianisme n'est-elle pas la condition sans laquelle la civilisation européenne (1) des autres parties du monde resterait à jamais incomplète ? Ici, les premiers pas sont aussi les plus difficiles ; mais ils peuvent devenir grands et rapides lorsque les peuples de chaque contrée auront leurs propres docteurs. Si ce triomphe du christianisme, qui en ferait la religion de l'univers, entrait dans les desseins de la Providence, qui pourrait en calculer les suites ?

18. L'histoire des Indes orientales n'est guère, pendant cette

(1) *Europaïsirung. Europaisation* eût été le mot propre, s'il était permis en français, comme en allemand, de créer des expressions au gré du besoin. (*Note du Traducteur.*)

époque, que celle de la domination britannique dans cette vaste
contrée. Toutes les possessions des autres puissances européennes,
des Français, des Hollandais, des Danois, y tombèrent presque
sans résistance dans les mains des Anglais, et Goa même fut en
même temps que Madère placée sous leur garde par une convention amicale (décembre 1807). Les guerres contre les princes
indigènes étaient plus importantes. Elles finirent par étendre la
puissance anglaise, d'un côté jusqu'à l'Indus, et de l'autre jusqu'aux montagnes inaccessibles du Thibet. Celle des Marattes est
maintenant détruite, et les Anglais sont par là devenus, à Pan-
jab, les voisins des Afghans ou de la Perse orientale, comme de
la Chine par le Thibet. La paix sera-t-elle durable, ou les pré-
sages ci-devant indiqués (Voy. IIᵉ Période, p. 310) se confir-
meront-ils? On sait bien en Angleterre qu'un trop vaste agrandissement est un malheur ; mais le conquérant n'est pas toujours
le maître, même quand il en a la volonté, de se prescrire des
limites.

La paix était à peine conclue (30 décembre 1803), que dès le mois d'avril
suivant la guerre recommença avec le prince maratte Holcar. — Prise de
Nampour par le général Wellesley (16 mai) et d'Indore (26 août) ; mais il
éprouva une grande perte devant Burtpour (11 janvier 1805). Traité de
paix (24 décembre) par lequel Holcar renonce à toutes ses prétentions
et se soumet à ne prendre aucun Européen à son service. Le Scindiah avait
aussi pris part à la querelle : il lui en coûta toutes ses possessions au nord du
Tschumboul, devenu désormais sa frontière ; il fut obligé (22 novembre)
de les céder à la compagnie. Depuis lors, la tranquillité a régné de ce côté.
— Mais, à l'occasion de quelques difficultés de démarcation de territoire, la
guerre éclata (novembre 1814) avec le rajah de Napaul (contrée entre la
Nababie d'Oude et le Thibet). Cette guerre, dans les montagnes, n'est pas
aussi heureuse pour les Anglais dans le cours de 1815 ; mais, grâces aux
succès du général Ochterlony, paix (4 mai 1816) avec cession du district,
objet de la contestation, et des défilés des montagnes. Postérieurement,
les capitaines Webb et Moorcroft sont parvenus au sommet de celle
d'Himmalayah, et s'il n'y a pas d'exagération dans leurs récits, ils ont fait
perdre au Chimboraço sa réputation d'être la plus haute montagne du monde.
— Mais une nouvelle guerre plus générale contre les Marattes devait décider du destin de ces peuples (1817). L'irruption des Pindaris (hordes à

cheval du nord de la Péninsule) prouva bientôt leur secrète intelligence
avec les principaux chefs des Marattes, le Peischwa Bajee-Row à Poura,
le Scindiah, le rajah de Nagpour (le Bunsla), comme avec Holcar et Amer,
khan de Malva. Le gouverneur Hastings (lord Moira) combina ses opérations de manière à les accabler isolément avant qu'ils pussent être réunis,
et il extermina d'abord les Pindaris. Les contrées entre le Scinde et le
Tschumboul, rivières affluentes du Jumna, furent le principal théâtre de la
guerre. Elle eut les résultats suivants : 1o le Peischwa est battu (5 et 17
novembre 1817), pris et déposé ; son pays est immédiatement réuni aux
possessions anglaises ; 2o le rajah de Nagpour est réduit à se mettre à la
discrétion du vainqueur (26 novembre), et ayant depuis ourdi d'autres
complots, il eut le même sort que le Peischwa ; 3o Holcar, défait (21 décembre), cède les deux tiers de son territoire qui est partagé entre quelques
petits rajahs alliés de la compagnie ; 4o le Scindiah se trouve destitué de
tout appui, et trop faible par lui-même ; 5o Amer-Khan, forcé de dissoudre
son armée et de livrer toute son artillerie, reste sans défense (5 novembre).
« L'Indus est maintenant notre limite. Que reste-t-il entre ce fleuve et Cal-
» cutta ? Rien que quelques petits Etats qui sont nos alliés, ou trop faibles
» pour s'armer contre nous. Toute la puissance des Marattes est pour ja-
» mais détruite. » Réponse du général gouverneur marquis de Hastings à
l'adresse des habitants de Calcutta, lors de son retour.

Politick Journal, 1819, febr.—*Journal politique, février* 1819.—Recueil
précieux de documents publics.
Ueber den Krieg in Nepaul, 1816. —*Sur la guerre de Nepaul en* 1816.
— *Minerve*, octobre 1816.
An account of the Kingdom of Nepaul, by colonel KIRKPATRICK with a
map. London, 1811. — *Relation du royaume de Nepaul, avec une carte,*
par le colonel KIRKPATRICK. Londres, 1811. — La meilleure description du
pays. L'auteur y avait déjà été envoyé en 1793.

19. La guerre d'Europe agrandit aussi les possessions des
Anglais dans l'Inde. Ils se firent céder l'Ile-de-France, importante
acquisition pour protéger leur navigation sur ces mers pendant
la guerre. Ils échangèrent avec la Hollande Cochin, sur la côte
du Malabar, contre l'île de Banca, riche en mines d'étain, qu'ils
avaient acquise pendant qu'ils étaient maîtres de Batavia. L'occupation antérieure des possessions hollandaises à Ceylan leur
facilita celle de toute l'île et le renversement du trône du rajah

de Candy : mais cette conquête fut plus facile à faire qu'à conserver.

Après la cession à la couronne, en vertu de la paix d'Amiens (1802), des
possessions hollandaises à Ceylan, une tentative pour s'emparer de Candy
était restée vaine ; mais elle réussit (1815) par l'intelligence avec un gouverneur indigène. En même temps que la capitale est enlevée, le rajah est
fait prisonnier, détrôné, transporté à Madras (24 janvier 1816). Y a-t-il
dans l'Inde, à l'égard des souverains légitimes, un autre droit public qu'en
Europe ? Le soulèvement qui éclata bientôt et qui dure encore est le digne
fruit de cette violence.

20. L'agrandissement du territoire de la compagnie n'apporta
aucun changement à sa constitution politique : les règlements
établis par Pitt continuèrent à subsister ; mais au renouvellement de sa charte (1814), son privilége pour le commerce exclu-
sif éprouva d'importantes modifications. Les plaintes qu'avait
dès longtemps excitées son monopole se reproduisirent et parvinrent à le faire restreindre. La compagnie le conserva pour le
commerce de la Chine, mais non pour l'Inde. Il y fut permis à
tous les Anglais, avec leurs propres vaisseaux , non-seulement
par le port de Londres, mais encore par d'autres, à la désignation du gouvernement. Jusqu'à présent le commerce de la compagnie ne paraît pas avoir souffert de cette disposition.

Renouvellement de la charte pour vingt ans (10 avril 1814) : 1° le monopole de la compagnie est restreint à la Chine ; 2° partout ailleurs la liberté
de commerce est accordée à tout vaisseau anglais de 350 tonneaux et au
dessus ; ils sont néanmoins soumis à quelques formalités ; 3° en cas de contestations , le *board of controul* (bureau du contrôle) prononce ; 4° emploi
du revenu territorial de la compagnie : aux dépenses militaires et d'administration , et à celles des établissements civils et commerciaux ; et pour le
surplus, aux objets auxquels la cour des directeurs jugera convenable de
l'appliquer , avec l'approbation du *board of controul* ; 5° emploi des bénéfices du commerce : au paiement des traites acceptées, des intérêts et des
frais , et d'un dividende annuel de 10 pour 100 ; au remboursement du capital
de la dette dans l'Inde et en Angleterre, jusqu'à ce qu'elle soit réduite , là
à dix millions, ici à trois millions de livres sterling : le parlement disposera
alors du surplus ; 6° les places de gouverneur général, de gouverneurs, de

commandants des troupes, sont données par la cour des directeurs, mais sous l'approbation du roi; 7° le gouvernement ecclésiastique dans l'Inde est confié à un évêque et à trois doyens.

The History of the european commerce with India, to which is subjoined a review of the arguments for and against the trade with India, and the management of it by a chartered company; by DADID MACPHERSON. London, 1812. — *Histoire du commerce des Européens dans l'Inde, à laquelle on a joint un précis des arguments pour et contre ce commerce, et la gestion par une compagnie privilégiée;* par DAVID MACPHERSON. Londres, 1812. — Cette histoire, très-instructive, a pour objet de prouver la nécessité de la continuation du monopole de la compagnie. On y trouve la plus ample déduction des raisons pour et contre cette proposition.

21. Après la paix de Paris, les Français, les Danois et les Hollandais rentrèrent, sauf les exceptions précédemment indiquées, dans leurs possessions des Indes orientales dont ce traité leur assurait la restitution; mais.celles des Hollandais méritent seules d'être mentionnées ici. Depuis la suppression de la compagnie, elles appartenaient à l'État. Lorsqu'il fut érigé en monarchie, le roi envoya à Batavia un gouverneur général des établissements hollandais dans les Indes orientales, investi d'un pouvoir dictatorial, et qui introduisit une domination presque militaire et une nouvelle organisation. Mais Batavia n'en tomba pas moins bientôt au pouvoir des Anglais, partis du Bengale pour l'attaquer. Pendant vingt ans qu'ils la possédèrent, ils établirent une administration si sage et si douce, que, depuis la restitution, les indigènes et les Européens ont eu également peine à s'accoutumer de nouveau au joug hollandais.

Le gouvernement du maréchal Daendels dura trois ans et quatre mois (14 janvier 1808 — 16 mai 1811). Son but principal était d'élever au plus haut degré la culture du café : plus de quarante-sept millions de pieds furent plantés par ses ordres; mais avec quelle oppression pour les habitants! L'occupation des Anglais s'est prolongée du 11 septembre 1811 au 19 août 1816.

Daendel's Staat der Nederlandschen Oostindischen Bezittingen in den Jaaren 1808-1811. s'Grawenhaage, 1814. — *État des possessions hollandaises dans les Indes orientales pendant les années 1808 à 1811, par*

DAENDELS, 4 vol. — L'ouvrage est accompagné de pièces justificatives. Le récit du soulèvement dans le principe de l'administration de l'auteur prouve que Hogendorp n'avait pas exagéré.

The history of Java, by Thomas Stamford Reffles Esq., late lieut. gover-cernor of that Island and its dependencies, in two Volumes. London, 1817, in-4°. — *Histoire de Java*, par TH. STAMFORD RAFFLES, lieutenant du gouverneur de cette île et de ses dépendances. Londres, 1817, in-4°. — Sous tous les rapports, le meilleur des ouvrages sur Java et le plus riche en vues nouvelles sur l'antiquité de l'Inde.

22. Il s'ouvrit aussi une nouvelle perspective pour le continent austral. Les établissements anglais dans la Nouvelle-Galles méridionale et dans la terre de Diémen prospérèrent rapidement par le seul effet de l'augmentation du nombre des cultivateurs libres : en peu d'années, la population avait doublé, et de nombreuses cargaisons, principalement en coton, dédommagèrent bientôt la métropole de ses dépenses. Le commerce avec les Indes et les contrées les plus lointaines de l'univers y prit de l'activité. On franchit les montagnes situées derrière la colonie, et que l'on croyait inaccessibles, et l'on y construisit un chemin. Des plaines vastes et fertiles traversées par des rivières, mais inhabitées, s'offrirent aux cultivateurs, et la ville de Bathurst, nouvellement édifiée, devint le point de départ pour les découvertes dans ce pays merveilleux. Le christianisme s'était établi dans les îles de la société; celles de Sandwich ressemblaient presque à une colonie anglaise, et les habitants de la Nouvelle-Zélande, de plus en plus en relation avec la Nouvelle-Galles méridionale, commençaient à manger des patates au lieu de chair humaine. Ce ne sont encore là que les éléments d'un nouvel ordre de choses, mais qui peuvent devenir ceux d'un nouveau système politique du monde, fondé sur la limitation du système colonial européen.

Politiok Journal, 1819, febv. — *Journal Politique*, février 1819.

Le nombre des habitants de la Nouvelle-Galles méridionale et de la terre de Diémen s'est élevé, dans l'espace de six ans, de 12,000 à 25,000. Plus de la moitié se compose de cultivateurs libres.

TROISIÈME SECTION.

RÉTABLISSEMENT DU SYSTÈME POLITIQUE DE L'EUROPE.

J.-L. Klüber Acten des Wiener Congresses, 7 Baende, 8°, 1815.—*Actes du congrès de Vienne*, par KLUBER, 7 vol. in-8°, 1815. — Excellent recueil.

J.-L. Klüber Übersicht der diplomatischen Verhanlungen des Wiener Congresses über haupt, und insonderheit über wichtige Angelegenheiten des Deutschen Bundes ; in zwey Abtheilungen, 1816. — *Coup d'œil sur les transactions diplomatiques du congrès de Vienne en général, et particulièrement sur les intérêts de la confédération germanique ;* par KLUBER, 2 parties, 1816.

Schoell, Histoire abrégée, etc. (voyez pag. 78), tom. 10 à 12. — Le 11° volume contient l'histoire du congrès de Vienne, presque toute d'après Klüber.

Cette section renferme naturellement, non-seulement les résultats du congrès de Vienne en ce qu'ils intéressent le système politique de l'Europe, mais aussi les négociations antérieures et postérieures de Paris ; toutefois moins dans l'ordre des dates que dans celui des choses.

1. La politique ne pouvait tenter une entreprise ni plus grande par son objet, ni plus glorieuse par sa réussite, que celle du rétablissement du système politique de l'Europe, depuis si longtemps bouleversé. Mais la solution de ce problème ne dépendait pas de la seule diplomatie : comment aurait-elle suffi pour concilier tant d'intérêts divers qui se croisaient ? Le succès ne pouvait être assuré que par la propre volonté des souverains ; et où l'auraient-ils puisée que dans leurs sentiments personnels et que dans les grandes épreuves par lesquelles ils avaient passé ? C'est à eux que doit être attribuée la gloire de leur ouvrage, et on ne saurait s'en faire une juste idée si on ne le considère pas de ce point de vue. Il faut reconnaître aussi qu'ils furent puissamment secondés par les soins des ministres à qui l'exécution en fut confiée. Quelle que pût être la diversité de leurs principes et de leurs vues, ils étaient tous des hommes d'État expérimentés, et

dès lors il n'y avait du moins pas à craindre de leur voir élever un édifice purement idéal et uniquement fondé sur des théories.

2. Jamais il ne fut mieux prouvé que les puissances, et même les plus grandes de la terre, sont soumises à l'influence de l'esprit de leur siècle. Ici ces puissances ont ou tacitement ou formellement reconnu comme principes fondamentaux qu'une indispensable nécessité peut seule justifier les princes et les peuples de faire la guerre; que les États doivent réciproquement respecter leur indépendance; que les formes des gouvernements ont besoin d'être réglées par des lois précises; que les souverains doivent concéder à leurs peuples le droit de participer à la législation, particulièrement en matière d'impôts; que l'esclavage et la servitude sont des maux qu'il faut détruire; que la manifestation de la pensée par des écrits et par la voie de la presse doit être libre; enfin, et avant tout, qu'il doit y avoir un lien commun entre la religion, la politique et la morale. L'influence que peuvent exercer sur les transactions politiques les formes de la vie sociale se manifesta aussi dans cette occasion par les plus heureux effets. On n'entendit point parler de ces disputes de préséance qui, cent ans auparavant, avaient si longtemps retardé le traité d'Utrecht, et l'on vit chaque jour les plus grands monarques se mêler dans la foule, vêtus en simples citoyens.

3. Quelque favorables que fussent les conjonctures, les hommes sensés pouvaient prévoir les obstacles qui s'opposeraient à ce que l'édifice à élever reposât sur des bases entièrement libérales, ainsi que bien des gens s'en flattaient. Le bien ne s'opère pas d'une manière absolue et uniquement pour lui-même : ce qui est possible dans des circonstances données, voilà sa mesure; et si elle laisse encore subsister des imperfections et des lacunes, ceux qui en connaissent les causes peuvent-ils s'en étonner?

4. La restauration du système politique de l'Europe fut entièrement fondée sur le principe de la légitimité, et remit plus ou moins en possession de leurs États les maisons régnantes qui en avaient été expulsées; elle embrassa les parties aussi bien que l'ensemble; et en même temps qu'on s'occupa de la composition

des territoires, on ne négligea pas le soin des constitutions; mais on abandonna à chaque État celui de ses intérêts à ce dernier égard. L'opinion, non en théorie, mais essentiellement fondée sur l'exemple de l'Angleterre, s'était si hautement prononcée pour la monarchie constitutionnelle, que cette forme de gouvernement devint, sinon générale, du moins prédominante en Europe. Après la disparition de toutes les grandes républiques, la Suisse exceptée, le système politique de l'Europe prit bien plus qu'autrefois, et cependant sans préjudice pour la liberté, un caractère monarchique; et par l'heureuse abolition du régime électif dans les États qui y étaient soumis, il dut à la légitimité une solidité plus grande. La lutte des partis, ce symptôme de la liberté, n'atteint pas les souverains : elle ne s'étend que jusqu'aux ministres responsables. Ceux-ci en ont des jours plus difficiles, mais d'autant glorieux. La conservation de leurs places est ici le triomphe des talents.

Si l'on accorde la préférence aux monarchies constitutionnelles avec une assemblée de députés dont les délibérations sont publiques sur les gouvernements aristocratiques privés de l'une et de l'autre de ces institutions, ce n'est pas que dans les monarchies de cette espèce l'administration soit toujours meilleure (il n'est pas rare de voir des aristocraties parfaitement régies) : cette prédilection est déterminée par le plus ou le moins de prix qu'on attache au perfectionnement politique des peuples et à ses suites. Il ne peut avoir lieu que par leur participation effective à leurs propres affaires, et il est permis d'après cela d'espérer que la multiplication des États constitutionnels en Europe y produira une salutaire réaction : le temps, l'expérience, feront voir à quel point chaque nation est mûre pour cette sorte de liberté. Le caractère peut encore plus que le génie : il faut du temps pour apprendre à se faire à la liberté. Que celui qui croit voir naître tout-à-coup dans une chambre nouvelle un Pitt ou un Fox, prenne la peine de remonter, en feuilletant les annales britanniques, jusqu'aux temps du long parlement !

5. Il y avait à peine en Europe un seul État dont le territoire n'eût pas été subverti. Le resserrement de la France dans ses anciennes limites, qui, suivant le traité de Paris, laissait à la disposition des alliés les pays désignés en deçà du Rhin et des Alpes, rendait possibles les égalisations et les restitutions. Mais si

tout ne devait pas être remis dans son premier état, il aurait fallu du moins que l'injustice nouvelle ne fût pas plus grande que l'ancienne. Le nombre des habitants et des lieues carrées et la somme des revenus furent la principale et peu équitable règle des compensations ; mais n'a-t-elle pas été le plus souvent la seule suivie ? Il était aussi impossible de déterminer une année normale. On remonta, à l'égard de la France, à son état statistique avant 1792 ; pour l'Autriche à 1805, avec quelques modifications ; et pour la Prusse, à 1806. Tout le reste ne put s'arranger que par des renonciations.

6. L'État central, l'Allemagne, doit être considéré plus en détail. L'histoire de ces derniers temps a trop démontré que de son sort dépend le destin de l'Europe, pour que cette assertion ait besoin d'une nouvelle preuve. Mais quel aspect présentait l'Allemagne au moment de sa délivrance ? Elle avait depuis dix ans presque cessé d'être un État : ses frontières avaient été de plus en plus resserrées ; la rive gauche du Rhin, le Holstein, les provinces illyriennes en étaient détaché s ; dans l'intérieur, ses possessions partout changées ou incertaines ; la monarchie prussienne à moitié détruite ; l'Autriche dépouillée d'une grande partie de ses pays héréditaires ; la Saxe et plusieurs petits États en tutelle ; l'éphémère royaume de Westphalie anéanti : comment rétablir quelque ordre dans ce cahos ?

7. La nécessité de lier, autant qu'il était possible, les États de l'Allemagne dans une unité politique devait d'abord se faire sentir, s'ils voulaient subsister. La voix publique réclamait hautement cette réunion : jamais l'esprit national n'avait été aussi animé. Mais comment ce projet était-il praticable ? Il ne l'était pas par la fusion de tous les États en un seul (elle serait le tombeau de la civilisation germanique et de la liberté de l'Europe) : il ne pouvait être question que de l'association des États conservant leur existence propre. Cette idée avait déjà été émise lors de la première paix de Paris, et l'on délibéra au congrès de Vienne sur les moyens de la réaliser. On en avait presque abandonné l'espérance, quand, par l'effet imprévu d'un coup

du sort qui menaçait imminemment les princes, la force des circonstances fit souscrire l'acte de la confédération garmanique. Les princes souverains et les villes libres d'Allemagne se constituèrent sous ce nom dans un état permanent d'union, avec une diète à Francfort-sur-le-Mein. Un nœud indissoluble devait ainsi embrasser tous les Etats de l'Allemagne. S'il était moins serré que la nation ne s'y attendait et que l'auraient désiré la plupart de ceux qui concoururent à sa formation, ce n'était pas moins un lien, et du moins il restait l'espoir que le temps pourrait le consolider quand le besoin en serait devenu plus sensible.

Première déclaration préliminaire d'une confédération germanique dans le traité de Paris (1814), art. 6. Les Etats d'Allemagne seront indépendants et liés par un pacte fédératif (ainsi point d'empire d'Allemagne ayant pour chef un empereur). En conséquence, au congrès de Vienne, création d'une commission composée de plénipotentiaires d'Autriche, de Prusse, de Bavière, d'Hanovre et de Wurtemberg; mais treize séances (14 octobre — 16 novembre) annonçaient déjà pour résultat que l'opposition de la Bavière et du Wurtemberg empêcherait tout accord à ce sujet. En outre, coalition des autres Etats et des villes libres non représentés dans la commission, pour protester contre toute résolution qu'elle pourrait prendre sans leur concours. Cependant (mai et juin) délibération générale, à laquelle néanmoins Wurtemberg et Bade n'accédèrent que plus tard, et signature du pacte fédératif (8 juin 1815). Parties : 1º Autriche; 2º Prusse; toutes les deux pour les pays qui appartenaient autrefois à l'empire d'Allemagne, avec addition de la Silésie; 3º Bavière; 4º Saxe; 5º Hanovre; 6º Wurtemberg; 7º Bade; 8º Hesse électorale; 9º grand-duché de Hesse; 10º Danemarck pour le Holstein; 11º Pays-Bas à cause de Luxembourg; 12º Brunswick; 13º Mecklembourg-Schwerin; 14º Nassau; 15º Saxe-Weimar; 16º Saxe-Gotha; 17º Saxe-Cobourg; 18º Saxe-Meinungen; 19º Saxe-Hildbourghausen; 20º Mecklembourg-Strelitz; 21º Holstein-Oldenbourg; 22º Anhalt-Dessau; 23º Anhalt-Bernbourg; 24º Anhalt-Koethen; 25º Schwartzbourg-Sondershausen; 26º Schwartzbourg-Rudolstadt; 27º Hohenzollern-Hechingen; 28º Lichtenstein; 29º Hohenzollern-Sigmaringin; 30º Waldeck; 31º Reuss branche aînée; 32º Reuss branche cadette; 33º Schaumbourg-Lippe; 34º Lippe-Detmold; 35º les villes libres de Lubeck; 36º Francfort; 37º Brême; 38º Hambourg. — I. Conventions générales : 1º toutes les parties contractantes, convaincues des avantages de leur réunion pour le maintien du repos et de l'équilibre de l'Europe, se lient ensemble par un pacte qui portera le nom de confédération germanique ; 2o son but est la conservation de la sûrelé intérieure et extérieure de l'Allemagne , et de l'indépendance et de l'intégralité de chacun de ses Etats ; 3o tous les membres de la confédération ont, à ce titre, les mêmes droits, et s'obligent à rester inviolablement fidèles au traité fédératif et à concourir en proportion de leurs forces à le faire respecter ; 4o les affaires de la confédération seront régies par une diète composée de dix-sept membres à voix délibérative : l'Autriche préside à la diète ; 5o *tout membre est autorisé à faire des propositions* : le président est tenu de les soumettre à la délibération ; 6o lorsqu'il s'agit d'additions ou de modifications aux lois fondamentales de la confédération et de règlements organiques, la diète plénière se compose de soixante-neuf suffrages , suivant une répartition déterminée ; 7o la décision est portée dans l'assemblée ordinaire à la majorité des voix , et à la majorité des deux tiers dans l'assemblée plenière ; mais elle ne peut produire aucune résolution obligatoire, en ce qui concerne l'adoption et le changement des lois constitutives de l'association , des règlements d'organisation et les intérêts religieux ; 8o convention sur les dissidences ; 9o la diète a son siége à Francfort-sur-le-Mein ; 10o dispositions fondamentales; 11o tous les membres promettent de prendre la *défense non-seulement de l'Allemagne entière, mais encore de tout Etat de la confédération qui serait attaqué*, et se garantissent mutuellement toutes leurs possessions soumises au pacte fédératif. En cas de guerre fédérale , il ne peut y avoir ni négociations, ni trève, ni paix séparées ; 12o toutefois les confédérés se réservent le droit de contracter d'autres alliances , en s'obligeant néanmoins de n'entrer dans aucune qui pourrait avoir pour objet d'attenter à la sûreté de la confédération ou de l'un des Etats qui en font partie. Ils prennent aussi l'engagement de ne pas se faire la guerre les uns aux autres , sous aucun prétexte , de ne pas terminer leurs démêlés par la force , de les porter devant la diète, et de se soumettre à ses décisions prononcées sur une procédure régulière. — II. Conditions particulières : 13o *institution d'une haute cour de justice* ; 14o il sera établi dans chaque Etat de la confédération un gouvernement représentatif ; 15o conventions relatives aux intérêts des médiatisés ; 16o convention relative aux dettes et aux pensions ; 17o égalités de droits politiques et civils pour toutes les communions chrétiennes ; 18o conventions relatives à l'office des postes , au profit de la maison de la Tour et Taxis ; 19o droits généraux des sujets des Etats de la confédération germanique : faculté de posséder des biens dans les autres Etats sans payer de taxe particulière; liberté de se retirer , de prendre ailleurs du service , et exemption de tout impôt supplémentaire ; prochaine rédaction de dispositions uniformes sur la liberté de la presse et les contrefaçons.

8. Chacun s'aperçoit facilement de tout ce qui manque ici : peu de personnes se sont rendu compte de ce qui s'y trouve. La conservation de la tranquillité intérieure et de la paix de l'Allemagne, l'assurance de constitutions libres, l'égalité des plus faibles membres de la confédération et des plus forts (où l'histoire montre-t-elle quelque chose de pareil ?) : tout cela est clairement exprimé, et a été surtout scrupuleusement respecté par les grandes puissances (1). Les lacunes peuvent être facilement remplies, si toutefois, au lieu de s'en tenir à de vaines formes, on est mû réellement par l'amour de la commune patrie. Mais ceux qui ne s'occupent que de ce qui manque au pacte fédératif doivent savoir qu'ils sont précisément ses plus dangereux ennemis. Le suffrage de la nation doit le soutenir et l'achever ; les cabinets ne le pourraient pas seuls, même quand ils le voudraient ; ils ont besoin d'être appuyés par l'opinion publique et par le concours du peuple (2). Faire de l'Allemagne l'arbitre de la paix de l'Europe, est sa haute destination : peut-il y en avoir une plus glorieuse, si elle s'accomplit ? La diète s'ouvrit à Francfort le 5 novembre 1816.

Der Deutsche Bund in seinen Verhaeltnissen zu dem Europaïschen Staaten System, bez Eroeffnung des Bun des-tags dargestellt; von A. H. L. HEEREN, 1816. — *De la confédération germanique dans ses rapports avec le système politique de l'Europe*, par HEEREN, 1816.

9. Les démarcations territoriales en Allemagne étaient étroitement liées avec le rétablissement des deux grandes monarchies de cette contrée ; mais ce rétablissement n'intéressait pas seulement l'Allemagne, il importait à l'Europe entière, et fut traité sous ce point de vue. Les cinq grandes puissances qui avaient

(1) Quoi ! même la promesse de constitutions libérales ! (*Note du Traducteur.*)

(2) Mais comment l'opinion publique peut-elle applaudir à un ouvrage qu'elle trouve imparfait, et le peuple concourir autrement que par une obéissance passive, au maintien d'une constitution qui ne satisfait pas ses vœux, et qui offre si peu de garanties à sa liberté et à son repos ? (*Note du Traducteur.*)

conclu la paix de Paris, l'Autriche, la Prusse, l'Angleterre, la Russie et la France, formèrent au congrès un comité spécial pour les affaires européennes, sous la présidence du prince de Metternich; et dans quelques cas particuliers, on y appela l'Espagne, le Portugal et la Suède. Ces huit puissances furent aussi celles qui signèrent les actes du congrès.

Les noms des envoyés ont été déjà cités (p. 144): le comte de Loewenhielm stipula pour la Suède.

10. Recomposition de la monarchie autrichienne: aux possessions qu'elle avait conservées on ajouta le royaume d'Italie dissous, les provinces illyriennes reprises, et les cessions restituées par la Bavière. Ainsi cette monarchie, dans laquelle ne rentrèrent ni la Belgique, ni l'Autriche antérieure, forme un tout contigu, avec vingt-huit millions d'habitants, dont neuf millions et demi appartiennent à la confédération germanique; le surplus se compose de Hongrois, d'Italiens, d'Illyriens et de Polonais. Elle conserve son ancien caractère de réunion de peuples et d'États divers sous un même souverain, mais sans constitution commune. Ici la sagesse du gouvernement consiste à respecter les droits de chacune de ces nations.

L'Autriche obtint au congrès de Vienne : 1º en Italie, toutes les contrées entre le Tesin, le Pô et la mer Adriatique, avec la Valteline et Chiavenne; la portion des duchés de Mantoue, au midi du Pô, et le droit de garnison à Ferrare. Ces divers États furent érigés en royaume Lombardo-Vénitien. On donna, en outre, à des princes de la même maison la Toscane, Modène, Parme et Plaisance; 2º les provinces illyriennes qui avaient été cédées par la paix de Vienne (v. p. 106) et auxquelles a été imposé le nom de royaume d'Illyrie; 3º la ci-devant Dalmatie vénitienne avec la république de Raguse et ses îles, jusqu'aux bouches du Cattaro; 4º par échange avec la Bavière (14 juin 1814 et 14 avril 1816), le Tyrol et le Vorarlberg, excepté le district de Weiler; Salzbourg jusqu'à la Salze, une partie de l'Innviertel et de l'Hausruck, cédés par l'Autriche en 1809; 5º les portions de la Gallicie qui avaient été abandonnées par la paix de Vienne à la Russie et qu'elle restituait (v. p. 106).

11. Les autres puissances, et principalement l'Autriche, re-

connaissaient l'indispensable nécessité de rendre à la monarchie prussienne sa force statistique de 1805 ; et qui, après ses sacrifices, aurait pu mettre en doute ses droits à cet égard et les lui disputer ? Mais l'exécution était ici d'autant plus difficile, que le bouleversement avait été plus grand, et qu'il était impossible que tout fût remis sur l'ancien pied. Anspach et Bareuth, à cause de leur situation, ne pouvaient pas être rétrocédés sans morceler la Bavière : on avait du moins ici Berg et Clèves pour compensation. Mais les plus grands obstacles tenaient aux prétentions de la Russie sur le duché de Varsovie. La malédiction des partages de la Pologne pesait encore sur l'Europe. La Prusse, à laquelle se joignait la Russie, demandait la Saxe entière pour dédommagement de ses sacrifices en Pologne, sauf à indemniser le roi de Saxe en Westphalie. L'Autriche, l'Angleterre, et surtout la France, se prononçaient en faveur de la maison de Saxe (à peine fut-il fait mention de la nation). Il y eut des moments où l'on aurait pu craindre de voir se porter aux dernières extrémités des princes moins amis de la paix. Enfin la diplomatie trouva un terme moyen. Le pays qui avait souffert pour la cause de l'Allemagne fut partagé, et une portion du duché de Varsovie revint à la Prusse. Par là fut délié, ou plutôt tranché le nœud principal : le surplus ne pouvait éprouver aucune importante difficulté. Ainsi la Prusse remonta, avec dix millions d'habitants et un territoire divisé en deux grandes parties, au rang des premières puissances, dont cependant les territoires, moins accessibles, sont en étendue au moins le triple du sien. Si la Prusse veut se maintenir, il faut que l'habileté supplée à ce qui manque à la masse. Elle a prouvé qu'elle le pouvait : tombée avec dix millions d'âmes, elle s'est relevée avec cinq millions. (Avis aux faiseurs de tableaux de statistique.) Heureuse l'Europe d'avoir un tel État au milieu d'elle !

La Prusse avait perdu par la paix de Tilsitt à peu près la moitié de son territoire et de sa population ; elle recouvra ce qu'elle avait été forcée de céder, à l'exception néanmoins d'un grande partie de la Prusse méridionale et de la Prusse orientale, qui échurent à la Russie ; d'Anspach et de Bareuth,

qui restèrent à la Bavière ; de Hildesheim, de l'Oost-Frise, de Lingen e
d'Eichfeld, dévolus à l'électorat de Hanovre: elle en fut indemnisée par un
partie de la Prusse méridionale (le duché de Posen), par la moitié d
royaume de Saxe cédée par le traité du 18 mai 1815; par la Poméran
suédoise; par Clèves, Berg, Aremberg, et quelques autres parties de l
Westphalie, et par la majeure partie de la rive gauche du Rhin jusqu'à l
Sarre, ce qui procure de ce côté à l'Allemagne un rempart inexpugnabl
Des dix provinces de la monarchie prussienne, sept, Brandebourg, Pom
ranie, Saxe, Silésie, Westphalie, Clèves, Berg et le Bas-Rhin, peuplé
de huit millions d'habitants, font partie de la confédération germaniqu
Les trois autres, la Prusse orientale, la Prusse occidentale et Posen
n'en sont pas. Un gouvernement constitutionnel doit remplacer le gouver
nement absolu; mais on organise d'abord l'administration, l'établissemer
d'une constitution dans un Etat aussi morcelé présentant de très-grave
difficultés.

Pour l'histoire des négociations relatives à la Saxe, voir les ouvrages c
dessus indiqués (p. 171), et particulièrement le projet, avec les pièces justi
ficatives, dans la Minerne de 1817, t. I.

12. Pour l'égalisation des territoires des autres grands État
d'Allemagne, 1° la Bavière obtint en indemnité de ses rétroces
sions à l'Autriche, une petite partie de la rive gauche du Rhin
Wurtzbourg, Aschaffenbourg et quelques parcelles de Fulde (s
prétentions sur le cercle du Mein et du Tauber, et contre la dé
volution de celui du Necker à Bade, sont restées sans effet)
2° Wurtemberg, 3° Bade n'éprouvèrent aucun changement
4° Hanovre fut élevé à la dignité de royaume, et acquit de I
Prusse Hildesheim, l'Oost-Frise, le comté inférieur de Lingen
une portion d'Eichfeld et quelques enclaves dans la Hesse éle
torale. Mais il céda à la Prusse, au delà de l'Elbe, Lauenbourg
depuis échangé par cette dernière puissance contre la Poméran
suédoise et l'île de Rugen que le Danemarck tenait de la Suèd
Hanovre eut encore quelques autres enclaves. Les actes du cor
grès de Vienne contiennent les déterminations relatives aux te
ritoires des petits États. La promesse de l'établissement de con
stitutions représentatives, exprimées par l'article 14, a ét
promptement effectuée en Bavière, dans le Hanovre, à Bade,
Nassau, à Mecklembourg, dans le duché de Saxe-Weimar, etc

Son accomplissement éprouve des obstacles à Wurtemberg : elle est encore vaine partout ailleurs.

Actenstück zur Beleuchtung der Badischen territorial-frage. Deutschland, 1818. — *Pièces justificatives pour l'éclaircissement des demandes relatives à la délimitation du territoire de Bade.* Allemagne, 1818. — L'introduction historique à la tête de ce recueil donne les notions les plus claires sur ces différends.

13. La réunion des Pays-Bas en un seul État était un point capital dans le système politique de l'Europe. L'histoire a prouvé par quels nœuds étroits était lié à ce système le sort des provinces de la Belgique et des provinces bataves, et que les premières, dans les mains des Français, leur ouvraient le chemin à la domination universelle (1). On sentit le besoin de fonder un État puissant qui, du moins, en se joignant à la Prusse, fût assez fort pour se défendre ; et la réunion de tous les Pays-Bas en un royaume fut arrêtée à Vienne. Le souverain prit le titre de roi, et la maison d'Orange gouvernant ces provinces, comme autrefois la maison de Habsbourg, leur donna une constitution libre, au lieu de la tyrannie de Philippe II. On reconnut aussi la nécessité de fortifier la frontière, et il y fut pourvu. Quoiqu'il fût impossible de fondre en une seule nation deux peuples divers (comme il y a deux mille ans) d'origine et de langage (2), et d'ouvrir à leur commerce et à leurs manufactures des débouchés à leur gré, il était néanmoins indispensable de les lier par un nœud durable : le temps et la sagesse de la maison de Nassau feront le reste.

Etat du royaume des Pays-Bas après le traité de Vienne (31 mai 1815) :

(1) Qui croirait que la possession de la Belgique fût un moyen assuré de régner en Espagne, en Italie, en Illyrie et en Grèce ! (*Note du Traducteur.*)

(2) Ces peuples ne sont-ils pas beaucoup plus séparés aujourd'hui par la diversité de leurs opinions religieuses, du régime auquel ils ont été si longtemps soumis, et de leurs intérêts commerciaux, que par celle de leur source primitive et de leurs langues qui ont tant d'analogie ? et les différences modernes ne sont-elles pas, plus que les anciennes, le plus grand obstacle à leur intime réunion ? (*Note du Traducteur.*)

division en dix-sept provinces, de toutes celles de la Hollande et de la Belgique, et de Liége ; et, en outre, le grand-duché de Luxembourg, lié à la confédération germanique. Constitution : hérédité du trône dans la maison d'Orange. La puissance exécutive appartient exclusivement au roi, l'initiative des lois lui est aussi attribuée ; néanmoins les chambres ont le droit de faire des propositions. Il y a un conseil d'Etat dont les membres sont choisis par le roi. Le Corps législatif, autrement les états généraux, est divisé en deux chambres : la première de quarante à soixante membres nommés à vie par le roi ; la seconde, de cent dix membres élus par les états provinciaux. Ceux-ci se composent, dans chaque province, de la noblesse des députés des villes et de ceux des campagnes. Liberté et égalité politique des cultes. — Défense des frontières par une ligne de forteresses établie aux frais des Anglais, pour prix de la cession d'Essequebo, de Démérary et de Berbice (convention du 13 août 1814). Les colonies restituées ne sont soumises qu'au roi, savoir : Surinam, Curaçao, Saint-Eustache et Saint-Martin, Batavia et Banca, et les Moluques avec leurs dépendances.

14. La Grande-Bretagne, sortie intacte de la tourmente n'avait besoin de restauration ni dans son territoire, ni dans son gouvernement. Les principes de Pitt avaient triomphé, et l'établissement de la régence (10 janvier 1811) n'y avait rien changé. Mais l'éclat de ses victoires et son ascendant politique ne faisaient pas seuls la gloire de l'Angleterre : elle en tirait encore plus de son influence sur la civilisation du monde. L'esprit de constitutions libres émanait d'elle. La sienne était un modèle non à imiter aveuglément, mais propre à servir de guide. Son exemple et la constance de sa volonté ont aboli le commerce des esclaves, et ses institutions ont étendu à toutes les parties du monde la lumière du christianisme, ce véhicule de la civilisation européenne. Une nouvelle méthode d'enseignement populaire, utile tant qu'elle restera dans ces limites, et déjà universellement répandue, est partie de là, presque en même temps que la découverte de la vaccine, qui paraît devoir plus que réparer les pertes occasionnées par la guerre. Les grands progrès dans l'art de la fabrication, qui peuvent opprimer pour un moment l'industrie manufacturière des autres pays, ne finiront-ils pas comme tous les progrès de l'esprit humain, par tourner à l'a

vantage universel ? Lorsqu'on inventa l'art de la typographie, cette découverte porta préjudice à la profession de copiste et de calligraphe : aurait-il fallu pour cet intérêt défendre d'imprimer ?

Les possessions de la Grande-Bretagne s'accrurent, en Europe, des îles de Malte et d'Heligoland ; dans les Indes occidentales, de Tabago, de Sainte-Lucie et de Surinam, et, dans les Indes orientales, de l'Ile de France, de Cochin et des conquêtes sur les Marattes (voyez pag. 142).

Depuis le renversement du ministère de Grenville et de Fox (26 mars 1807), le pouvoir, malgré quelques changements dans les hommes qui occupaient les emplois, se perpétua dans les mains des amis ou des élèves de Pitt. Lord Liverpool, Hawkesbury, Caning, Parceval, Castlereagh, Vansittart, etc., appartiennent tous à cette école. Après l'assassinat (1er mai 1812) du premier lord de la trésorerie, Spencer Parceval, le lord Liverpool lui succéda, et il est resté depuis lors à la tête du ministère, avec lord Castlereagh, secrétaire d'Etat des affaires étrangères, et Vansittart, chancelier de l'échiquier.

15. Le rétablissement de la France dans son ancien état était une condition nécessaire du rétablissement de l'Europe. C'est dans le cours même de leurs victoires que les alliés ont proclamé que, comme partie du système politique général, la France devait être grande et puissante. Aussi, même rentrée dans la limite de ses anciennes frontières, elle reste encore par sa situation, son étendue, sa population et le génie de ses habitants, l'Etat le plus considérable de l'Europe. Ses frontières furent déterminées par les traités ; le choix de sa constitution fut abandonné à elle-même : affaire difficile ! mais la providence accorda en ce moment à la France le plus grand de ses bienfaits, un sage pour roi, et pour conseil un Richelieu (1). Le monarque apporta d'Angleterre à ses peuples le plus inestimable des présents, une constitution libre. C'est maintenant à la nation à prouver qu'elle est capable de supporter la liberté. Son histoire permet d'en dou-

(1) M. le duc de Richelieu était encore dans les rangs de l'armée russe, lorsque la charte fut donnée à la France. Il n'a donc eu aucune influence sur la rédaction de cet acte. Son ministère a commencé par la signature du traité du 20 novembre 1815. (*Note du Traducteur.*)

ter : mais si elle sait en être digne, quel avenir se prépare pour
elle ! Elle n'aura désormais plus d'ennemis en Europe, quand
elle ne voudra plus en avoir. La culture de son fertile territoire
est la première source de sa prospérité : sans cela, celle de son
industrie manufacturière se dessécherait. Ses faibles colonies
n'excitent plus la jalousie, et lui assurent cependant une part
dans le commerce du monde; mais avec une constitution libre,
elle a encore un gouvernement autocratique. Ces deux institutions pourront-elles subsister ensemble, et la réforme de la dernière ne serait-elle pas la plus difficile ?

La constitution établie par la charte octroyée est, à beaucoup d'égards,
conforme à celle d'Angleterre, mais elle en diffère dans quelques points.
Un roi constitutionnel avec la plénitude de la puissance exécutive, et qui
est la source primitive de la législation, des ministres responsables, une
chambre de pairs héréditaires à la nomination du roi, une autre chambre
élective, voilà ce que les deux constitutions ont de commun; mais dans
celle de France l'initiative appartient exclusivement au monarque ; l'hérédité de la pairie est liée à l'institution des majorats, et les ministres siégent
et opinent en cette qualité dans les chambres. La loi des élections et la loi sur
l'âge (30 ans pour les pairs, 40 ans pour les députés) sont les appuis de
cette constitution. — La France a recouvré de ses colonies : dans les Indes
occidentales, la Martinique, la Guadeloupe, Marie-Galande, la Désirade,
les Saintes avec une portion de Saint-Martin et Cayenne : en Afrique, le
Sénégal et Gorée, et dans l'Inde, l'Ile de Bourbon, Pondichéry, Mahé et
Chandernagor.

16. Le rétablissement de la confédération helvétique fut dis-
cuté avec chaleur au congrès de Vienne, dans un comité particulier des cinq grandes puissances. Il résulta de la délibération
l'addition de trois nouveaux cantons et la reconnaissance de la
neutralité de la Suisse (quel avantage pour la France dont le côté
faible est ainsi mis à couvert (1) !). On lui laissa, après la révo-
cation de l'acte de médiation, le soin de régler elle-même sa
constitution.

(1) L'auteur oublie qu'en 1814 la Suisse a livré passage sur son territoire
aux armées alliées, et qu'en 1815 elle a joint ses troupes aux leurs. (*Note du
Traducteur.*)

Par la déclaration des puissances (20 mars 1815), à laquelle adhéra la confédération (29 mars), le Valais, Neuchâtel et le territoire de Genève agrandi de quelques cessions de la France et de la Savoie, érigés en nouveaux cantons, furent ajoutés aux dix-neuf qui subsistaient déjà. On réunit une portion de l'évêque de Bâle au canton de ce nom, et l'autre, plus considérable, au canton de Berne. Les ligues suisses se composent maintenant de vingt-deux cantons, savoir : 1o Zurich ; 2o Berne ; 3o Lucerne ; 4o Uri ; 5o Schwitz ; 6o Underwald ; 7o Glaris ; 8o Zug ; 9o Fribourg ; 10o Soleure ; 11o Bâle ; 12o Schaffouse ; 13o Appenzell ; 14o Saint-Gall ; 15o Grisons ; 16o Argovie ; 17o Turgovie ; 18o Tésin ; 19o Vaud ; 20o Valais ; 21o Neuchâtel ; 22o Genève. Le nouveau pacte fédératif, souscrit et juré par les vingt-deux cantons, renferme les conventions suivantes : 1o garantie réciproque par tous les cantons, de leur territoire et de leur constitution : il n'y a plus de sujets, et la jouissance des droits politiques ne peut plus être le privilége d'une classe de citoyens ; 2o les intérêts communs de la confédération sont réglés dans une diète qui se rassemblera tous les deux ans, alternativement, à Zurich, à Berne et à Lucerne. Dans l'intervalle d'une diète à l'autre, la direction générale appartient au gouvernement du canton où s'est faite la dernière réunion. Elle consiste en députés de vingt-deux cantons qui opinent suivant les instructions qu'ils ont reçues de leurs gouvernements particuliers. Chaque canton a une voix ; la majorité décide ; les deux tiers des suffrages sont nécessaires pour les alliances étrangères. Le bourgmestre régnant du canton directorial préside l'assemblée ; 3o la diète prononce sur les intérêts de la confédération, déclare la guerre et fait la paix, et traite seule au dehors ; 4o fixation des contingents de troupes et des contributions, etc.

17. La restauration du royaume de Sardaigne se liait à celle du reste de l'Italie : son territoire fut augmenté, probablement par des considérations politiques et militaires, de la réunion précédemment convenue de la république de Gênes. On lui rendit la portion de la Savoie qui, par le premier traité de Paris, était restée à la France ; mais on mit pour condition à cette restitution qu'elle céderait une frontière à la Suisse, et qu'elle reconnaîtrait sa neutralité.

Un acte du congrès de Vienne assura la succession au trône de Sardaigne dans la maison de Carignan, et incorpora dans ce royaume Gênes à titre de duché, sur la réserve de quelques libertés et d'un port franc pour la capitale. Il n'a pas été question d'une réforme de la constitution.

18. La puissance de la maison d'Autriche en Italie fut augmentée par la réhabilitation de deux branches cadettes, l'une dans le grand-duché de Toscane, agrandi de l'île d'Elbe et des Présides; l'autre, dans le duché de Modène, avec tout son ancien territoire, et par le rétablissement du duché de Parme et Plaisance en faveur de l'épouse de Napoléon, l'archiduchesse Marie-Louise, malgré l'opposition de l'Espagne, qui, revendiquant cet Etat pour l'infante Marie-Louise, ci-devant reine d'Etrurie, refusa de signer l'acte qui en disposait autrement; d'autant que cette princesse n'avait obtenu aucun dédommagement pour la perte des Etats qui lui avaient été donnés en échange de la Toscane (voyez pag. 99). La justice de cette réclamation fut méconnue : mais l'affaire s'est terminée plus tard par un accommodement.

Traité de Paris (10 juin 1817) entre l'Autriche et l'Espagne : 1° l'archiduchesse Marie-Louise jouira sa vie durant des duchés de Parme et Plaisance; 2° à sa mort, cet Etat sera dévolu à l'infante Marie-Louise, et à son fils Don Carlos; et, en cas d'extinction de la ligne masculine, Parme passera à l'Autriche, et Plaisance au roi de Sardaigne; 3° le duché de Lucques est donné à l'infante pour être réuni à Parme dans l'hypothèse de la succession, et à la Toscane dans celle de l'extinction.

19. L'Etat de l'Eglise recouvra le même territoire dont il se composait avant la révolution, y compris les légations de Bologne et de Ferrare; seulement l'Autriche se réserva le droit de garnison à Ferrare, avec un petit district au delà du Pô : la France garda Avignon. Le Saint-Siége protesta contre ces résolutions (14 juin 1814), mais sans succès.

20. L'affaire des Deux-Siciles aurait présenté les plus grandes difficultés, si Murat ne les avait aplanies. Après sa mort (voyez pag. 149), il n'y eut plus d'obstacle à la restitution des deux royaumes à Ferdinand : ils furent réunis en un seul; on ne retrancha de leur ancien territoire que les parcelles qui restèrent à

la Toscane (voyez pag. 185). Depuis lors quelques changements
ont été opérés dans l'administration ; mais le gouvernement n'a
pas pris plus qu'en Piémont une forme constitutionnelle (1). On
a même renoncé aux tentatives faites par les Anglais, pendant
leur séjour en Sicile, pour donner à cette île une constitution
sur le modèle de celle de la Grande-Bretagne.

21. La république des Sept-Iles, érigée au milieu des orages
de la guerre, et qui, pendant quinze ans qu'elle a duré, avait
plusieurs fois changé de maîtres, fut placée, par une convention
des quatre grandes puissances, sous la protection de l'Angleterre
avec droit de garnison. Une constitution libre lui fut assurée et
son pavillon reconnu. On pourvut aussi à sa sûreté. L'esprit de
l'ancienne Grèce renaîtra-t-il ici sous la tutelle de l'Angleterre ?
Le temps nous l'apprendra.

Traité relatif aux îles Ioniennes entre l'Angleterre, la Russie, l'Autriche
et la Prusse, signé à Paris (15 novembre 1815). La république se compose
des îles de Corfou, Céphalonie, Xante, Saint-Maure, Ithaque, Paxos et
Cerigo, avec leurs dépendances. Constitution (29 décembre 1817) : un
lord commissaire représente le roi d'Angleterre, comme protecteur. Il
nomme le président du sénat, composé de cinq membres pris dans le Corps
législatif, lequel est formé par le choix d'électeurs nobles. Le sénat a la
puissance exécutive et l'initiative des lois ; mais toute proposition de loi et
toute ordonnance est soumise à l'approbation du lord commissaire. Chaque
île a de plus son gouvernement et son conseil particulier. Il n'y a pour toutes
qu'un tribunal d'appel. L'église et la langue grecques dominent ici.

22. Le rétablissement de la monarchie espagnole en Europe
était sans doute aussi une conséquence nécessaire de la chute de
Napoléon ; mais il prit une toute autre marche que celle des autres États. Les cortès assemblées pendant la guerre avaient décrété
une constitution qui réduisait le roi à n'être que leur sujet. Non-
seulement il refusa de l'accepter, mais il en poursuivit les au-
teurs avec une rigueur extrême. La puissance royale absolue

(1) Le désir d'obtenir ce bienfait a donné lieu en 1820 à des mouvements
qui ont armé contre Naples la Russie et l'Autriche, dont les troupes occupent
encore ce malheureux pays. (*Note du Traducteur.*)

soutenue par l'inquisition, la contrainte de la presse et les jésuites furent rétablis, et l'on se jeta ainsi dans l'autre extrémité:
depuis lors se sont manifestés de nombreux symptômes d'une
sourde fermentation, au milieu de l'embarras des finances et de
l'absence totale de crédit ; inévitable effet d'un système d'exclusion de toute idée libérale ! Le temps apprendra si un tel Etat
peut avoir de la durée (1).

Voir dans le *Journal politique* (mai 1814) l'étrange constitution proposée
au roi par les cortès. La promulgation de leurs lois était presque le seul
pouvoir qu'on laissait au monarque. L'Espagne aurait été une république
avec un président appelé roi et serviteur des cortès.

23. On a déjà parlé des grands changements opérés dans la
monarchie portugaise, par lesquels une colonie est devenue la
capitale et le siége du gouvernement. Cependant, dans les titres
du souverain, celui de roi de Portugal précède toujours celui de
roi du Brésil. L'éloignement de la cour a occasionné de grandes
pertes à la capitale ; mais elle paraît devoir en être dédommagée
par l'accroissement du commerce avec le Brésil (2). Il n'appartient aussi qu'à l'avenir de nous révéler l'effet de l'esprit militaire que la guerre a si puissamment ranimé dans la nation. La
discussion avec l'Espagne, au sujet de la restitution d'Olivenza
(voyez pag. 73) décidée par le congrès de Vienne, n'a pu encore
être aplanie : l'Espagne insiste sur l'évacuation préalable de Montevideo.

24. Le nord même de l'Europe, ainsi qu'on l'a fait voir,
n'avait pas été préservé des bouleversements de cette époque, et
tous les Etats de cette contrée ont éprouvé des changements. Le

(1) L'orage, qui ne grondait encore que sourdement quand ceci a été écrit, a
depuis éclaté, et il en est sorti un gouvernement représentatif. Militaire dans
son principe, cette révolution a prouvé par ses résultats que les soldats qui
l'ont faite étaient animés par des sentiments de vrais citoyens. Les lois règnent
et non les armes. Peut-être cependant est-il à regretter que le vœu national
n'ait pas eu d'abord d'autres organes. (*Note du Traducteur.*)

(2) Le roi est revenu à Lisbonne (voyez la note, pag. 155), et le prince royal
vient tout récemment d'y être rappelé. (*Note du Traducteur.*)

Danemarck, forcé de renoncer à la Norwége, n'a reçu en échange que la Poméranie suédoise, qu'il a troquée avec la Prusse contre le duché de Lauenbourg jusqu'à l'Elbe (voyez pag. 180) : considérée sous le rapport de la superficie du territoire, cette indemnité est bien faible; mais elle n'est pas, à beaucoup près, sans importance par la situation de la contrée et par sa valeur intrinsèque. On peut douter que la perte de la Norwége en soit une réelle pour le Danemarck : la Norwége avait besoin du Danemarck, excepté pour le service de sa marine ; le Danemarck n'avait aucun besoin de la Norwége ; et, d'après les règles de la probabilité, il est difficile à croire que le Danemarck veuille de longtemps tenter de rétablir une marine. La constitution du Danemarck est restée intacte. Le moment n'est pas encore venu de donner une forme constitutionnelle de gouvernement au Holstein, séparé de nouveau du Danemarck et lié à la confédération germanique.

25. La péninsule scandinave est maintenant, par la réunion de la Norwége à la Suède, tout entière sous la domination d'un seul souverain (voyez pag. 149); la Suède y a cherché un dédommagement pour la perte de la Finlande, et elle l'y a trouvé sous le rapport politique, plus que sous le rapport statistique. Sous un roi qui n'attend pas sa gloire seulement de ses exploits guerriers, les deux royaumes jouiront probablement longtemps des douceurs de la paix. Elle cicatrisera les plaies occasionnées par une participation inconsidérée aux guerres de ces derniers temps, si la Norwége sait trouver dans le calme de sa nouvelle destinée un dédommagement de ce que la nature, marâtre pour elle, lui a refusé. Les deux royaumes n'ont rien à s'envier ni à désirer pour la jouissance d'une constitution libre.

Ce qui distingue les deux constitutions, c'est qu'en Suède une puissante noblesse héréditaire est le premier état du royaume, et qu'en Norwége elle n'a point de préférence, et qu'il ne peut lui en être accordé. La loi fondamentale de la Norwége, en 112 articles (17 mai et 4 nobre 1814), constitue le royaume en monarchie héréditaire, subsistant par elle-même, indépendante, indivisible, réunie avec la Suède sous un même roi. Le roi exerce le pouvoir exécutif dans toute sa plénitude ; il sanctionne les lois, nomme son conseil d'État, déclare la guerre, en observant quelques formalités, contracte les alliances et fait les traités de commerce et de paix. La diète (*storthing*) se compose de membres élus et se divise elle-même, par le choix, en deux sections, dont l'une (*lagthing*) contient le quart, et l'autre (*odelsthing*) les trois quarts des membres. Le *storthing* a la puissance législative ; le roi partage l'initiative avec l'*odelsthing*, et les propositions de loi sont adressées au *lagthing*. Les membres en sont élus pour trois années, et la diète est assemblée tous les trois ans dans la capitale, et ouverte par le roi : il peut néanmoins la convoquer extraordinairement.

Politick Journal, 1815, 1-5 *Stück.* — *Journal politique de* 1815, n°s 1-5.

26. Aucun État n'est sorti de ces tempêtes plus puissant et plus agrandi que la Russie. Sa force s'est accrue par la lutte même. Elle a acquis au nord toute la Finlande ; au sud, la Bessarabie et une partie de la Moldavie (1814). La paix avec la Perse lui a valu plusieurs provinces à l'est, et le traité de Vienne lui a procuré une portion de la Pologne. Cette glorieuse issue du combat a donné une nouvelle énergie à l'orgueil national ; mais ce qui a surtout contribué à exalter ce sentiment, c'est un souverain dont le génie et le courage connaissent et embrassent sa sphère d'action et d'influence dans toute son étendue. Ainsi la Russie, qui appartient à deux parties du monde, est parvenue au point où l'agrandissement ne peut plus être un bonheur. Sa constitution n'est pas entièrement changée ; mais des réformes partielles paraissent préparer de plus grandes modifications, que le temps seul peut révéler.

27. Le rétablissement du royaume de Pologne fut le dernier résultat des nombreuses vicissitudes et des longues souffrances de cet État. Son étendue embrasse une grande partie du ci-devant duché de Varsovie : il n'y en a d'excepté que le duché de Posen, adjugé à la Prusse, et Cracovie, déclarée ville libre. Quoique pour jamais réunie à l'empire russe, la Pologne a cependant un gouvernement représentatif particulier, et forme ainsi un État séparé de la Russie, mais soumis au pouvoir du même souverain.

Le sort de la Pologne fut décidé à Vienne par délibération du 3 mai. La constitution qui lui fut donnée le 25 ne changea rien aux institutions principales qui subsistaient dans le duché de Varsovie : 1º le pouvoir exécutif appartient tout entier au roi : il le fait exercer par un gouverneur ou vice-roi de son choix, par un conseil d'Etat et par un ministre ; 2º la diète se compose d'un sénat et d'une chambre de députés de la noblesse. Le sénat consiste en trente membres, dont dix évêques, nommés à vie par le roi. La chambre des députés est de soixante membres, âgés au moins de quarante ans, et élus par les diétines. Ils restent pendant neuf ans en fonction, et sont renouvelés par tiers de trois en trois ans. Les conseillers d'Etat ont droit de séance et de suffrage dans cette assemblée ; 3º la diète est convoquée tous les deux ans, à l'époque déterminée par le roi : elle délibère sur les lois qui lui sont proposées, et sa session n'a que quinze jours de durée.

Politick Journal, 1816, *Stück* 11. — *Journal politique*, n° 11.

La ville libre de Cracovie, dont l'indépendance, la constitution libre et l'absolue neutralité à cause de l'importance de sa position militaire, sont si soigneusement garanties par un acte du congrès de Vienne, doit être comptée parmi les phénomènes politiques de l'Europe, comme la république de Saint-Martin, qui subsiste et n'a pas cessé de subsister immuable, autant du moins qu'on la connaît, au milieu de l'Etat de l'Eglise.

28. La Porte s'était garantie de toutes les convulsions, jusqu'à la guerre avec la Russie, qui lui coûta la Bessarabie et une partie de la Moldavie (voyez pag. 117). Ses limites vers l'Asie antérieure ne paraissent pas exactement déterminées. Grâces au secours du puissant pacha d'Egypte, elle fut plus forte en Arabie contre les Wéchabites que dans l'Europe, dont elle troublera difficilement le repos, si on la laisse tranquille.

29. Ainsi fut rétabli le système politique de l'Europe dans ses diverses parties. Il ne reste de questions territoriales qu'à l'égard d'Olivenza, non encore restitué aux Portugais, des réclamations de la Bavière contre l'insuffisance de ses indemnités, et de quelques places frontières sur lesquelles la Russie et la Turquie ne sont pas d'accord ; mais ces difficultés paraissent devoir être prochainement aplanies. Sans doute il n'en est pas de même dans les autres parties du monde ; mais l'Angleterre n'ayant plus de rivaux maritimes, les guerres coloniales ne sont plus à craindre comme autrefois, et toutes les puissances s'étant également abstenues de prendre part à l'insurrection de l'Amérique espagnole,

il est probable que cette querelle ne troublera pas le repos de l'Europe.

30. Les restaurateurs du système politique de l'Europe ont eux-mêmes hautement, et à plusieurs reprises, déclaré qu'ils n'avaient en vue que sa liberté et que le rétablissement de l'équilibre. On a demandé s'il pouvait exister avec l'inégalité des États, même entre les plus considérables. On a craint que la réunion de la Pologne à la Russie ne donnât à cette puissance trop de prépondérance sur le Continent, et qu'il n'y eût plus de contre-poids à la puissance maritime de l'Angleterre. La Grande-Bretagne elle-même semble se croire d'une autre partie du monde, et quant à la Russie, on sait à présent que ce n'est pas la masse seule qui décide, et que tout dépend de l'esprit qui l'anime. L'esprit de liberté qui domine chez tous les peuples, dans l'occident de l'Europe, est un plus sûr boulevard que ne pourrait l'être une ligne de forteresses, quelque désirable que fût aussi un tel rempart.

31. Toutefois il s'est formé dans cette restauration du système politique de l'Europe une aristocratie avouée et diplomatique des grandes puissances, qui n'existait pas, du moins ostensiblement, sous l'ancien régime. La manière dont la restauration s'est opérée n'a pu que lui donner ces caractères. Comment, en effet, aurait-il pu en être autrement, quand la conduite des intérêts généraux est tombée dans les mains de souverains aux puissants efforts desquels les faibles aussi devaient avoir l'obligation de leur rétablissement? Cette aristocratie née des circonstances fut diplomatiquement fondée à Chaumont, par un traité de quadruple alliance pour vingt ans, entre l'Autriche, la Russie, l'Angleterre et la Prusse (voyez pag. 138), consolidée par la forme même des négociations du congrès de Vienne (voyez pag. 136), et enfin complétée par l'accession de la France au congrès d'Aix-la-Chapelle. Cependant à Vienne même il s'établit déjà divers degrés dans cette aristocratie ; car bien que les cinq grandes puissances y eussent seules prononcé sur les intérêts généraux de l'Europe, les actes du congrès furent cependant souscrits, en

outre, par le Portugal et par la Suède, et plus tard par l'Espagne (5 juin 1817).

32. Qui pourrait blâmer cette aristocratie, tant que, se restreignant aux intérêts généraux, elle-même se prescrira des limites? Elle est utile et nécessaire, parce qu'elle est produite par la nature même des choses; inoffensive, parce qu'elle est avouée : elle représente en quelque sorte un sénat européen auquel il ne manque qu'une forme régulière et immuable. Les réunions personnelles des monarques ne pouvaient pas toujours suppléer à ce défaut, et cependant plusieurs incidents ont rendu sensible le besoin d'y pourvoir. Ici il faut aussi laisser mûrir par le temps ce que lui seul peut amener à une parfaite maturité. Combien une telle institution pourrait être efficace pour l'aplanissement des difficultés qui s'élèveraient, même entre les grandes puissances, ou pour une intervention médiatrice dans les querelles des autres! Jamais temps ne fut plus propice pour l'érection d'un tel tribunal, que le moment présent, où les principales puissances de l'Europe n'ont rien à prétendre l'une sur l'autre.

33. Mais une plus haute sanction que celle de la diplomatie devait être donnée à la politique : c'est celle de la religion. La sainte-alliance est sortie du génie et du cœur de l'empereur Alexandre. Conclue directement avec les souverains de l'Autriche et de la Prusse, elle a été acceptée successivement par tous les Etats chrétiens de l'Europe, excepté l'Angleterre, qui en a du moins avoué les principes. Les trois monarques s'y sont engagés, « conformément aux préceptes de l'Évangile, qui commandent » à tous les hommes de s'aimer en frères, à rester liés par l'in- » dissoluble nœud d'une amitié fraternelle; à se prêter mutuel- » lement assistance; à gouverner leurs sujets en pères; à main- » tenir sincèrement la religion, la paix et la justice (1). Ils se » considèrent comme des membres d'une seule et même nation » chrétienne, et chargés chacun, par la Providence, de diriger » une branche de la même famille. Ils invitent toutes les puis-

(1) Il n'est nullement fait mention de la liberté. (*Note du Traducteur.*)

» sances à reconnaître ces principes et à entrer dans la sainte-
» alliance. »

Conclusion de la sainte-alliance entre les empereurs d'Autriche et de Russie et le roi de Prusse, à Paris (26 septembre 1815). — Les politiques,
accoutumés seulement au langage et aux formes de la diplomatie moderne,
furent saisis d'étonnement à l'apparition de ce traité. Avaient-ils donc oublié
qu'au XVIe et même au XVIIe siècle, la diplomatie parlait aussi le langage du
christianisme, et stipulait pour son avantage?

34. Tandis que les princes les plus puissants de la chrétienté
serraient ainsi, pour eux et pour leurs peuples, les nœuds de
l'amour fraternel ; tandis que les deux églises évangéliques, longtemps séparées, se réunissaient volontairement en divers lieux,
la cour de Rome suivait une politique tout opposée. Non-seulement l'État de l'Église, mais l'Église romaine elle-même avait
besoin de restauration. Il était sans doute du devoir de Pie VII,
son chef, d'en défendre les droits ; mais on s'aperçut bientôt que
ses réclamations avaient bien moins pour objet le rétablissement
de l'Église romaine que celui de la cour de Rome. Une de ses
premières mesures fut le rappel des jésuites, comme l'un des plus
fermes appuis du Saint-Siége. Le temps prouvera jusqu'à quel
point ils pouvaient l'être encore ; s'ils trouveront accès en
France (1) et en Allemagne comme en Espagne et dans une partie
de la Suisse ; et si à Rome ils ne soufflent pas, comme autrefois,
le feu de la haine et de la discorde : c'est ce qui sera toujours en
leur pouvoir, quand même leur influence politique ne revivrait
pas. Un seul État, le Portugal, s'est jusqu'à présent formellement opposé à leur retour : cet exemple ne sera-t-il imité dans
aucune autre contrée (2) ? Ne le sera-t-il pas dans les États d'Allemagne? Un bref a été publié contre la *peste des sociétés bibliques :* on se croit revenu au temps de Grégoire VII. L'objet le
plus important que devait se proposer le pape était incontesta-

(1) Ils n'y ont pas repris ouvertement leur nom ; mais à cela près, ils y sont
pleinement réintégrés. (*Note du Traducteur.*)

(2) L'Espagne régénérée les a de nouveau congédiés. (*Note du Traducteur.*)

blement la conclusion de traités sur les rapports ecclésiastiques avec les princes temporels. Mais il n'a encore été fait que deux concordats : l'un avec Naples, et l'autre avec la Bavière; le dernier, non sans beaucoup de contestations. Celui qui se négociait avec la France (1) paraît suspendu par le gouvernement, et les ouvertures empressées des princes protestants à l'égard de leurs sujets catholiques n'ont obtenu encore aucun résultat (2). La moitié de l'édifice catholique est encore à terre ; un grand nombre de siéges épiscopaux restent vides ; et si cet édifice ne se relève pas, à qui la faute peut-elle en être imputée ?

Rétablissement des jésuites par la bulle : *Sollicitudo omnium* (7 août 1814). Les missions (3) (voyez 1re période, page 51), autrefois leur principale affaire, paraissent aujourd'hui le dernier de leurs soins. — Voir dans le *Journal politique* (juin 1817) le bref remarquable du pape (l'authenticité n'en est pas contestée), adressé à l'archevêque de Gnesne, primat de Pologne, contre les sociétés bibliques, *vaferrimum inventum, pestem, quoad fieri potest delendam.* Les maximes et le latin des jésuites sont également incorrigibles.

35. Il ne manquait plus à l'accomplissement de l'œuvre des souverains, que leur entière réconciliation avec la France, par la retraite de l'armée d'occupation (voyez pag. 148). Après que la France eut satisfait à tous ses engagements pécuniaires, cette retraite fut accordée au congrès d'Aix-la-Chapelle, principalement par l'effet de la médiation de Wellington, ici homme d'Etat. L'admission de la France dans l'alliance des puissances dirigeantes en fut la conséquence. Elles consacrèrent solennellement, dans un protocole et par une déclaration, et les principes et les formes de la politique pour l'avenir ; principes et formes tous dans l'esprit

_____

(1) Il a depuis reçu un commencement d'exécution : quelques-uns des siéges épiscopaux qu'il a créés viennent d'être remplis. (*Note du Traducteur.*)

(2) Les arrangements relatifs à la Prusse sont terminés. (*Note du Traducteur.*)

(3) Il n'est évidemment question ici que des missions étrangères. (*Note du Traducteur.*)

de la sainte-alliance, et dont les documents qui les renferment ne doivent pas être omis à la fin de l'histoire du système politique de l'Europe.

PROTOCOLE SIGNÉ LE 15 NOVEMBRE 1818 PAR LES PLÉNIPOTENTIAIRES DES COURS D'AUTRICHE, DE FRANCE, DE LA GRANDE-BRETAGNE, DE PRUSSE ET DE RUSSIE.

Les ministres de ces cours, etc., après avoir mûrement approfondi les principes conservateurs des grands intérêts qui constituent l'ordre de choses rétabli en Europe, etc., ont unanimement reconnu, et déclarent en conséquence : 1º que leurs cours sont fermement décidées à ne point s'écarter, ni dans leurs relations mutuelles, ni dans celles qui les lient aux autres Etats, du principe d'union intime qui a présidé jusqu'ici à leurs rapports et intérêts communs, union devenue plus forte et indissoluble par les liens de fraternité chrétienne que les souverains ont formés entre eux ; 2º que cette union, d'autant plus réelle et durable qu'elle ne tient à aucune intérêt isolé, à aucune combinaison momentanée, ne peut avoir pour objet que le maintien de la paix générale, fondé sur le respect religieux pour les engagements consignés dans les traités, pour la totalité des droits qui en dérivent ; 3º que la France, associée aux autres puissances par la restauration du pouvoir monarchique légitime et constitutionnel, s'engage à concourir désormais au maintien et à l'affermissement d'un système qui a donné la paix à l'Europe, et qui peut seul en assurer la durée ; 4º que si, pour mieux atteindre le but ci-dessous énoncé, les puissances qui ont concouru au présent acte jugeaient nécessaire d'établir des réunions particulières, soit entre les augustes souverains eux-mêmes, soit entre leurs ministres et plénipotentiaires respectifs, pour y traiter en commun de leurs propres intérêts, en tant qu'ils se rapportent à l'objet de leurs délibérations actuelles, l'époque et l'endroit de ces réunions seront chaque fois préalablement arrêtés au moyen de communications diplomatiques ; et que, dans le cas où ces réunions auraient pour objet des affaires spécialement liées aux intérêts des autres Etats de l'Europe, elles n'auront lieu qu'à la suite d'une invitation formelle de la part de ces Etats que lesdites affaires concerneraient, et sous la réserve expresse de leur droit d'y participer directement ou par leurs plénipotentiaires ; 5º que les résolutions consignées au présent acte seront portées à la connaissance de toutes les cours européennes par la déclaration ci-jointe, etc. A Aix-la-Chapelle, le 15 novembre 1818. *Signé* : METTERNICH, RICHELIEU, CASTLEREAGH, WELLINGTON, HARDENBERG, BERNSTORFF, NESSELRODE, CAPO-D'ISTRIA.

DÉCLARATION.

A l'époque où la pacification de l'Europe est achevée par la résolution de retirer les troupes étrangères du territoire français, et où cessent les mesures de précaution que des événements déplorables avaient rendues nécessaires, les ministres et plénipotentiaires de LL. MM. l'empereur d'Autriche, le roi de France, le roi de la Grande-Bretagne, le roi de Prusse et l'empereur de toutes les Russies, ont reçu de leurs souverains l'ordre de porter à la connaissance de toutes les cours de l'Europe les résultats de leur réunion à Aix-la-Chapelle, et de faire à cet effet la déclaration suivante :

La convention du 9 octobre, qui a définitivement réglé l'exécution des engagements consignés dans le traité de paix du 20 novembre 1815, est considérée comme l'accomplissement de l'œuvre de la paix et comme le complément du système politique destiné à en assurer la solidité.

L'union intime établie entre les monarques associés à ce système par leurs principes, non moins que par l'intérêt de leurs peuples, offre à l'Europe le gage le plus sacré de la tranquillité future.

L'objet de cette union est aussi simple que grand et salutaire ; elle ne tend à aucune nouvelle combinaison politique, à aucun changement dans les rapports sanctionnés par les traités existants : calme et constante dans son action, elle n'a pour but que le maintien de la paix et la garantie des transactions qui l'ont fondée et consolidée.

Les souverains, en formant cette union auguste, ont regardé comme sa base fondamentale leur invariable résolution de ne jamais s'écarter ni entre eux, ni dans leurs relations avec d'autres Etats, de l'observation la plus stricte des principes du droit des gens, principes qui, dans leur application à un état de paix permanent, peuvent seuls garantir efficacement l'indépendance de chaque gouvernement et la stabilité de l'association générale.

Fidèles à ces principes, les souverains les maintiendront également dans les réunions auxquelles ils assisteront en personne, ou qui auraient lieu entre leurs ministres, soit qu'elles aient pour objet de discuter en commun leurs propres intérêts, soit qu'elles se rapportent à des questions dans lesquelles d'autres gouvernements auraient formellement réclamé leur intervention. Le même esprit qui dirigera leurs conseils et qui régnera dans leurs communications diplomatiques présidera aussi à ces réunions, et le repos du monde en sera constamment le motif et le but.

C'est dans ces sentiments que les souverains ont consommé l'ouvrage auquel ils étaient appelés. Ils ne cesseront de travailler à l'affermir et à le perfectionner. Ils reconnaissent formellement que leurs devoirs envers Dieu et envers les peuples qu'ils gouvernent leur prescrivent de donner au monde, autant qu'il est en eux, l'exemple de la justice, de la concorde, de la modération; heureux de pouvoir consacrer désormais tous leurs efforts à protéger les arts de la paix, à accroître la prospérité intérieure de leurs États, et à réveiller ces sentiments de la religion et de la morale, dont le malheur des temps n'a que trop affaibli l'empire. — Aix-la-Chapelle, le 15 novembre 1818. *Signé :* les mêmes que ci-dessus. Par ordre, GENZ.

36. Ainsi se termina par la régénération du système politique de l'Europe le drame de son histoire, après trente ans de durée. Puisse l'avenir répondre aux nobles intentions des souverains! Mais l'histoire du monde n'a point de fin, et il n'est pas donné à l'édifice politique d'être jamais achevé et inébranlable,

Car l'œuvre des humains est toujours imparfaite.

FIN.

LISTE

Des États mentionnés dans la troisème Période, avec les noms et la date de la mort, de l'abdication, de la dépossession, du rétablissement, etc., de leurs souverains ou de leurs chefs temporaires, et l'indication sommaire des changements politiques subis par ces divers pays (1).

I. Portugal et Brésil.

Marie I. . . . . m. 20 mars 1816.
Jean IV (régent 1799) (transporte sa résidence au Brésil
    qu'il érige en royaume, 30 novembre 1807) (2).

II. Espagne.

Charles III. . . . . m. 13 déc. 1788.
Charles IV. . . . . abd. 19 mars 1808 (3).
Ferdinand VII. . . . . déposs. 10 mai 1808.
Joseph Bonaparte, 6 juin 1808. . . . . déposs. 8 déc. 1813.
Ferdinand VII, rétabli 8 déc. 1813.

III. France.

Louis XVI. . . . . m. 21 janvier 1793.
Louis XVII, détenu. . . . . m. 8 juin 1795.
    (République depuis le 22 septembre 1792 : sous la
    Convention, jusqu'au 20 octobre 1795 ; sous le Di-
    rectoire, jusqu'au 9 nov. 1799 ; sous le Consulat,
    jusqu'au 6 nov. 1804.)
Napoléon Bonaparte, empereur (4). . . . . . . abd. 10 avril 1814.
    (V. Italie et Elbe.) (Revenu 20 mars 1815, il abdique
    une seconde fois 22 juin.)
Louis XVIII (absent jusqu'au 4 avril 1814, et du 20
    mars au 8 juillet 1315).

---

(1) On a cru devoir donner plus d'extension à la liste dressée par M. Heeren, afin d'offrir sous un seul point de vue le tableau de toutes les variations que les gouvernements ont éprouvées.

(2) Revenu à Lisbonne en 1821.

(3) Mort à Rome le 20 janvier 1819.

(4) Mort à Ste-Hélène 5 mai 1821.

IV Genève.

Quatre syndics électifs. . . . .   déposs. 17 mai 1798.
(Réunion à la France.)
Canton de la confédération helvétique , 20 mars
1815.

V. Suisse.

L'avoyer ou le bourgmestre régnant du canton où
s'est tenue la diète est le *président du directoire
fédéral :* il a porté le titre de *landamman* depuis
le 19 février 1803 , époque de la nouvelle confédération helvétique , jusqu'en 1815.

VI. Neuchatel.

Le roi de Prusse. . . . .   dép. 15 déc. 1805.
Louis Alexandre Bertier , *prince* , 30 mars 1806. . ·   m. .... 1814.
(Réunion , à titre du 21ᵉ canton , à la Suisse, 20 mars
1815.)

VII Sardaigne.

Victor Amédée III (dépossédé de la Savoie et du comté
de Nice 22 septembre 1792 , réunis à la France 27
novembre et 31 janvier 1793). . . . .   m. 16 oct. 1792.
Charles-Emmanuel (dépossédé du Piémont 9 dé-
cembre 1798 , réuni à la France 11 septembre
1802). . . . , ...   abd. 4. juin 1802 (1).
Victor-Emmanuel, rétabli en Piémont ;et dans le
comté de Nice 30 mai 1814 , et en Savoie 20 novembre 1815. (2). . . . .

VIII. République cisalpine et royaume d'Italie.

Napoléon , *président* de la république 26 janvier
1802 , proclamé *roi* 29 juin 1804. (V. France et
Elbe.). . . . .   dép. 11 avril 1814.

IX. Venise.

Paul Ranieri , *doge*. . . . .   m. 9 mars 1789.
Louis Marini. . . . .   dép. 12 mai 1797.
(Réunion d'abord à l'Autriche , et ensuite à la ré-

(1) Mort à Rome 6 octobre 1819.
(2) Il a depuis abdiqué en faveur de Charles-Félix, son frère.

publique cisalpine et au royaume d'Italie ; maintenant partie du royaume Lombardo-Vénitien sous la domination de l'Autriche.)

X. Modène.

Hercule-Renaud d'Est, *duc*. (V. Brisgau.). . . . . dép. 29 juin 1797.
  (Réunion à la république cisalpine et au royaume d'Italie.)
François-Joseph-Jean d'Autriche, *duc*, 9 juin 1815.

XI. Parme et Plaisance.

Ferdinand, infant d'Espagne, *duc*. . . . . m. 4 août 1801.
Louis (V. Toscane.) . . . . abd. 4 août 1801.
  (Domination française, réunion à la France 24 avril 1808.)
Marie-Louise, archiduchesse d'Autriche, *duchesse*, 14 septembre 1815.

XII. Guastalla.

Marie-Pauline Bonaparte, épouse du prince.
Borghèse, *duchesse*, 30 mars 1806. . . . . dép. 21 juillet. 1806.
  (Réunion à la France jusqu'au 11 avril 1814, maintenant à Parme.)

XIII. Gênes.

Raphaël de Ferrari, *doge*. . . . . sorti 1789.
Alérame Pallavicino. . . . . *idem.* 1791.
Michel-Ange Cambiaso. . . . . *idem.* 1793.
Joseph Doriat. . . . . *idem.* 1795.
Jacques-Marie Brignole. . . . . abd. 22 mai 1797.
  (République ligurienne jusqu'en 1802.)
Jérôme Durazzo, *doge*. . . . . suppr. 9 juin 1805.
  (Réunion à la France 9 juin 1805, et maintenant au Royaume de Sardaigne, à titre de duché, mai 1815.)

XIV. Lucques.

Marie-Anne-Élisa Bonaparte, épouse de Félix Baccocchi, *princesse*, 23 juin 1805 (V. Toscane). . . . dép. 30 mai 1814.
{ Marie-Louise, infante d'Espagne, *princesse*, 10 juin 1817.
{ Charles-Louis, infant d'Espagne, *prince*, 10 juin 1817. (V. Toscane.)

XV. ELBE.

Napoléon, *empereur*, 27 avril 1814. (V. France et
   royaume d'Italie.). . . . .   dép. 13 mars 1815.
   (Réunion à la Toscane 20 novembre 1815.)

XVI. TOSCANE.

Léopold, *grand-duc*, empereur d'Allemagne. . .   20 février 1790.
Ferdinand III (V. Salzbourg et Würtzbourg). . .   dép. . . . . 1798.
Louis (V. Parme), *roi d'Étrurie*, 4 août 1801. . . m. 27 mai 1803.
Charles-Louis (V. Parme et Lucques). . . . . .   abd. 10 déc. 1807.
   (Réunion à la France 24 avril 1808 (1).
Ferdinand III, rétabli 11 avril 1814.

XVII. ÉTATS ROMAINS.

Pie VI (*Braschi*). . . . .   dép. 15 fév. 1798 (2).
   (République romaine jusqu'au mois de juillet 1799.)
Pie VII (*Chiaramonti*), élu 13 février 1800. . . .   dép. 17 mai 1809.
   (Réunion à la France.)
Pie VII, rétabli 24 mai 1814.

XVIII. NAPLES ET SICILE.

Ferdinand IV, dépossédé de Naples. . . . . .   23 janv. 1799.
   (République parthénopéenne.)
Ferdinand IV, rétabli juin 1799. . . . .   dép. 25 fév. 1806.
Joseph Bonaparte, 30 mars 1806 (V. Espagne). . .   abd. 15 juin 1808.
Joachim Murat, 15 juillet 1808. . . . .   dép. 20 mai 1815 (3).
Ferdinand IV réintégré.

XIX. MALTE.

Emmanuel de Rohan, *grand maître*. . . . . . .   m. 12 juillet 1797.
Hompesch. . . . .   m. 12 mai 1805.
   (Le 13 octobre 1799, du vivant même de Hompesch,
      l'empereur de Russie, Paul I, se délara de lui-
      même grand maître.)
Rospogli, nommé pour succéder à Hompesch, re-
   fuse.

---

(1) Élisa Bonaparte, princesse de Lucques, fut alors créée grande-duchesse de Toscane ; mais sous ce titre elle n'en était que la *gouvernante*, diguité à peu près sans
fonctions.

(2) Mort à Valence, département de la Drôme, 29 août 1799.

(3) Fusillé à Pizzo 13 octobre 1815.

Tommasi. . . . .   m. 14 mai 1815.

> (Après lui , deux compétiteurs élus par deux
> partis différents ont porté à la fois le titre de
> grand maître et en ont exercé la puissance ; mais
> quoique le nombre des chevaliers se soit considé-
> rablement accru, il ne subsiste de l'ordre que des
> débris , et l'île, prise par les Anglais (5 septembre
> 1810), leur a été définitivement adjugée par un
> acte du congrès de Vienne (30 mai 1814).

XX. RÉPUBLIQUE DES ILES IONIENNES.

Le roi d'Angleterre , *protecteur.*

XXI. TURQUIE.

Abdhul-Hamet . . . .   m. 7 avril 1789.
Selim III. . . . .   dép. 29 mai 1807.
Mustapha IV. . . . .   dép. 28 juill. 1808.
Mahmoud III.

XXII. POLOGNE.

Stanislas Poniatowsky. . . . .   abd. 25 nov. 1795.
> (Troisième partage entre la Russie, l'Autriche et la
> Prusse.)
Frédéric-Auguste (V. Saxe), *grand-duc* de Varsovie,
    9 juillet 1806. . . . .   dép. 3 mai 1815.
Alexandre I (V. Russie), *roi de Pologne* , 3 mai.
    1815.

XXIII. RUSSIE.

Catherine II. . . . .   m. 17 nov. 1796.
Paul I (V. Malte). . . . .   m. 25 mars 1801.
Alexandre I (V. Pologne).

XXIV. SUÈDE.

Gustave III. . . . .   m. 29 mars 1792.
Gustave-Adolphe. . . . .   abd. 29 mars 1809.
Charles XIII (V. Norwége). . . . . . .   m. 5 février 1818.
Charles-Jean (Bernadotte).

XXV. NORWÉGE.

Le roi de Danemarck jusqu'au 14 janvier 1814.
Le roi de Suède.

XXVI. Danemarck.

Christian VII. . . . . m. 13 mars 1808.
Frédéric VI.

XXVII. Mecklembourg-Schwerin.

Frédéric-François, *duc*, *grand-duc*, 9 juin 1815.

XXVIII. Mecklembourg-Strelitz.

Adolphe-Frédéric, *duc*. . . . . m. . . . .
Charles-Louis-Frédéric, *grand-duc*. . . . . . . m. 6 novembre 1816.
Georges-Frédéric-Charles-Joseph.

XXIX. Prusse.

Frédéric-Guillaume II. . . . . m. 17 novembre 1797.
Frédéric-Guillaume III.

XXX. Anhalt-Dessau.

Léopold-Frédéric-François, *prince*. . . . . . . m. 10 août 1817.
Léopold-Frédéric.

XXXI. Anhalt-Bernbourg.

Frédéric-Albert, *prince*. . . . . m. . . . .
Alexis-Frédéric-Chrétien.

XXXII. Anhalt-Coethen.

Charles-George, *duc*. . . . . m. 17 octobre 1789.
Auguste-Christian-Frédéric. . . . . m. 5 mai 1812.
Louis-Auguste-Charles-Frédéric-Émile. . . . . . m. 16 décembre 1818.
Ferdinand.

XXXIII. Saxe.

Frédéric-Auguste III, *électeur*, *roi*, 11 déc. 1806. (V.
   Pologne.)

XXXIV. Saxe-Weimar.

Charles-Auguste, *duc*, *grand-duc*, 9 juin 1818.

XXXV. Saxe-Gotha.

Ernest II, *duc*. . . . . m. 20 avril 1804.
Émile-Léopold-Auguste.

XXXVI. Saxe-Cobourg.

Ernest-Frédéric, *duc*. . . . . m. 8 septembre 1800.
François-Frédéric. . . . . m. 9 décembre 1806.

Ernest-Antoine-Charles-Louis.

XXXVII. SAXE-MEINUNGEN.

George-Frédéric-Charles, *duc.* . . . .   m. 24 déc. 1803.
Bernard-Eric-Freund.

XXXVIII. SAXE-HILDBOURGHAUSEN.

Frédéric, *duc.*

XXXIX. LICHTENSTEIN.

Jean-Joseph, *prince.*

XL. REUSS-GREITZ.

Henri XIII, *prince.* . . . .   m. 29 janv. 1817.
Henri XIX.

XLI. REUSS-SCHLEISS.

Henri LXII, *prince.* . . . .   m. 17 avril 1818.
Henri XLIII.

XLII. REUSS-LOBENSTEIN.

Henri LIV, *prince.*

XLIII. REUSS-EBERSDORF.

Henri LI, *prince.*

XLIV. AUTRICHE.

Joseph II, *empereur d'Allemagne.* . . . .   m. 20 février 1790.
Léopold II (V. Toscane). . . . .   m. 1er mars 1792.
François II, *empereur d'Autriche,* 11 août 1804.

XLV. SALZBOURG.

Ferdinand, *électeur,* 25 février 1803. (V. Toscane et
   Würtzbourg.)
   (Réunion à la Bavière, 26 déc. 1805, et rétrocession
      à l'Autriche 14 août 1816.)

XLVI. BAVIÈRE.

Charles-Théodore, *électeur* (V. Palatinat). . . . .   m. 16 février 1799.
Maximilien-Joseph, *roi,* 1er janvier 1806.

XLVII. BRISGAU.

Hercule-Renaud d'Est, *duc,* 17 octobre 1797. . . .   dép. 26 déc. 1805.
   (V. Modène.)

(Partage entre Bade et Würtemberg.)

XLVIII. Hohenzollern-Hechingen.

Hermann-Frédéric-Otton, *prince.* . . . . m. 2 nov. 1810.
Frédéric-Hermann-Otton.

XLIX. Hohenzollern-Sigmaringen.

Antoine-Aloys-Meinrad-François, *prince.*

L. Wurtemberg.

Charles-Eugène, *duc.* . . . . m. . . . . 1794.
Louis-Eugène. . . . . m. 20 mars 1795.
Frédéric-Eugène. . . . . m. 22 déc. 1797.
Frédéric-Guillaume-Charles, *électeur*, 25 février 1803;
   roi, 26 décembre 1805. . . . . m. 30 octobre 1816.
Frédéric II.

LI. Bade.

Charles-Frédéric, *margrave*, *électeur*, 25 février
   1803, *grand-duc*, |1809. . . . . m. 10 juin 1811.
Charles-Louis-Frédéric. . . . . m. 8 déc. 1818.
Louis-Auguste-Guillaume.

LII. Wurtzbourg.

Ferdinand-Joseph-Jean, archiduc d'Autriche, *grand-
   duc*, 26 déc. 1805. . . . . abd. 11 avril 1814
   (V. Toscane et Salzbourg.)
   (Réunion à la Bavière 14 avril 1816.)

LIII. Francfort.

Charles, *prince-primat*, *grand-duc* (V. Mayence). . m. . . . .
   (La capitale a été déclarée ville libre, et le duché
   partagé entre divers États, 1814.)

LIV. Palatinat électoral.

Charles-Théodore, *électeur* (V. Bavière). . . . . m. 16 février 1799.
   (Réunion à la Bavière.)

LV. Deux-Ponts.

Charles-Auguste, *duc.* . . . . m. 1er avril 1795.
Maximilien-Joseph (V. Bavière). . . . . dép. 1er oct. 1695.

(Réunion à la France, et maintenant à la Bavière,
1814.)

LVI. MAYENCE.

Frédéric-Charles-Joseph d'Erthal , *électeur.* . . .   m........................

Charles-Théodore-Antoine-Marie, baron de Dalberg (Voir
Francfort). . . . .   dép. 30 mars 1795.

    (Réunion à la France, à présent à la Prusse, 1815.)

LVII. TRÈVES.

Clément-Venceslas, prince de Saxe, *électeur.* . . .   dép. 1er oct. 1795.

    (Réunion à la France, et maintenant à la Prusse.)

LVIII. COLOGNE.

Maximilien-François-Joseph, archiduc d'Autriche,
électeur. . . . .   dép. 1er oct. 1795.

    (Réunion à la France , à présent à la Prusse.)

LIX. LIÉGE.

. . . . . . *prince-évêque.* . . . . . .   dép. 8 mai 1793.

    (Réunion à la France, à présent au royaume des
Pays-Bas.)

LX. BERG.

Joachim-Murat , *grand-duc* , 15 mars 1806 (V.
Naples). . . . .   abd. 15 juill. 1808.

Napoléon-Louis Bonaparte, 3 mars 1809. . . . .   dép. 11 nov. 1813.

    (Réunion à la Prusse 31 mai 1815.)

LXI. NASSAU.

Charles-Chrétien, *prince.* . . . .   m.......................

Frédéric-Guillaume. . . . .   m. 9 janvier 1816.

George-Guillaume-Auguste, *duc*, 13 mars 1816.

LXII. HESSE-DARMSTADT.

Louis X , *landgrave, grand-duc*, 6 avril 1806.

LXIII. HESSE-CASSEL.

George-Guillaume, *landgrave, électeur*, 25 février
1803. . . . .   dép. 1er nov. 1806.

    (Réunion au royaume de Westphalie.)

George-Guillaume, rétabli 1er nov. 1813 (1).

----

(1) Mort en 1820.

LXIV. Waldeck.

George , *prince*. . . . .   m. 9 sept. 1813.
George-Frédéric-Henri.

LXV. Brunswick.

Charles-Guillaume , *duc*. . . . .   d. 1er nov. 1806 (1).
    (Réunion au royaume de Westphalie.)
Charles-George-Auguste, rétabli novembre 1813. .   m. 16 juin 1815.
Charles-Auguste-Frédéric-Guillaume.

LXVI. Hanovre.

George III, roi d'Angleterre, *électeur*. . . . . .   dép. 3 juin 1803.
    (Réunion à la Prusse 26 juin 1806, au royaume
      de Westphalie 9 juin 1807.)
George III, rétabli novembre 1813, *roi* 9 juin 1815.
    (V. Grande-Bretagne.)

LXVII. Lippe-Schaumbourg.

George-Guillaume , *prince*.

LXVIII. Lippe-Detmold.

Frédéric-Guillaume-Léopold , *prince*. . . . . .   m. 4 avril 1802.
Paul-Alexandre-Léopold.

LXIX. Westphalie.

Jérôme Bonaparte , *roi* , 1er décembre 1807. . . .   dép. octobre 1813.
    (Retour des diverses parties du royaume à leurs
      anciens souverains.)

LXX. Oldenbourg.

Pierre-Frédéric-Guillaume, *duc*. . . . .   dép. 18 janvier 1813.
    (Réunion à la France.)
Pierre-Frédéric-Guillaume , rétabli 9 nov. 1813 ,
    grand-duc.

LXXI. Hollande et Pays-Bas.

Guillaume IV, *stadhouder*. . . . .   dém. 16 janv. 1795.
    (République démocratique 6 février 1795 ;
      — batave, 1er mai 1798 , avec un grand pen-
      sionnaire, *Schimmelpennink*, 29 avril 1805.)
Louis Bonaparte, *roi*, 5 juin 1806. . . . . . .   abd. 9 juill. 1810.
    (Réunion à la France.)
Guillaume IV, rétabli 20 décembre 1813, *roi* des
    Pays-Bas 17 janvier 1815.

(1) Mort 9 juin 1806.

LXXII. Grande-Bretagne.

George III (V. Hanovre) (1).

LXXIII. États-Unis de l'Amérique.

George Washington , président des congrès. . . .	1787 à 1797.
John Adam.	1797 à 1808.
Th. Jefferson.	1801 à 1805.
Th. Jefferson , réélu.	1805 à 1809.
James Madisson.	1809 à 1813.
James Madisson , réélu.	1813 à 1817.
James Monroë.	1817.

LXXIV. Haïti.

Toussaint (Louverture), *gouverneur à vie* , 1er juillet 1801. . . . . dép, 11 juil. 1802 (2).

Jacques I (Dessalines), *gouverneur* 1er janvier 1804 , *empereur* 8 octobre. . . . . m. 16 oct. 1806.

Henri I (Christophe), *roi* , 2 juin 1811 (3).
(Une portion de l'île s'était constituée en république 27 janvier 1807.)

Pétion , *président.* . . . . m. 29 mars 1810.
Jean-Pierre Boyer.

(1) Mort 29 janvier 1820.
(2) Mort en France 27 avril 1803.
(3) Christophe a été tué par ses propres sujets, et son royaume anéanti. Toute l'île est maintenant soumise au régime républicain sous un même chef.

FIN DE LA LISTE.

TABLE.

___

TROISIÈME PÉRIODE.

PREMIÈRE ÉPOQUE.

DE 1786 A LA PAIX DE CAMPO-FORMIO EN 1797.   8

PREMIÈRE PARTIE.

SECONDE PARTIE.

Histoire du système politique des États du nord de l'Europe, de 1786 à
    1797.

DEUXIÈME ÉPOQUE.

TROISIÈME ÉPOQUE.

FIN.

POITIERS. — IMPRIMERIE DE F.-A. SAURIN.

www.ingramcontent.com/pod-product-compliance
Lightning Source LLC
Chambersburg PA
CBHW062224270326

41930CB00009B/1857